# いま
# 日本国憲法は

原点からの検証

第6版

小林 武・石埼 学 ❖ 編
KOBAYASHI Takeshi & ISHIZAKI Manabu

法律文化社

## 第 6 版はしがき

『いま 日本国憲法は』。この書を，ここに新しく第 6 版とした。

日本国憲法の生誕から72年になろうとする今日，私たちの社会は，これまでになかった大きな激動の時期を迎えている。立憲主義のルールを逸脱した現在の政権による政治は，軍事化の方向へ大きく舵を切り，平和憲法を投げ棄てようとしている。それは，とりわけ社会の明日を担う青年にとって，その将来に暗雲を投げかけるものである。

そうした今，あらためて，政治の現実を憲法の原点に立ち還って点検し，この国が本来進むべき道について考えを巡らせることが求められている。日本国憲法の原点というとき，それは，近代立憲主義にもとづき，とりわけ世界の恒久平和建設の目標を高く掲げた立憲平和主義の理念にほかならない。この本は，こうした日本国憲法を大切にし，それをいっそう発展させる真の改正の時まで，権力によって傷つけさせず，人々の手で守り活かしていきたいとの思いを抱きながら書かれている。

この書物の初版は，1992年に世に出た。20世紀が最後の10年に入り，迫りくる跨世紀を強く意識する時期に，山下健次立命館大学教授に学部および／または大学院で学んだ数名が，法律文化社の当時編集部長であった岡村勉氏のお世話を受けてつくったものである。山下先生から，学問と人格が一体となった薫陶を受けた私たちは，そのゆえをもって，日本国憲法への愛着を共通の姿勢とすることができた。先生は，2003年，本書の 3 版と 4 版の間に，病を得て73歳で帰らぬ人となられた。ここに再び版を改めるに際して，先生への敬慕の念を表すことをお許しいただきたいと思う。

本書のタイトル――英文表記は《just now !! The Constitution of Japan》である――によって，私たちは，憲法現実の変化を時宜に遅れることなくつかみ，できるだけしばしば改版することを自らに義務付けた。1992年の初版からこれまでに 5 度の改訂を加えたが，それでも，歴史の展開に追いつくことがで

きなかったにちがいない。そして今，憲法があってこそ成立しているはずの公権力の担当者が，自らの意図を憲法の上に置いて政治をおこなって恥じないという，立憲主義にとっての未曾有の危機的事態が進行している。それは，2015年に強行成立となった安全保障法制に何よりも顕著に示された事態である。この第6版は，そうした時に，それに対応すべく，これまでの内容をより豊かにし，また執筆陣に新しい方々のご参加を願って，実質的に新版と言えるものにした。

第1部では，従前の版と同様，日本国憲法の全体像を概説するが，現在の憲法動向をくみとり，学説・判例をできる限り反映させるものとした。それをふまえて，第2部で，今の政治を憲法の目で検証するため，22の論点について，最新のテーマを取り上げて論じた。そして，第3部は，これまでの版にはない，まったく新規の試みである。

すなわち，この第6版は，第2部の体裁を変更し，また新たに第3部を設けたが，本書のこれまでの出版の趣旨や理念を変更するものではない。むしろそれらを積極的に継承し，今日の大学における憲法教育のあり方により適合させようとするものである。

第2部は，いままでの「論文調」の各節を「事案」とその解説からなるケーススタディ形式のものに変更した。その意図は，日本国憲法の「いま」をより適切に描写するためであり，また読者が日々の報道等に含まれる憲法問題を見抜き考える力を養えるようにすることである。

第3部は，憲法の教科書としては大変にユニークなものであるが，日々の仕事の中で憲法の趣旨を具体的に実現させようとしている実務家と憲法研究者の対話である。第3部のねらいは，とくに憲法の初学者に，憲法を学習することの意義を理解してもらうことである。そのために，だれもが尊重されるべき個人（憲法13条）としてその生を全うできるように日々尽力している専門職（養護学校教員，精神保健福祉士，弁護士）にそれぞれの現場の実情や苦労やそこで働く意義等を示してもらい，憲法研究者がそれに若干の解説を付することにした。とくに憲法の初学者には，いきなり抽象度の高い憲法論に接するまえに，この第3部の憲法の諸条文の趣旨が具体的に活用されている現場の描写を一読

していただくことを薦める。なおこの第3部は，執筆者の一人である上出浩氏の立案，執筆者間のコーディネート等の尽力の成果であることをとくに記しておく。

この第6版では，第2部および第3部で多くの新たな執筆者に加わっていただいた。いずれも従来からの執筆者が長年にわたり，研究上，教育上，親密に交流をしていた研究者や実務家ばかりである。この方々はいずれも，1992年の初版いらいの本書の趣旨や意義を深く理解し，執筆をご快諾いただいており，編者として心から感謝する次第である。

初版から第5版までの執筆に加わられた方々は，上出 浩，小川正雄，木藤伸一郎，清田雄治，倉田 玲，近藤 真，武居一正，鳥居喜代和，中井勝巳，藤田達朗，三並敏克の各氏である（五十音順。石埼と小林が加わる）。いずれの方も，公私とも多端な時期に執筆してくださったことに，改めて心からお礼を申し上げたい。とくに，三並敏克氏は，企画の端緒から一貫して，共編者として本書の成立に不可欠の尽力をされた。感謝に耐えない。同氏をはじめ多くの方が，第6版には，定年退職等の事情から参画いただけなかったのは残念であるが，新しい試みと執筆陣を「大いに歓迎する」旨の励ましを頂戴したのはうれしいことであった。その方々の志を引き継いで，この版は，旧世代の小林と，新世代の石埼の両名が編集の任に当たることにした。──古い革袋に新しい酒を盛る。このことを少しでも成し遂げることが編者の責であると考えている。

末尾ながら，法律文化社には，困難な出版事情の中で改版を支えてくださり，また，編集部舟木和久氏には，終始行き届いたお世話をいただいたことに，深甚の謝意を表したい。なお，この書物に並々ならぬ情熱をもって参画されながら，1998年以来病床にある鳥居喜代和氏の快復を，執筆者一同願ってやまない。

2018年9月

小 林 　 武
石 埼 　 学

## 第5版はしがき

　「いま日本国憲法は」と、当時は人々の目を惹くこととなったタイトルをもつこの書物を刊行したのは、1992年のことであった。本書の趣旨をひとことでいうなら、日本国憲法への共鳴をもって原点を確認した上で憲法の現況を解明しよう、とするものである。3～5年おきに4度にわたって改定を加えたのも、この趣旨に精々忠実であろうとしたためである。その改定のあゆみの一端をお伝えすべく、各版の「はしがき」を再録したので一瞥を願いたい。ただ、今回の改定は第4版から6年も経ており、読者諸姉兄にお詫びを請う次第である。

　あたかも、この「はしがき」を執筆していた2011年3月11日、日本社会は大震災に見舞われた。東北・北関東の地震と津波、そして東京電力福島原子力発電所の大規模事故である。それのもたらした被害は未曾有の大きさのものであり、加えて原発事故の深刻さは、むしろ日を逐って顕著となり、底知れぬ恐怖を生み出している。本書の刊行の時には、「復旧」・「復興」の言葉で状況を語ることができるようになっているであろうか。私たちは、この「国難」と呼ばれる事態に直面して、原発を今後も維持すべきかを含め、真に民衆にとって安全な国土のあり方を考えなければならない。その際、「国難」で思考停止に陥ってはなるまい。"災害救助のために米軍普天間基地の辺野古移転が必要だ"などという論理まで出されているが、憲法の目をもってその正否を見究めたいものである。

　前回2005年からこれまでの間にも、憲法政治には重要な変化が生じている。改憲状況だけをとり上げるが、2007年に憲法改正手続法の制定と国会法の一部改正が行われて憲法審査会が設置され、審査会規程も、衆議院が制定したのに次いで、参議院でもその動きが具体化しており、改憲への制度的環境は整ったというべきである。この明文改憲の動きと並んで、憲法の実質改正（「解釈改憲」）が各分野でみられる。本書は、第1部、第2部の各章とも、こうした状況に留意しつつ書かれている。

　第1部は、憲法の全体の姿、すなわち憲法の歴史や基礎理論をふまえた上で、基本的人権と政治のしくみ（統治機構）を概観する。ついで、第2部は、憲法の「いま」を考えるについての重要な13のテーマをとりあげ、近藤真・武居一正・石埼学・上出浩・倉田玲・中井勝已・鳥居喜代和（以上、執筆順）と編者2名が考察を加えている。

　これら執筆者の共通点は、立命館において故山下健次先生の薫陶を受け、またその憲法学と人格を慕うところにある。先生逝かれて7年余。私たちは、先生への追憶の中で、憲法の完全実施に貢献できる憲法研究にいっそう励みたいと思う。

　先の版では執筆いただいた藤田達朗氏は、公務の多忙と体調の理由で、本書には強い愛着をもちながら、改訂に加わることができなかった。新しく武居一正氏と上出浩氏に

参加していただいた。執筆者の皆さんには，公私ともに多端の折に，貴重な時間を割いて力作を寄せて下さったことに，編者として心からお礼を申し上げたいと思う。

その中で鳥居喜代和氏は，1998年以来闘病の床にあり，自らの論稿に筆を加えることが困難であるが，初版時の精気に満ちた第2部第Ⅲ章 **6** の叙述は価値の高いものであり，編者において必要な限りでアップデートを加えた上で残した。そして，とくにお伝えすべきは，一昨年，病に倒れるまでの仕事を集大成して単著を刊行し，昨年，その業績に対して母校立命館大学から法学博士の学位を授与されたことである。ご家族と喜び合い，関係者に深く感謝するとともに，回復を心から祈りたい。

なお，編者の不手際から，刊行が遅れたこと，また編成上のアンバランスが生じたことをお詫びしなければならない。当初，各大学・短大の2010年後期授業に間に合わせるべく計画していたが，半年遅延して，諸方にご迷惑をおかけすることになった。また，本来，第2部に生存権関係の章を立てることを予定していたが，やむをえずそれを欠く仕儀となった。第1部第Ⅱ章 **4** 「社会権」の叙述を参照していただくことをお願いしたいと思う。

末尾ながら，法律文化社には，初版以来，岡村勉社長（当時）をはじめとしてご理解を頂戴し，この第5版改訂では，小西英央編集部長の支援の下，舟木和久氏に細々としたところに至るまでのお世話をいただいた。記して厚く感謝したい。

　　　2011年3月

　　　　　　　　　　　　　　　　　　　　　　　　　　小林　武・三並　敏克

## 第4版はしがき

いま，日本国憲法は，文字どおりの激動期にある。施行後58年を迎えて，憲法を「改正」しようとする動きが，かつてない規模と強さで進んでいる。改憲諸党の主張は，平和憲法を「戦争のできる国」の憲法へと変容させ，国制の根本的転換をはかろうとするものであって，今日の憲法研究は，この動きといかに向き合うかを念頭に置いたものとならざるをえない。そのような時に，本書が，初版の「はしがき」で読者諸姉兄に示したごとく，「今日の現状の問題──憲法政治の『現点』──を，憲法がその出発点においてかかげ，その後も変わることなく脈打っている精神──憲法の『原点』──から照らし出し，それを検証すること」を自らの課題としたものである以上，その内容を新しくして世に送ることは，私たちの責務であると考える。

本書の初版は，1990年代の冒頭に企画された。それは，湾岸戦争と自衛隊掃海艇派遣，ソ連邦解体など，内外政治の転換の時期であり，私たちは，改めて憲法の理念に則

して憲法政治の現実を点検することの必要を痛感した。そうして成ったのが初版である（1992年）。その後，この立脚点を変えることなく，つねに憲法の「いま」を明らかにすべく，可及的に頻繁に，時宜に適したものへと更新しようとする意気込みをもって，1995年に第2版を，2000年には新版を公にした。

そして，此度の第4版である。その間隔が3年，5年，また5年となったのは，「頻繁」な更新の約束に背くものであるが，私たちの力不足のゆえであり，ご海容を乞うほかない。なお，上記のうち2000年の改訂は，テーマをほぼ一新したほか，資料を増やしてビジュアル化をはかり，かつ横組みにするなど体裁上も大改装を施したものであるところから「新版」と銘打ったが，今般の改訂は，通しで数えることにして「第4版」とした。ご理解をお願いする次第である。

この第4版の構成は，初版以来の，第1部で日本国憲法を概観した上で，第2部において今日の政治が生み出す諸問題を憲法の眼で検証する，という形を踏襲している。第1部の解説は，頁数は新版からの減量化を果たすことができなかったが，内容上，この5年間の立法・判例などを含む憲法実例をできる限り採り入れている。それ以上に，第2部は，テーマをすべて新たにした。冒頭の総説以下の諸項目は，現在の憲法政治の特徴的な現象をあらかた網羅しており，それぞれのテーマに深く切り込むことを試みている。憲法への関心を深めるには，この第2部から読まれることをお勧めしたい。

執筆陣には，1940年代生まれの小林武・三並敏克と50年代の鳥居喜代和・中井勝巳・近藤真・藤田達朗各氏の他に，60年代の石埼学氏および70年代の倉田玲氏が今回から加わった。そのうちで，小林・三並両名が編者の任にあたったのは，年長であることのみによる。在職の大学や社会にあって，重責・中堅の位置にある方々が，それぞれ労作を寄せられたことに，編者として心から感謝したい。なお，鳥居氏は今なお復帰訓練に励む身であるため，第Ⅴ章の同氏の原稿は，それをアップデイトすべく小林が編者として補筆した。同氏の快復を祈ってやまない。

私たち執筆者一同に共通しているものは，日本国憲法への愛着である。そうであるのも，憲法をそのまま人格にしたような恩師・山下健次先生に，学部および／または大学院において薫陶を受けたからにほかならない。その先生は，2003年12月16日，73歳で彼岸に渡られた。もはやお目にかけることのできない第4版であるが，そこに込められた私たちの敬愛の念を，遙かにお届けしたいと思う。私たちは，日本国憲法のこころを守り抜く研究に努めることをお誓いするものである。

末尾ながら，初版以来親身のお世話をいただいている法律文化社・岡村勉社長と，面倒な実務をやり遂げて下さった小西英央氏に厚く御礼を申し上げたい。

　　　2005年11月

　　　　　　　　　　　　　　　　　　　　　　　小林　武・三並　敏克

## 新版はしがき

2000年。——第3ミレニアム冒頭の年、そして、新世紀の幕開けを来年に控えた今年、小さいものながら、私たちの憲法の書物を世に送る。

この、『いま日本国憲法は——原点からの検証』と題した書物の初版が上梓されたのは、過ぐる1992年であった。それは、私たちと憲法が向き合っている同時代の現実の問題——憲法政治の「現点」——を、憲法がその出発点においてかかげ、その後も変ることなく脈打っている精神——憲法の「原点」——から照らし出し、それを検証するという、今も受け継いでいる課題意識をもって書かれたもので、次の点で特色を示したいと考えた。

第1は、『いま』と打った銘に背かぬよう、つねにコンテンポラリーな内容を盛ることを自らに義務づけた点である。初版から3年後の1995年に、多くの項目を改めて第2版としたのも、そのゆえにほかならない。第2は、水準の高さと叙述の平易さの2兎を追って、大学・短大の教科書にも、また市民諸姉兄の憲法学習にも適するものにすべくつとめたことである。そのため、日本国憲法を総論的に概観した上で今日の各論的問題に立入って考察する、という構成にした。そして、第3はそれらと一体の事柄として、執筆者が、憲法を愛するこころ、もとより各々濃淡があるが、憲法を貫く立憲主義への好意を共有している点である。この姿勢は、21世紀の憲法問題を論じる際にとくに必要とされるものである、と私たちは考えている。——「未来を信じ未来に生きる、そこに青年の生命がある」ということばは、よく知られた末川博先生のものであるが、この「青年」を、そのまま「憲法学徒」、「憲法研究者」に置き換えてもさしつかえないであろう。大きく歴史の未来を展望して憲法を考えたいと思うのである。

以上に挙げた特色をもつことにつとめた本書は、これまで幸いにして好意的に迎えられた。この度、この基本方針を堅持しつつ、装いを改めて新版とする。

初版から8年、第2版から5年を経て、その間も憲法政治は大きく動いた。変動を集中させたような1999年の第145国会に限っても、国家主権と平和主義のありようを揺がす新ガイドライン関連法、人権と国民主権の根幹にかかわる国旗・国歌（日の丸・君が代）法・通信傍受（盗聴）法・住民基本台帳法改正、統治機構に改編をもたらす地方分権一括法・中央省庁再編法など、国のかたちそのものの変容をもたらす立法が、矢継ぎ早に成立をみた。そして、現在、それらを集大成しようとするがごとく、憲法調査会の論議が進行しており、憲法それ自体の転換がはかられつつある。——新版は、こうした時代状況のもつ意味を、眼を見開いてつかもうとしている。

新版の体裁については、私たちがとくに工夫したのは、資料を加えてビジュアルなも

のにすることであった。それは，判例・記録・年表・図表・写真等にわたるが，学習をたすけるものとなればと思う。また，このことと関連して，この度，横組みとした。構成は，新版でも，まず日本国憲法全体を鳥瞰し（第1部），それをふまえて個別テーマについて詳論する（第2部），という形を維持した。その場合，もとより，第1部では前の版以降の学説・判例をとり入れ，第2部は大部分のテーマを差し換えて書き改めることで，内容を抜本的にアップデイトしている。加えて，第2部では，冒頭に，編者である三並による「解題」を兼ねた憲法政治の現況にいての概観的叙述を置くことにした。

　やや立入っていえば，第1部では，「憲法」の意義，世界史の中の憲法，わが国憲法のあゆみといった，憲法学の序論的テーマからはじまり，日本国憲法に入って，その基本原則を話した上で，基本的人権の保障と国会・内閣・裁判所・地方自治などの統治機構について説明している。つまり，多数出版されている憲法の「体系書」（教科書）の構成と共通のもので，そのことからすれば，第1部は，それ自体でひとつの小型憲法体系書であるといえる。叙述は，多く，学説の通説にもとづきつつ，執筆者（小林）の見解も提示している。判例も，最高裁のものを中心に，できるだけ網羅している。したがって，第1部を通読することで，日本国憲法全体のすがたをおおよそ知ることができるものと信ずる。

　第2部は，第Ⅰ章（三並）で憲法の「いま」を見渡した上で，その後の章において，執筆順に，近藤，藤田，中井，木藤，小川各氏および鳥居氏が，論点を掘り下げている。すなわち，第Ⅱ章では，国際社会の中で日本国憲法の占める位置とそのもつ意義を考察したのであるが，これは，国際化時代とされる今日極めて重要なテーマとなっていることを背景に大学・短大で増えてきた「国際人権論」など，国際関係に力点を置く憲法議義にも対応しうるものとなろう。第Ⅲ章は，近代天皇制について，今日に至るまでの問題を，国民の自由・人権の側から論じた。第Ⅳ章は，基本的人権の領域で，表現の自由・情報公開・生存権・環境・教育と少年法，企業と働く人々の権利，という主要問題を論じた。第Ⅴ章に入り，国の統治構成の変容状況を，政党と国会・行政改革・税財政・地方分権と住民投票をとりあげた。そして，第Ⅵ章で日本国憲法の改正問題を論じ，それをとおして将来の展望を試みたものである。──読み方として，第1部と関連させつつ第2部のテーマを拾う形で論点を深めることも，また，各テーマはそれぞれ独立した論稿であるのでそれを任意にとりあげることもできるものと思う。なお，各章ごとに資料を付したほか参考文献を挙げ，また，巻末に付録として日本国憲法および大日本帝国憲法を収録して，学習の参考に供した。

　書き手は，税財政を専攻する小川氏を迎えた他，ほぼ初版の陣容を維持している。ただ，いかんともしがたく残念なのは，初版以来本書の大切な支え手の1人である鳥居喜

代和氏が一昨秋以来闘病の過程に置かれている事態である。そのことへの対応として，同氏の優れた第2版原稿を最大限残す方針の下，第Ⅰ部第Ⅲ章は新しい項目の増補，第Ⅳ章は必要な限りでの補訂を，それぞれ編者の責任において小林が施すことで，新版に掲載することとした。読者諸賢のご諒解を乞いつつ，同氏の快癒を祈りたいと思う。なお，編者2名は措いて，執筆の5氏は，鳥居氏と同様揃って40才台，公私ともに今一番重い責任を担い，健康への配慮がとりわけて望まれる世代である。それぞれ多忙の中で力作を寄せられたことに別して感謝したい。

　なお，この新版出版の翌年には，私たちが薫陶を受けた立命館大学名誉教授山下健次先生が古稀を迎えられる。その共通の賜物を絆にして，私たちは，「広小路憲法研究会」を名乗るようなまとまりに育っている。この出版にあたって，人格のもつ陶冶力の大きさを改めて感じている次第である。

　本書は，もとより未熟なものであり，私たちの気付かない多くの欠点をもっているにちがいない。読者諸賢からご指摘・ご批判をいただけるなら，それを受けとめて少しでも改善したいと思う。忌憚のないご意見を寄せて下さることをお願いする次第である。

　末尾ながら，第2版から新版の間の時期に法律文化社社長に就任された岡村勉氏には，その激務にもかかわらず，変らぬ丁寧なご厚配をいただき，また，編集部小西英央氏には，それなくしては本書出版に至らなかったような苦労をおかけした。記して，心より感謝を申し上げたい。

　　　　2000年5月3日

　　　　　　　　　　　　　　　　　　　　　　　　　　　小林　武・三並　敏克


## 第2版のはしがき

　本書を企画したのは，1990年代の冒頭であった。それは，国際・国内の政治の激動の時期であり，私たちは，あらためて，憲法の原点に戻って憲法政治の現点を検証することが必要であることを痛感した。そのため，当時の内外の諸問題に対して憲法理念に即した分析を加えることを試みた。そうして成ったのが初版である。

　それから早3年を経た。本書は，つねに憲法の「いま」を明らかにすべく，可及的に頻繁に，時宜に適したものへと更新することを自らの課題としている。初版は，幸い好意的に迎えられ，改善の糧とすべき書評も戴いた。とくに，公立図書館で視覚障害者向け音読図書に指定されたことは，望外の喜びであった。また，講義での実際の使用からも多々教訓を得た。そこで，こうした経過をふまえ，また，執筆陣に木藤氏を加えて，第2版を出すことにした。

第2版では，ここ両3年に生じた憲法問題を積極的にとりあげるべく，第二部のテーマのかなり多くのものを差し替えており，また，第一部も今日的問題に応えるための補訂を施している。その意味で，本書は，構成は初版を維持しているが，内容上は新しい書物になっているといえる。これにも，倍旧のご批正を頂戴したいと思う。

　初版の際と同様，法律文化社の岡村勉氏には一方ならぬご助力をいただいた。記してお礼を申し上げたい。

　　　1995年3月

　　　　　　　　　　　　　　　　　　　　　　　　小林　武・三並　敏克

## 初版のはしがき

　新しい世紀が目前に迫っている。2001年を迎えるとき，日本国憲法は，制定から数えて55年，「不磨ノ大典」とされた「大日本帝国憲法」が閲した年月とほぼ並ぶことになる。その間，日本国憲法は，人々の平和への，また人間らしい自由と生存への努力のよりどころとなって人々をはげまし，また人々はこれを支持してきた。それゆえにこそ，日本国憲法は，来るべき21世紀においても，必ずや，大きな生命力をもちつづけることであろう。世紀の転換点に立って，憲法の現在をみつめ，将来を展望してみたい。──この書物は，そうした時代意識に立脚している。

　本書の企画は，1990年秋に始まり，91年末に執筆が完了した。それは，あたかも，湾岸戦争へとつながるイラクのクウェート侵攻からソ連邦の解体に至る，文字どおりの激動期であった。わが国政府は，湾岸戦争に大きくコミットして，平和憲法からの新たな危険な逸脱をみせた。また，天皇代替りにまつわる諸々のパフォーマンスが，国民主権原理を深部において揺り続け，さらに，政治構造の根本的再編を目指す「政治改革」が強引に推進されようとした。憲法にとっても，重大きわまる時期だったわけである。本書は，当然のことながら，後世おそらくは世界史・日本史双方の一大画期点として位置づけられるであろうこの両年の激動を見ながら書かれている。したがって，本書では，とりわけて，今日性豊かな──コンテンポラリーな──内容を盛ることが目指されている。もとより，その意図をどれだけ達成できているかは，読者諸賢の厳しい評価に俟つほかないが，憲法の「いま」をできるだけ正確に記しておきたいとの願いこそ，これまでおびただしく出版されている憲法書に小書を加えるゆえんである。

　それゆえ，本書では，今日の現実の問題──憲法政治の「現点」──を，憲法がその出発においてかかげ，その後も変わることなく脈打っている精神──憲法の「原点」──から照らし出し，それを検証することを試みた。そのため，第一部では，序論とし

て，日本国憲法の全体について，現在の憲法学上の主要な論点のすべてを一応は網羅する形で，小林が叙述し，それを前提にして，第二部の本論において，7名の執筆者が，各々今日的テーマを，たんなる解説の域を超えて自由に論じることにした。したがって，読者諸賢は，第一部によって鳥瞰をえた上で第二部に進まれてもよく，また，第一部をとばして，第二部の各項目を，独立したものとして，順不同に読んで下さっても差し支えない。

大学における講義との関連でいえば，わが国大学のカリキュラムは今日改編期にあり，憲法科目についても，従来の「憲法」「日本国憲法」「日本国憲法を含む法学」などの他に，国際法の分野を重視した憲法の講義も求められるようになりつつある。本書は，荷が勝ち過ぎていることは自覚しつつも，工夫を加えるならば，右のいずれの講義にも対応できるものであろうとした。国際関係の叙述に頁を比較的多く割いているのも，そのためである。

執筆陣は，すべて1940年代および50年代生まれの憲法研究者である。その中で2人の40年代生まれである小林・三並が編集にあたったが，全体の基調，とくに随所に見出されるであろう斬新な色彩は，すべて50年代生まれの鳥居・中井・近藤・藤田・清田の各氏に負っている。本書は，各項目の分担執筆より成っているが，先に述べた趣旨・内容は，一同の数度にわたる相談を経てまとめられたものである。研究と教育においても，社会と家庭にかんしても，いま最も多忙なこれらの方々が，こうした協力を下さり，また力作を寄せられたことに，編者として感謝したい。

私たち執筆者一同に共通するものは，歴史の進歩につねに貢献している日本国憲法を愛する心であるが，そうであるのも，1991年に還暦を迎えられた立命館大学教授山下健次先生に学部および／または大学院において薫陶を受けたことによるといえる。今後とも，この共通の薫陶を大切にして，より若い年代の人々に還元することのできる学問成果を僅かでも挙げるよう，励みたいと思う。

読者諸賢には，本書への忌憚のない御批判をお願いしたい。それを受けて，今後とも改善を加え，本書を，日本国憲法とともに永く生命力をもった作品にしていきたいと念じている。

末尾ながら，本書の企画の段階から一貫して，親身のお世話をいただいた法律文化社編集部長岡村勉氏に，心からの感謝を申し上げたい。

1992年2月

小林　武・三並　敏克

# 目　次

第6版はしがき

旧版（初版・第2版・新版・第4版・第5版）はしがき

## 第1部　日本国憲法をデッサンする

### 第Ⅰ章　近代憲法と日本の憲法 ……………………………［小林　武］2

#### 1　憲法とは何か ………………………………………………………2
  **1**　「憲法」と立憲主義　2　　**2**　憲法の分類　3　　**3**　憲法学は何を対象とするか　5

#### 2　近代憲法史の中での日本の憲法 …………………………………6
  **1**　近代憲法から現代憲法へ　6　　**2**　わが国――大日本帝国憲法の制定　9　　**3**　大日本帝国憲法の崩壊と日本国憲法の制定はどのようにしてもたらされたか　11

#### 3　日本国憲法を成り立たせているもの ……………………………13
  **1**　日本国憲法の構成　13　　**2**　日本国憲法の基本原理　14

#### 4　象徴天皇制――国民主権の下にある天皇制 ……………………16
  **1**　創設された象徴天皇制　16　　**2**　天皇の地位　17　　**3**　天皇の権限　17　　**4**　天皇の行為の類型をめぐって　18

#### 5　平　和　主　義 …………………………………………………20
  **1**　平和憲法の誕生と平和的生存権　20　　**2**　第9条の解釈　21　　**3**　政治の中の政府解釈の変転　22　　**4**　第9条をめぐる裁判　23　　**5**　自衛隊の海外派遣の進行　24　　**6**　集団的自衛権行使容認への踏み越え――平和主義の「いま」　25

### 第Ⅱ章　基本的人権の保障 …………………………………［小林　武］27

#### 1　人権の保障と限界 …………………………………………………27
  **1**　人権の体系　27　　**2**　人権は誰のものか　28　　**3**　人権侵

害を引き起こす者は誰か　29　　**4**　人権はどこで制約されるか　30
　　　　**5**　「国民の義務」の人権性　31

## **2**　包括的人権　……………………………………………………………32
　　　　**1**　個人の尊重と幸福追求権　32　　**2**　法の下の平等　33

## **3**　自　由　権　………………………………………………………………36
　　　　**1**　自由権保障の意義　36　　**2**　精神的自由　37　　**3**　経済的
　　　　自由　47　　**4**　人身の自由　49

## **4**　社　会　権　………………………………………………………………50
　　　　**1**　社会権登場の意義　50　　**2**　生存権　51　　**3**　教育を受け
　　　　る権利　54　　**4**　労働権　56　　**5**　労働基本権　57

## **5**　適正手続の保障　…………………………………………………………59
　　　　**1**　手続的保障の意義と憲法31条　59　　**2**　刑事手続の保障　60
　　　　**3**　行政手続の保障　61　　**4**　裁判を受ける権利　61

## **6**　国家補償の権利　…………………………………………………………62
　　　　**1**　国家補償の意味　62　　**2**　国家賠償　63　　**3**　損失補償
　　　　63　　**4**　刑事補償請求権　64

## **7**　政治参加の権利と政党　…………………………………………………64
　　　　**1**　政治参加の権利と政治活動の自由　64　　**2**　公務員の選定・
　　　　罷免権と選挙制度　65　　**3**　公職就任権（被選挙権）　68
　　　　**4**　請願権　68　　**5**　政治参加と政党　69


## 第Ⅲ章　統治機構——人権確保のための政治のしくみ……［小林　武］70

## **1**　国　　　会　………………………………………………………………70
　　　　**1**　議会制民主主義　70　　**2**　国会の地位　71　　**3**　国会の構
　　　　成と国会議員の地位　72　　**4**　国会および各議院の権能　73
　　　　**5**　国会の活動　74

## **2**　内　　　閣　………………………………………………………………75
　　　　**1**　議院内閣制　75　　**2**　内閣の組織　76　　**3**　内閣の権能　77

## **3**　財　　　政　………………………………………………………………78
　　　　**1**　財政国会中心主義の原則　78　　**2**　予算と財政投融資　79

### 4 裁判所 …………………………………………………… 80

 *1* 司法の意義 80 *2* 司法権の帰属と裁判所の構成 81
 *3* 裁判所の権限 82 *4* 司法権の独立と民主的統制 83
 *5* 違憲審査制 84

### 5 地方自治 …………………………………………………… 93

 *1* 地方自治の意義 93 *2* 地方自治体の種類と組織 94
 *3* 地方自治体の事務と権能 95 *4* 住民の権利 96

### 6 最高法規 …………………………………………………… 97

 *1* 国法の諸形式と効力 97 *2* 憲法の改正 98 *3* 憲法の変動 99 *4* 憲法の保障 100

## 第2部　日本国憲法の眼で政治を検証する

### 第Ⅰ章　平和憲法の「いま」……………………………………… 104

 *1* 平和憲法70年の意義 ……………………………… [小林　武] 104
  ——政権党による9条改憲をどうとらえるか
 *2* 安全保障関連法と9条3項加憲論 ………………… [近藤　真] 109
 *3* 沖縄：基地のまちの学校 ………………………… [小林　武] 113
  ——安保条約のいま

### 第Ⅱ章　人権のすがた ……………………………………………… 119

 *1* 公共空間 …………………………………………… [成澤孝人] 119
 *2* アーキテクチャ，人，プライバシー …………… [上出　浩] 126
 *3* 障害者に対する合理的配慮 ……………………… [石埼　学] 131
 *4* 堀の中の選挙権 …………………………………… [倉田　玲] 135
  ——成年者による普通選挙の番外地
 *5* 日の丸君が代 ……………………………………… [成澤孝人] 140
 *6* 学問の自由と軍事研究 …………………………… [近藤　真] 146
 *7* 規制緩和 …………………………………………… [坂田隆介] 149
  ——財産権，営業の自由

8　健康で文化的な最低限度の生活とは ………………[坂田隆介] 155
　　　　──生活保護基準の切り下げ
　　9　「貧困の連鎖」の解消のために ……………………[彼谷　環] 160
　　　　──教育の機会均等
　10　広がる同性パートナーシップ ………………………[彼谷　環] 164
　　　　──家庭生活における両性の平等
　11　インターネット時代の実名報道 ……………………[石埼　学] 167
　　　　──無罪推定原則と憲法

第Ⅲ章　統治のかたち ……………………………………………… 173
　　1　天　皇　制 ……………………………………………[成澤孝人] 173
　　2　「女性議員を増やす」という政策 …………………[彼谷　環] 179
　　　　──「全国民の代表」と「男女平等」
　　3　2つの県でも1つの選挙区 ……………………………[倉田　玲] 182
　　　　──全国民を代表する参議院議員
　　4　53条要求の無視 ………………………………………[成澤孝人] 187
　　　　──国会と内閣
　　5　「強行採決」………………………………………………[坂田隆介] 192
　　　　──司法審査の限界？
　　6　森友公文書改ざん事件 ………………………………[石埼　学] 198
　　　　──内閣の対国会説明責任
　　7　京都市宿泊税条例 ……………………………………[石埼　学] 202
　　　　──地方公共団体の課税権の意義と限界
　　8　憲　法　改　正 ………………………………………[石埼　学] 205

第**3**部　権利実現の現場と日本国憲法──実務家との対話

　　1　一人ひとりの子どもを大切にすること ……… [現場：竹村直人]
　　　　──特別支援教育と憲法　　　　　　　　　　 [憲法：上出　浩] 212
　　2　自分を大切にすること ………………………… [現場：塩満　卓]
　　　　──精神保健福祉と憲法　　　　　　　　　　 [憲法：石埼　学] 236

*3* 労働者の権利を大切にすること ……………[現場：大河原壽貴]
　　──司法による労働者救済と憲法　　　　[憲法：坂田　隆介]　262


事項索引
判例索引

## 凡　例

1　判決の引用は，次の例による。
　　　最判＝最高裁判所判決　（［大］＝大法廷判決）
　　　高判＝高等裁判所判決
　　　地判＝地方裁判所判決
　　　民集＝最高裁判所民事判例集
　　　刑集＝最高裁判所刑事判例集
　　　高民集＝高等裁判所民事判例集
　　　下民集＝下級裁判所民事裁判例集
　　　下刑集＝下級裁判所刑事裁判例集
　　　行集＝行政事件裁判例集
　　　判時＝判例時報
　　　判タ＝判例タイムズ
　　「判」にかえて「決」とあるのは，「決定」の略である。
　　判決（決定）年の表示は，すべて西暦である。
2　法令の引用は，本文中ではフルネームで示し，（　）中では「憲」，「公選」など通例用いられている形で略記している場合がある。
3　文献の引用については，本文中では特記すべきもののみを表示し，その他は各章・節の末尾に参考文献として掲げた。

## 執 筆 者 紹 介 (執筆順。＊印は編者)

### ＊小 林　　武 (こばやし　たけし)

1941年生
沖縄大学客員教授
主要著書　『現代スイス憲法』(法律文化社，1989年)，『憲法——演習講義』(法学書院，1995年)，『ようこそ日本国憲法へ』(法学書院，1998年〔第３版：2016年〕)，『自治体憲法〔自治体法学全集２〕』(山下健次教授と共著，学陽書房，1991年)，ハンス・チェニ『現代民主政の統治者——スイス政治制度とロビイストたち』(翻訳，信山社，1999年)，『地方自治の憲法学』(晃洋書房，2001年)，『人権保障の憲法論』(晃洋書房，2002年)，『憲法判例論』(三省堂，2002年)，『法曹への憲法ゼミナール——同時代を解く』(法学書院，2003年)，『憲法と国際人権を学ぶ』(晃洋書房，2003年)，『平和的生存権の弁証』(日本評論社，2006年)，『憲法と地方自治〔現代憲法大系13〕』(渡名喜庸安教授と共著，法律文化社，2007年)。

### 近 藤　　真 (こんどう　まこと)

1953年生
岐阜大学地域科学部教授
主要論文　「社会権力に対する個人の意見表明の自由——ワイマール憲法第118条第１項第２段の成立と展開 (１)(２) 完」『法政論集』99，100号，1984年，「西ドイツ国法学における社会的権力論——ライヒエンバウムの社会的権力論紹介」『法政論集』149号，1993年，「ニュージーランドの環境法と環境運動」『岐阜大学地域科学部研究報告』第２号，1998年。

### 成 澤 孝 人 (なりさわ　たかと)

1968年生
信州大学経法学部教授
主要著書　『憲法のいま——日本・イギリス』(共著，敬文堂，2015年)
主要論文　「イギリス憲法改革と議院内閣制の現在」『比較法研究』78号 (2017年)，「イギリス型議院内閣制の憲法的基盤と連立内閣」(倉持孝司，元山健，松井幸夫編『憲法の「現代化」：ウェストミンスター型憲法の変動』(敬文堂，2016年) 所収)，「共和主義とイギリス憲法」『信州大学法学論集』19号，2012年

### 上 出　　浩 (うえで　ひろし)

1968年生
立命館大学講師
主要論文　「ユビキタス社会における『民主主義システム』——新たなマス・メディアの位置づけに向けて」『立命館法学』291号，2003年，「合衆国連邦最高裁判例に見る20世紀中葉の『プレスの自由』観——ユビキタス時代における『プレス』の役割を求めて」『立命館法学』312号，2007年，「自己喪失へのプロローグ——技術革新がもたらす『内なる心』の揺らぎを手がかりに」『立命館法学』321-322号，2008年，「第４章　表現の自由——自由なコミュニケーションの保障」(市川正人・倉田原志『憲法入門』(法律文化社，2012年) 所収)。

**＊石埼　　学**（いしざき　まなぶ）
　1968年生
　龍谷大学法学部教授
　主要著書　『国会を，取り戻そう！――議会制民主主義の明日のために』（共著，現代人文社，2018年），『沈黙する人権』（共編，法律文化社，2012年），『リアル憲法学〔第2版〕』（共編，法律文化社，2013年），『人権の変遷』（日本評論社，2007年），『デモクラシー検定――民主主義ってなんだっけ？』（大月書店，2006年）

**倉田　　玲**（くらた　あきら）
　1971年生
　立命館大学法学部教授
　主要論文　「ゲリマンダリングと合衆国の投票権法制――代表を選出する機会の平等㊤㊦」『立命館法学』268〜269号，1999〜2000年，「大統領選挙と平等保護――ブッシュ対ゴア事件判決の再検討」『立命館法学』277号，2001年，「禁錮以上の刑に処せられた者の選挙権」『立命館法学』300号，2005年，「グローバル化と人権」（中島茂樹・中谷義和編『グローバル化と国家の変容：グローバル化の現代――現状と課題』第1巻（御茶の水書房，2009年）所収）。

**坂田隆介**（さかた　りゅうすけ）
　1984年生
　立命館大学法務研究科准教授
　主要論文　「財政と福祉権保障」（尾形健編『福祉権保障の現代的展開』（日本評論社，2018年）所収），「最高裁の「公的正統性」（Public Legitimacy）――「司法的ステイツマンシップ」論を手がかりに」立命館法学361号（2015年），「医療保険改革法とアメリカ憲法（1）（2・完）」立命館法學356号（2014年）・359号（2015年）。

**彼谷　　環**（かや　たまき）
　1966年生
　富山国際大学子ども育成学部教授
　主要論文　「少子化対策における『安全』」（森英樹編『現代憲法における安全――比較憲法学的研究をふまえて』（日本評論社，2009年）所収），「政策決定過程における女性の参加とポジティブ・アクション」『富山国際大学子ども育成学部紀要』第2巻，2011年，「政治・行政――政策決定過程における男女平等」（犬伏由子・井上匡子・君塚正臣編『レクチャー・ジェンダー法』（法律文化社，2012年）所収），「ドイツにおける新党設立と民主主義」（本秀紀編『グローバル化時代における民主主義の変容と憲法学』（日本評論社，2016年）所収）。

**竹村直人**（たけむら　なおと）
　1970年生
　滋賀県立北大津養護学校教諭
　立命館大学大学院法学研究科博士前期課程修了。京都府立盲学校非常勤講師，西山短期大学非常勤講師，滋賀県立草津養護学校教諭を経て，現職。
　報告　「かけがえのないいのちを守るために」『みんなのねがい』（全障研出版部，2001年3月号）。
　障害のある子どもたちが気軽に参加できるコンサートをつくりたいという思いのもと，趣味を兼ねて音楽活動を行っている。音楽バンド「LOONEEBOO」所属。

**塩満　卓**（しおみつ　たかし）
　　1960年生
　　佛教大学社会福祉学部准教授
　　主要著書論文　『障害者に対する支援と障害者自立支援制度〔第4版〕』（共著，弘文堂，2018年），「家族等の同意に基づく医療保護入院に関する批判的検討——政策形成過程と国際比較の観点から」『佛教大学社会福祉学部論集』14号，2018年，「相談支援専門員の利用者に対する14の援助者役割とその獲得機序（第二報）」『福祉社会開発研究』12号，2017年，「精神障害者の家族政策に関する一考察——保護者制度の変遷を手がかりに」『佛教大学福祉教育開発センター紀要』14号，2017年。

**大河原壽貴**（おおかわら　としたか）
　　1976年生
　　弁護士
　　元京都弁護士会副会長，自由法曹団常任幹事，市民ウオッチャー・京都幹事
　　携わった主な裁判：建設アスベスト訴訟，大飯原発運転差止訴訟，Ｊ社派遣切り訴訟，原爆症認定訴訟，中国残留孤児国家賠償訴訟，京都市教組超過勤務訴訟，山科民商税金訴訟，自衛隊イラク派遣差止訴訟，情報公開・住民訴訟など。

# 第1部
# 日本国憲法をデッサンする

◇

　憲法の現在のありようをその原点に即して検証しようとする本書の第1部は，日本国憲法の全体像のデッサンに充てられている。憲法の歴史や基本原理を概説したうえで，近代憲法の2大領域である人権保障と統治機構について，主要な論点をほぼカバーする形で叙述しているので，第2部，第3部を読む際にも，第1部の関連個所を随時参照することで活かしていただければと思う。

# 第Ⅰ章　近代憲法と日本の憲法

## *1*　憲法とは何か

### **1**　「憲法」と立憲主義

　「憲法」とは何かと問われたとき，私たちは，このことばが，国家の基本法を意味するものであることを知っている。ただ，古くは，「憲法」ということばは，たんなる「のり」ないし「おきて」を意味するだけのものであって，聖徳太子が制定したとされる『十七条の憲法』（ほぼ604年）も，官吏の守るべき心得・訓戒を内容とするものにすぎなかった。ところが，明治維新前後に国家の基本構造を意味する欧米の constitution（英語，フランス語），Verfassung（ドイツ語）という概念がわが国に伝わって，それに対応する邦訳語として「憲法」の語が――それまでの意味を変えて――用いられるようになった。そして，この用法が今日まで続いているのである。

　このような，国家の基本に関する法，他の諸法の基礎となる法という意味での憲法を，固有の意味の憲法と呼ぶ。その意味での憲法は，どの時代においても国家の存在とともに必ず存在する，といえる。しかし，今日では，多く，憲法ということばは，歴史的に，とくに近代以降に確立し，一定の原理を備えたものを念頭に置いて用いられている。よく知られた1789年のフランス人権宣言16条は，「権利の保障が確保されず，権力の分立が定められていないすべての社会は，憲法をもつものではない」とうたっているが，今日の各国憲法も人権保障と権力分立を不可欠の共通項としている。こうした憲法を，近代的意味の憲法という。

　いいかえれば，「憲法」という法規範をつくったのは，かけがえのない人間の尊厳を根源的な価値として，人間の自由や権利を保障するとともに公権力を

統制するためであるという考え方である。このような考え方を立憲主義と呼ぶ（なお，立憲主義を，「法による権力の制限」という意味で用いるときには，すでに中世にもみられる〔「中世立憲主義」〕。マグナ・カルタ〔1215年〕はその典型である。ここで述べているのは，人権の保障を前提にした「近代立憲主義」である）。

　なお，実質的に国家の基本法としての性格をもつ法を，名称や存在形式を問題にすることなく上記の性格面だけに着目してとらえるとき，実質的意味の憲法と呼ぶ。ただ，近代以降の欧米では，国家の組織や作用の基本を成文の憲法典の形で表現し，またそれに「憲法」や「基本法」の名称を付け，それを普通の法律より形式的効力において上位に置き，かつその改正の要件を厳格なものとすることが通例となった。このような憲法を形式的意味の憲法と呼ぶ。結局，近代的意味の憲法（近代憲法）は，人権保障・権力分立という歴史的内容と，それに対応する上に挙げた法形式とを統一させたものといってよい。

**2　憲法の分類**

　①　成文憲法と不文憲法　　憲法が成文，すなわち文章で書かれた憲法典の形式をとっているか否かによる分類である。近代以降のほとんどの憲法は成文憲法であるが，それは，旧体制の下で国家権力がしばしば恣意的に振舞った歴史的経験にかんがみて，権力行使の限界を明確に定めておこうとする要請を背景にしている。

　不文憲法の国のほぼ唯一の例としてよく挙げられるのはイギリスである。イギリスは歴史的に成文の憲法典をもつことなく，他の国では憲法典で定められる事項が，王位継承法や議会法などの通常の法律ないし慣習法，またはいわゆる憲法的習律によって確定している。なお，このように，イギリスでは実質的意味の憲法にあたる事項の多くが成文の法律の形式で定められているのであるから，その点ではこれを不文憲法の国とするのは必ずしも正確でなく，成文の憲法典をもたない国というべきであろう。「イギリスに憲法なし」ということばも，そのような意味のものとして理解されなければならない。

　②　硬性憲法と軟性憲法　　憲法の改正手続による分類である。普通の法律と比べてより厳重な改正手続を必要とする憲法を硬性憲法，法律と同じ手続で

改正できるものを軟性憲法という。その厳重な改正手続には，たとえば議会の議決要件を重くしたり，また議会の議決に加えて国民投票を必要とするなどのタイプがある。日本国憲法も，この後者に属する。とくに人権保障を理念とする近代憲法は，その安定性を確保するため多くが硬性憲法の形式をとっている。

ただ，この硬性・軟性の区別は，そのまま実際の改正の難易，ないしは現実の安定性の程度を示すものではないことに注意する必要がある。たとえば，硬性憲法であるスイス連邦憲法は，1874年の制定以来1999年の全面改正に至るまでに，部分的改正であるが，実に毎年1回程度の改正が施された。また，イギリスの場合，その実質的意味の憲法は軟性憲法であるが，中心的部分はきわめて強い安定性を保ちつづけている。

③ 欽定憲法・民定憲法・協約憲法　憲法制定の主体による分類である。君主が制定し，国民に対して恩恵として与えたとされる憲法が欽定憲法で，1814年フランス憲法，1889年大日本帝国憲法（以下，帝国憲法）などがその例である。これに対して，民定憲法は，国民ないしその代表が制定したとされるもので，多くの共和制国家の憲法や1946年日本国憲法がそれにあたる。そして，協約憲法とは，君主国において君主と国民代表との合意，つまり契約による制定の形式をとった憲法で，1830年フランス憲法にその例を見出す。この協約憲法は，君主主権と国民主権のいずれの担い手ともまだ決定的には強力でないときに，両者の妥協によって成立する憲法である。

④ 単一国憲法と国約憲法（連邦憲法）　国家の形態を基準にした分類である。わが国のような，連邦制をとらない国の「単一国憲法」に対して，国約憲法（連邦憲法）とは，複数の国家単位が結合して連邦を形成する際に制定される憲法をいう。

⑤ 実質的な分類　憲法の分類は，従来よりほぼ以上のようになされてきたが，いずれも形式的なものであるといわざるをえず，より実質的な分類が必要となる。その場合，国家の社会・経済体制や歴史的段階を基準とすることが不可欠であろう。たとえば，かつては資本主義憲法と社会主義憲法の2つに分ける仕方が広く行われていた。先進国型と発展途上国型との分類は今日でも有益である。また，憲法が実際に果たしている機能に着目して，憲法に即して政

治がなされている「規範的憲法」，政治の現実が憲法に即していない「名目的憲法」，むしろ憲法が政治の現実に合わせて定められたものにほかならない「意味論的（セマンティックな）憲法」に分類されることがある（K. レーヴェンシュタイン）。これは，わが国の憲法と政治の関係の実態を考える際にも十分に参考になると思われる。

**3　憲法学は何を対象とするか**

上に，憲法の概念や分類をみてきた。そこにおいて「憲法」という場合，憲法規範のことが念頭に置かれている。憲法学はこの憲法規範を重要な対象にしている。しかし，憲法学の対象はそれに尽きるものではない。憲法学とは，憲法をめぐる社会現象，すなわち憲法現象を研究する学問であって，この憲法現象はつぎのようなかなり広範な要素から構成されている。

第1に憲法規範であるが，その主なものは成文のまとまった形で示された憲法典であり，わが国の場合，「日本国憲法」のタイトルをもった法典がそれである。ただ，法律の形式でありながら内容上憲法と一体をなす，いわゆる憲法附属法律も実質的な憲法規範を形づくっている。憲法改正手続法，国旗・国歌法，公職選挙法，国会法，内閣法，裁判所法，地方自治法，皇室典範などがそれにあたる。また，第2に憲法判例である。わが国のように違憲審査制をとる国の場合，裁判所，とくに最終的な有権解釈の権限をもつ最高裁判所が具体的事件の裁判をとおして憲法の意味内容を具体化する。したがって，〈憲法とは，これが憲法であると最高裁判所が述べたところのものである〉という論法はわが国にもあてはまる。もっとも，このことは，現実の最高裁判決がすべて憲法を正しく具体化したものであることを意味するものではまったくない。むしろ正当とは言いがたい判決が枚挙にいとまのないほど出されており，それについては後にしばしば述べることになろう。

そして，第3に，憲法に対する国民のさまざまな考え方，いいかえれば憲法意識ないし憲法思想が憲法現象の一構成要素となる。公権力の側のもつ憲法意識・思想は，政府や最高裁の見解，つまり最終的には憲法判例として示されるが，国民の側のそれは学説の形をとるほか，体系的ではないにしても，憲法に

対する意見・感覚・感情の形でも存在する。なお，第4に，憲法によって設定され機能する国会・内閣・裁判所などの国家機関，いわゆる憲法制度——そこには，政府の解釈によれば憲法に適合するものとしてつくられている自衛隊も含まれる——も，憲法現象を形づくるものとされ，憲法学の対象となる。

　憲法学は，このようにして，憲法をめぐる広範な社会現象を扱うことになる。そうであるとすれば，憲法を学ぶ私たちには，常に，公権力担当者が正しく憲法を運用しているかに関心を寄せて，政治・社会・経済の状況を知り，さらに的確な歴史認識をもつことが求められるといわなければならない。

## 2　近代憲法史の中での日本の憲法

### 1　近代憲法から現代憲法へ

(1)　**近代憲法の成立**　先に挙げた人権保障や権力分立などの原理を備えた近代憲法は，18世紀の末頃に誕生している。封建制ないし絶対王政の下で経済的力量を増大させた市民階級（ブルジョアジー）が主力となって，旧体制に抵抗して社会の根本的変革を成し遂げ（市民革命），その成果を宣言・確保するために憲法を定めたのであり，それが近代憲法である。したがって，各国の近代憲法のあり方は個別の歴史的条件に応じて異なっている。

　すなわち，一方で，資本主義経済が発達し近代的変革が十分に遂行された国では典型的な近代憲法が成立し，あるいは立憲主義的な政治制度が進展している。まず，イギリスでは13世紀にマグナ・カルタが制定された（1215年）が，その後，権利請願（1628年），ピューリタン革命（1642 - 49年），名誉革命（1688年）と権利章典（1689年）を経て，17世紀の末までに「法の支配」と権力分立が成立した。この国では，先にも述べたように成文憲法典が制定されていないが，そこで生まれた代表制・両院制・大臣責任制・議院内閣制などの政治制度とその原理が各国憲法に受け継がれた。この点で，イギリスは立憲主義の母国であるとされる。

　また，アメリカでは1776年に独立宣言が出されたのち，76年から84年にかけて北米諸州の憲法がそれぞれ制定されたが，これらは歴史上最初の成文近代憲

法であるといえる。その中で代表的なものであるヴァージニア権利章典（1776年）は，母国イギリスの権利請願や権利章典を模範とし，ジョン・ロックの政治思想にもとづいて，不可譲・天賦の自然権たる人間の権利，国民主権，革命権などを宣言している。その後，同じ原理に立って，1788年に合衆国憲法が制定された。

　そして，フランスでは，急激かつ徹底的に遂行されたフランス革命が1789年のフランス人権宣言（『人および市民の権利宣言』）を生み出した。これは，アメリカ諸州の憲法を先例としつつ，人間の権利の神聖不可侵性，国民主権，一般意思の表明としての法律，権力分立などの原理を宣言したものである。1791年にはこれらの原理にもとづく憲法が制定されている。このようなアメリカやフランスの憲法にみられる思想は近代憲法の原型を示すものであり，後の各国憲法に大きな影響を与え，つぎの世紀には，この型の憲法がベルギー，スイスなどヨーロッパ各国に広まった（19世紀は，この意味で「憲法の世紀」と呼ばれる）。

　他方，資本主義の発達が遅れ，市民階級の成長が不十分で，市民革命が徹底しては行われなかった諸国で登場した憲法は，真に立憲主義的なものではなかった。とくにドイツでは，南ドイツ諸邦で1818年以降，中・北部諸邦で1830年代に憲法の制定をみているが，それらの憲法にあっては，表面的には近代憲法の諸制度がそなわってはいたものの，国王は従来と同様に統治権の主体でありつづけ，国民を代表すべき議会の地位は低く，国民の権利の保障も弱く，また，憲法の成立形式も国王からの恩恵として国民に賜与された形をとっていた。こうした憲法のあり方は，先のアメリカ・フランスのそれと根本的に異なるものであり，ドイツ的立憲主義ないし「外見的立憲主義」と呼ばれる。1850年のプロシア憲法，1871年のドイツ帝国憲法は，いずれもこの思想にもとづいて制定された。帝国憲法も，後に述べるとおり，このプロシア憲法に範を求めて制定されたものである。

　(2)　**現代憲法への展開**　　20世紀に入ると，とくに第一次世界大戦を境にして，18・19世紀の憲法を成り立たせていた社会的経済的条件が大きく変化した。すなわち，資本主義が自由競争の段階から独占資本主義さらには国家独占

資本主義（帝国主義）の段階に進んだことを背景として，貧富の差の拡大・固定化，失業，不況などにみられる資本主義の矛盾が明らかになり，また労働者階級の運動が高揚した。とくに，1917年のロシア革命によって地球上に初めての社会主義国ソ連が誕生したことが，上に挙げたような問題をかかえる資本主義諸国に強い影響を与えた。

そこで，諸国は，資本主義そのものを維持するために，労働者階級の運動に譲歩しつつこれを体制内化する途を選び，憲法の中に資本家の財産・営業の自由に対する一定の制限と，労働者など社会的経済的弱者への社会権の保障とを書き込むことになった。その典型がロシア革命の2年後に制定されたワイマール憲法（『1919年8月11日のドイツ憲法』）であり，所有権の制限，企業の社会化，すべての者の人たるに値する生活の保障，労働者の団結権および経営参与権の保障などを定めたものである。ここにおいて，近代憲法は18・19世紀の憲法（「古典近代」の憲法）から20世紀憲法（現代憲法）へと歴史的展開を遂げることになる。

20世紀憲法＝現代憲法の特徴は，人権保障に関していうならば，まず，権利の主体としての人間を，18・19世紀憲法＝古典近代憲法のように抽象的に平等な存在として把握するのではなく，資本家・労働者，富者・貧者，失業者といった具体的な生活の姿において理解し，また，人権に対する侵害の問題について，古典近代憲法が憲法による救済の対象を国家による侵害に限定していた態度を改め，それに加えて，社会における私人間の人権侵害も憲法上の問題であると認めてその救済をはかる姿勢をとったことである（後述の「私人間効力」論）。そして，基本的人権のカタログについて，古典近代憲法が国家の立入禁止を内容とする自由権的基本権だけを定めていたのとは異なり，人間的生存の具体的条件の実現を国家に対して求める生存権的基本権（社会権的基本権）を付け加える形でこれを豊富にしている，という点に見出すことができよう。

しかし，1930年代に入るとファシズムの嵐が各国を襲い，とくにドイツ，日本をはじめとするファシズム諸国では，憲法は根底から蹂躙された。これら諸国の引き起こした第二次世界大戦は反ファシズムの勝利で終わり，戦後，自由主義・民主主義の高揚の中で，わが国の1946年憲法を含む多くの憲法が制定・

改正された。それら戦後憲法の特徴は主につぎの点にある。まず，世界大戦の惨禍を省みて平和への志向が格段に強められたことであり，なかでもわが国憲法においては，世界平和達成の理想が戦争と軍隊の絶対的否定という形で具体化されている。また，ファシズム体験にもとづいて，憲法の規範性を強化するための憲法保障制度，とりわけ違憲審査の制度が広く採用された。そして，社会国家の理念がいっそう明確にされたのも共通の特徴である。

このような形で変容を遂げた現代の憲法は，同時に，発達した資本主義国家に共通して，市民の基本権の保障に仕えるだけでなく，基本権に体現されている価値を社会過程に貫徹させ，国家に対してはその権力行使を制限するだけでなく，それに構造的計画を示し，給付行政の遂行に適した政治の組織を編成する等々の必要に迫られている。さらに，生態系全体の保存も憲法上の課題とされている。こうして，立憲主義の原理を保持しつつ，上のような現代的課題にいかに応えるかが，今日の憲法と憲法学の重要なテーマであるといえよう。

## 2 わが国——大日本帝国憲法の制定

(1) **帝国憲法はどのようにして制定されたか**　わが国の場合，近代史上の最初の成文憲法は，『大日本帝国憲法』（帝国憲法，明治憲法，旧憲法）である。帝国憲法制定の前史をなすものは1868年の明治維新であるが，これは，資本主義が未発達であったために典型的な近代革命としては展開されず，いわゆる「上から」の不徹底な社会変革にとどまった。そのため，この変革は直ちに憲法を誕生させることにはつながらず，憲法制定の要求は，むしろ明治政府と対立する国民，とくに自由民権運動の側から提起された。

この「下から」の憲法要求に対して明治政府は抑圧的な態度で臨み，1879年前後に多数提案された私擬憲法に対しても，それらを無視・排斥し，国民の憲法への願望を拒絶して制憲作業を進めた。これら私擬憲法の中には，たとえば植木枝盛の『日本国国憲案』や千葉卓三郎のいわゆる『五日市憲法草案』のように，天賦の人権を主張する自由主義的・民主主義的性格のものも含まれており，これが日本国憲法の基本理念に伏流としてつながっている。そのことに，今日のわれわれは改めて注目しておきたいと思う。

明治政府の内部でも，大隈重信はイギリス的な議院内閣制度を内容とする憲法の制定を主張したが，追放された（1881年）。この「明治14年の政変」を機に，政府は1890年には国会を開設することを明らかにし，プロシアの立憲君主制憲法の調査のために伊藤博文をヨーロッパに派遣した（1882年）。伊藤は，帰国後，井上毅・伊東巳代治・金子堅太郎・荒川邦蔵，それに当時のいわゆる「お雇い外国人」法学者であるH・レスラー，A・モッセなどを加えて極く秘密裡に憲法草案を完成した。これが枢密院の審議・諮詢を経て後，『大日本帝国憲法』と名付けて，1889年の2月11日（「紀元節」）を選んで，天皇が内閣総理大臣に下賜するという「欽定」の形をとって公布されたのである。したがって，国民はこの憲法の内容を知る由もなかった。憲法の発布を「絹布の法被を天子様から賜わった」と受け取った国民が少なくなかったとのエピソードは，この憲法が，制憲過程から徹頭徹尾閉め出された国民に対して上から押しつけられたものにほかならないことをよく物語っている。

(2) **帝国憲法は何をもたらしたか**　帝国憲法は近代憲法のいくつかの制度をとり入れることによって，立憲主義的憲法の外見を一応整えてはいるが，その基本において絶対主義的天皇制の原理に貫かれた憲法であった。すなわち，第1の特徴とされるものは神権主義にもとづく天皇統治である。「万世一系ノ天皇」による統治の原則を宣言して，それをわが国の「国体」であるとし，その統治権の源泉を神勅＝神意に見出す。また，この天皇統治は血統にもとづくものとされ，皇統がそれ以外のすべての国民（「臣民」）とは異なった尊貴な血のつながりであると観念するところにその正統性の根拠が求められる。

　第2に，国法二元主義といわれる法体系である。これは，皇室典範を憲法と並ぶ（実質的には優位する）最高の国法であるとし，すべての成文法を，前者の系統に属する「宮務法」と後者の系統の「政務法」（国務法）とに分属させる二元的な国法体系である。この制度の目的は，国民が憲法をとおして天皇制に関する事項に触れる可能性を封じ，皇室を国民にとって不可触の位置に置こうとするところにあった。

　そして第3に，いわゆる「外見的立憲主義」が挙げられる。権利保障に関し

て，帝国憲法も他の近代憲法と一見共通した権利のカタログを置いてはいるが，そこにいう臣民の権利は天皇によって恩恵的に与えられたものであるとされ，その保障には「法律ノ留保」が付けられていた。また統治機構についても，天皇が統治権の総攬者の地位にあって天皇大権の範囲はきわめて広く，そのため議会の地位は天皇を戴く政府に対して著しく弱く，権力分立は外形的なものにすぎなかった。

　このような性格の帝国憲法が，制定後一度も改正を加えられることなく，第二次世界大戦の敗戦（1945年）に至る半世紀有余の間，わが国近代史を多かれ少なかれ規定した。その展開の詳細は近代政治史の叙述に委ねなければならないが，とくに1931年の対中国侵略戦争開始（「満州事変」）から敗戦までの15年間には，天皇制権力による対外侵略戦争が強行されて，軍国主義の支配の下で自由と民主主義が蹂躙され，また，議会制も事実上解体された。国民の味わったこの痛苦の体験こそが，敗戦後に新しい平和憲法を誕生させたのである。

### **3** 大日本帝国憲法の崩壊と日本国憲法の制定はどのようにしてもたらされたか

　1945年7月26日，連合国はポツダム宣言（英・米・中。8月8日ソ連参加）を発して，わが国に無条件降伏と国民の意思にもとづく政府の樹立を要求した。日本側は「国体護持」の承認を求めて戦争を引き延ばすため，沖縄における凄惨な地上戦（4月～8，9月）まで行ったが，広島・長崎への原爆投下（8月6日・9日），ソ連の対日参戦（8月8日）を経て，ようやくこれを受諾し（8月14日），翌日の8月15日に，降伏を国民に告げる「玉音放送」が行われた。ポツダム宣言の受諾は，帝国憲法の天皇主権を内容とする根本規範が排除されたことを意味し，帝国憲法はここにおいて実質的に廃止され，崩壊したことになる。事実上アメリカ軍のみから成る連合国軍は，間接占領の方式で日本の民主化と非軍事化を目指す「戦後改革」を推進し，帝国憲法の根本的改正は不可避の課題となった。

　わが国の当局者は憲法改正にきわめて消極的であったが，同年10月，連合国軍総司令部（GHQ）の指示によって，一方では，近衛文麿公爵が内大臣府において改憲作業に着手し，他方で，内閣も松本烝治国務大臣を委員長とする憲法

問題調査委員会を設置する。このうち前者は，最高司令官マッカーサーが自身は関知せずと声明したことなどによって，11月には終息してしまい，後者が改憲作業の中心ルートとなった。しかし，翌1946年2月1日に毎日新聞のスクープにより明るみに出たこの松本委員会の改憲案は，帝国憲法3条の天皇の「神聖」不可侵を「至尊」に，11条などの「陸海軍」を「軍」にするなど字句を修正するだけで，同憲法に何ら根本的改革を加えるものではなかった（GHQには2月8日に提出）。当時，各政党や個人・団体からも民間草案が出されていて，その中には主権在民・天皇制廃止を内容とするものもあり（共産党案，高野岩三郎案），保守政党たる自由党や進歩党の案でさえ，松本案よりは進歩的であると評された。

　GHQは，日本政府に民主的憲法制定の意思と能力がないと判断して，2月4日，いわゆるマッカーサー3原則（天皇制存続，戦争の放棄，封建制の廃止とイギリス型予算制度の採用）にもとづく起草をGHQ民政局に命じた。この起草作業は急ピッチで進められ，同月13日，のちに『マッカーサー草案』と呼ばれ，現行日本国憲法の基盤となる憲法案が日本政府に示された。当時の政府はなおも天皇統治の原則を変えないことを至上命題としていたから，国民主権原理に立つマッカーサー草案の受容には相当な抵抗を示したが，結局，それにもとづく政府案を『憲法改正草案要綱』として同年3月6日に公表した。そして，4月17日には，要綱を条文の形に直して『憲法改正草案』とした。それが枢密院の諮詢の後，衆議院および貴族院の審議をとおしていくつかの修正が加えられた上で，『日本国憲法』として11月3日に公布され，翌1947年5月3日より施行されているのである。なお，米側による起草をとらえて，いわゆる「押しつけ憲法」論がしばしば唱えられる。これは，以上に述べた経過を正しくみるかぎり，非学問的な政治論に過ぎないものであることが明らかであるが，現実には強い影響力をもちつづけている理屈であり，注意しておきたいと思う。

　このようにして成立した日本国憲法は，今日まで70年を超える間，改正を受けることなくわが国社会において生きつづけてきた。その間，憲法を頂点とする法体系とは正面から矛盾する安保条約の法体系が存在し，また歴代の保守政権は絶えず憲法を憎悪・敵視し，あるいは少なくとも好意的態度はとらなかっ

た。同時に、憲法は自由と人間らしい生活を求める国民の共有財産として、また平和的生存を守る砦として機能し、そうであるがゆえに常に国民によって支持されてきた。憲法はこれからも、こうした拮抗の中に置かれることになる。とくに、後にくわしい叙述がなされるとおり、今日、平和主義や人権保障をはじめとする問題をめぐって、憲法はまさに岐路に立たされているといわなければならない。そうした試練の中で、人類普遍の原理とみてよい現行憲法にこめられた諸価値を擁護し、その上で、将来、歴史的にいっそう進歩的な憲法へと発展させることが今日の世代の課題であるといえよう。

## 3 日本国憲法を成り立たせているもの

### 1 日本国憲法の構成

日本国憲法は、前文と11か章・103か条の本文から成る。前文に先立って「上諭」が付されているが、これは、たんに憲法を公布する旨を述べた文（公布文）であり、憲法の構成部分ではない。ただ、天皇が「帝国憲法の改正を裁可し、……公布せしめる」という形式をとっている点で、日本国憲法制定手続の性格を考察する際の資料となる。

憲法の「前文」は、一般に、その憲法の制定の由来・目的・趣旨・制定者の決意などを宣言するものであるが、わが国憲法の前文もそうした事柄を述べ、かつその中で基本的な理念・精神を詳細に示している。それは4段より成るが、第1段では、国民主権と平和主義の原理を「人類普遍の原理」として宣言し、かつ憲法の最高法規性を明らかにする。第2段は、すべてのことばが平和への熱誠の表明にあてられ、また人類の権利としての「平和のうちに生存する権利」（平和的生存権）が確認されている。第3段では、国際協調主義の態度が強調されるとともに、国家主権を維持する姿勢が示される。そして第4段で、そこまでに挙げた理念の達成を目指す国民の決意が表明されている。

前文は、文章表現上は本文と異なっていくぶん文学的であるが、そのゆえをもって法的性格が否定されるものではない。すなわち、前文は本文各条項を解釈する際の指針を示し、また、ある事項について本文中に該当条項がない場合

に補充的な役割を果たすだけでなく，前文が直接適用されることもある。

　本文第1章「天皇」は，国民主権の原理とその下での天皇制を規定する。すなわち，主権は国民にあることを明示し，その枠内で存在する天皇制＝象徴天皇制の性格と内容が定められている。第2章「戦争の放棄」は，平和主義の原理を具体的な規範として表現したものである。この章を構成する条項は9条だけであり，他に戦争ないし戦力保持を念頭に置いた条項は存在しない。非常事態の規定も置かれていない。第3章「国民の権利及び義務」は基本的人権保障の宣言，いわば日本における人権宣言ないし権利章典である。この章の条項は31か条にも及び，本文中の3分の1近くを占めている。

　第4章から第8章までの「国会」・「内閣」・「司法」・「財政」・「地方自治」の5つの章は，国民主権・権力分立と地方自治の原則にもとづく統治機構についての規定である。第8章で定めた地方自治は，帝国憲法にはまったく存在しなかった規定である。そして第9章「改正」と第10章「最高法規」の両章で，この憲法の定める秩序の存続と安定，つまり憲法保障のための措置が定められている。なお，最後の第11章「補則」は，施行の期日・準備を定めた規定および経過規定である。

　このように，日本国憲法は基本原理を明らかにした上で，主権の所在にかんして定め，平和政策を国家に義務づけ，そののち人権宣言と権力分立という近代憲法の2つの不可欠の要素を規定し，そしてこの憲法を保障する手だてを定める，という体系的構造になっているのである。

## 2　日本国憲法の基本原理

　わが国憲法の基本原理というとき，ふつう，国民主権（民主主義）・平和主義・基本的人権の尊重（自由主義）の3つ，ないしはそれに国際協調主義や法の支配などが挙げられる。この各原理はいずれもそれ自体としては現代の各国憲法に共通する普遍的なものであって，わが国憲法の特徴を知るためには，むしろ，各原理のわが国憲法における特殊性に関心を払うべきであろう。そうした観点から述べておきたい。

　① 国民主権　　国民主権は，人類史の普遍的な獲得物として，近代憲法に

共通する原理であるが，とくに日本の場合，帝国憲法期の神権的な天皇主権を根本的に転換させた意義を有している。同時に，憲法は天皇制を特殊な形態のものとして存続させている。天皇制は基本的に君主制であり，そして君主制を支える君主主権原理こそ歴史的に国民主権原理により抗争の対敵とされ，かつそれにとってかわられたものであった。日本国憲法は，この原理的にも歴史的にも正面から対立する両者を国民主権原理を前提にした象徴天皇制という形で調和させようとするものである。なお，ここにいう国民主権は，近代から現代にかけてのこの原理の歴史的展開に即して，「国民（ナシオン）主権」でなく，「人民（プープル）主権」の意味に理解しなければならない。

② 平和主義　前文と9条によって示された平和主義の具体的内容，すなわち戦争と戦力保持についての徹底した否定的態度は，この憲法の最大の特徴である。平和主義の採用それ自体は世界の戦後憲法に共通のものであるが，しかし，各国の憲法はおおむね侵略戦争を否定するにとどまっており，それを超えて一切の戦争・戦力を否定した日本国憲法は，歴史的にきわめて先進的な位置にあるといわなければならない。

③ 基本的人権の尊重　日本国憲法は，基本的人権について，これを天賦・固有の，かつ永久・不可侵のものであるとする近代自然法思想の流れに沿って理解し，帝国憲法がとっていたところの，天皇の恩恵によって与えられた・法律の留保の下にある臣民の権利という考え方を原理的に克服している。さらにこれに加えて，現代的人権である生存権を社会保障・教育・労働の各権利として具体化している。すなわち，この憲法は制定時における国際的到達点をふまえて基本的人権保障規定を設けており，さらにそれ以降に生成した環境権やプライバシー権，また「知る権利」などの新しい人権にも対応できる開かれたものとなっているといえる。

④ 統治機構に関する原理　帝国憲法が天皇を統治権の総攬者とする国家組織を設けていたのに対して，日本国憲法は国民代表議会を国権の最高機関に置いて，統治機構の原則を根本的に転換させている。これは，国会中心型の権力分立制の形態であるが，19世紀的な立法国家への回帰を意味するものではなく，むしろ，ファシズムによる議会制民主主義のじゅうりんという現代的体験

をふまえつつ，行政権優位の状況に対処するものであるといえよう。また，憲法保障の手だてとして，この憲法はわが国で初めて違憲立法審査制を導入した。さらに，国民主権原理を地方政治の分野でも確立し，地方自治を憲法上の制度として定めている。

## *4* 象徴天皇制——国民主権の下にある天皇制

### *1* 創設された象徴天皇制

　日本国憲法の制定によって帝国憲法の天皇主権原理は否定され，国民主権原理が採用された。それは，ポツダム宣言の受諾をめぐっても，また新憲法制定に際しても，当時の公権力担当者たちがその護持に固執していた「国体」が変革されたことをも意味した。もっとも，日本国憲法でも天皇制は廃止されず象徴天皇制として残った。象徴天皇制という形態であれ，それは，世襲を基本的属性とする君主制の特殊類型であるから，本来国民主権と原理的に相容れないものであるが，憲法制定過程における民主化の不徹底が主要な事情となって，この不調和な要素が憲法の中に居残ることになったわけである。それに加えて，「天皇」という名称も帝国憲法時代と変わらず，またその地位に就いたのも同一人物（裕仁天皇）であった。しかし，それにもかかわらず，現憲法下の象徴天皇制は帝国憲法期の天皇主権の制度とは原理的に異なる。それは，国民主権を侵害しない限りで存在しうるものとして，日本国憲法によって新たに創設された制度にほかならない。

　学説の中には，これを帝国憲法の天皇制と連続しているものとしてその継承性を認める立場もあるが，主権の所在という憲法の最も根本的な原理の転換の意味を見失うことなく，象徴天皇制を帝国憲法期の天皇制とは断絶して，日本国憲法によって創設された一制度として理解することが正しい。したがって，象徴天皇制の内容と性格は，それを成り立たせている憲法の関係条項にもとづいて明らかにするのでなければならない。

## 2 天皇の地位

象徴天皇制の性格を定める最も基本的な条項は，憲法1条の「天皇は，日本国の象徴であり日本国民統合の象徴であつて，この地位は，主権の存する日本国民の総意に基く。」との規定である。この規定の意味のひとつは，天皇の地位は日本国および日本国民統合の象徴であることに限られるという点にある。すなわち，この「象徴」とは，《鳩は平和の象徴である》という場合と同様に，抽象的・無形のものを表現する具体的・有形のものを意味する。したがって，天皇は日本国および日本国民統合という象徴されるものを静態的に具象化する，ないし写す位置にあるにすぎない。象徴とは，代表のように，代表する者の行為が代表される者の行為であると法的にみなされる概念ではなく，異質のものをたんに表現する機能を有するにとどまるから，「日本国の象徴」という文言から天皇が日本を法的に代表するという意味を引き出すことはできない。また，「日本国民統合の象徴」との文言にもとづいて，天皇に，積極的に国民を統合する機能を期待ないし承認することも誤りである。

第1条の定めるもうひとつの事柄は，天皇の地位は主権者である国民の総意，つまり多数意思に依存していることである。このことは，国民が天皇制のあり方を，その廃止も含めて決定しうることを意味する。天皇制の廃止は憲法改正によって実現させることができ，逆に天皇制を強化する方向の改憲は国民主権原理と調和しうる限りで可能であるが，その中心部分と抵触するような程度の強化，たとえば戦前のような天皇制の復活を内容とする改憲は，憲法改正の限界を肯定する以上，なしえない。日本国憲法の下では，およそ国家の政治の問題であって主権者国民の手中にないものはひとつとしてなく，天皇制もその例外でない。帝国憲法時代には，天皇は神聖不可侵の存在であって，「臣民」とされた国民が天皇制について容喙することはまったくの不可能事であった。このことに照らすとき，主権者国民の意思によって天皇制のあり方を決めるという現行憲法の原則のもつ歴史的意義は，まことに大きいといわなければならない。

## 3 天皇の権限

天皇が象徴であることの具体的な内容は，天皇の権限に関する3条・4条・

6条・7条によって規定されている。まず、天皇の権限は「この憲法の定める国事に関する行為のみ」に限定され、天皇は「国政に関する権能を有しない。」（4条）。すなわち、天皇は、6条および7条において制限的に列挙された12個（なお、4条2項の掲げる国事行為の委任の権限を合わせて、13個と数えられる場合もある）の形式的・儀礼的行為（国事行為）を行う権限のみをもつものであって、国政の実質的決定に介入し、またそれに影響を及ぼすような行為をする権能（国政権能）は与えられていないのである。加えて、憲法は、このあり方を徹底させるために、天皇がこれらの国事行為をするについて内閣の事前および事後の関与としての助言および承認が必要であるとしている（3条）。天皇はこの内閣の助言・承認に絶対的に拘束され、天皇がした行為についての責任は内閣が負う（同）のである。

さらに、象徴天皇制が国民主権を前提として認められるものであることの必然的結果として、皇位の継承など制度の詳細を規定する皇室典範は、戦前とは異なって法律の一種とされており（2条）、国民は国会をとおしてこれらの制度の内容を変更・決定することができる。同様に、皇室経済に関しても、すべて皇室財産は国に属し、皇室の費用は予算に計上して国会の議決を経なければならず（88条）、また皇室の財産授受も国会の議決を経て許容されるものとされ（8条）、皇室経済を主権者国民のコントロールの下に置くしくみが設けられている。

### 4 天皇の行為の類型をめぐって

今まで述べてきたように、天皇の公的な行為は、憲法6条・7条の定める国事行為に限定されている。いいかえれば、憲法は、憲法の定めた行為（国事行為）を憲法の定めた形式（内閣の助言と承認に従うこと）によって行う天皇を「象徴」と呼んでいるのであって、3条・7条の権限以外に、天皇が象徴であること自体から公的な行為を行う権限を導き出すことはできない。もちろん、天皇がテニス・避暑など私人としての私的行為をすることはいうまでもない。結局、天皇の行為類型は、公的な行為としての国事行為と私的行為との2類型となる。

しかしながら，現実には天皇は国事行為以外に公的性格の行為を多数行っており，とくに国会開会式における「おことば」については，これまでにも問題とされてきた。学説では，この点，憲法の定める国事行為のほかに「象徴としての行為」ないし「公的行為」などの範疇，つまり第3の類型を設定し，そうした行為をする権限が天皇には認められるとして，「おことば」などに対しても合憲の評価をする立場がむしろ通説となっている。しかし，天皇主権から国民主権への新・旧憲法の原理的転換のもつ巨大な意義を基底に据え，天皇は象徴でしかないとする1条や，それゆえ天皇には限定列挙された国事行為の権限しか認められないとする4条をはじめとして，憲法第1章を厳格に解釈するなら，この通説の見解はけっして正当であるとはいえない。

1989年の天皇「代替り」を機に，象徴天皇制をめぐって憲法上の問題も噴出した。国民主権と政教分離の原則に相容れないものでありながら，同年1月7日の裕仁天皇死去＝明仁天皇即位の「剣璽等継承の儀」，同月9日「即位後朝見の儀」，2月24日「大葬の礼」・「葬場殿の儀」，1990年11月12日「即位の礼」，22・23日「大嘗祭」などの儀式が行われ，いくつかの違憲訴訟が提起された。また，現天皇も，前天皇と同様に，国政関与の禁止に違背して，外国要人との会見など政治的性格の行為を重ねている。そして，1999年の国旗・国歌法による「日の丸」「君が代」の法制化，および，同年11月12日の天皇「在位」10周年の公式行事などは，天皇制の復古的強化につながるものである。しかし，違憲の実例がいかに多数・広範にわたろうとも，学説には常に憲法原理を正しくふまえた厳格な判断が求められているといわなければならない。

2016年には，明仁天皇が退位を希望する旨の意思表示をした。現行の皇室規範は天皇の生前退位を予定していないため，翌2017年，「天皇の退位等に関する皇室典範特例法」が制定され，それにもとづいて，2019年に退位し，皇太子への代替りが行われることとなった。生前退位には，本来皇室典範の改正で対応すべきであるが，特例法という立法方式が採られた。同法第1条「趣旨」の規定は，天皇が「御活動に精励してこられ」，国民はそれに「深く共感している」などの，国民主権からみて問題の多い内容となっている。即位の儀式は，政府は「平成の代替り」のものを踏襲するとしており，したがって，その際と

同様の憲法上の問題, とくに国民主権と政教分離原則の侵害が惹起されざるをえない。

## 5 平 和 主 義

### 1 平和憲法の誕生と平和的生存権

　日本国憲法の平和主義は, わが国が侵略の側に立った第二次世界大戦の悲惨な体験とそれへの痛切な反省, そして再不戦の決意から生まれたものである。前文は, その全体が平和の宣言ないし平和綱領といってよい。そして, 政府に平和の大道を歩ませるためには, 政府を国民の意思によって動かすという民主主義の確立と主権者たる国民の基本的人権の保障が不可欠であることから, 憲法は平和主義を前面に立てて, これを国民主権・人権保障と結合させ, それらを自らの基本原理としている。その上で, 9条において, 世界各国に先駆けて, 一切の戦争を放棄しあらゆる軍備を保持しないことを定めている。わが国憲法が「平和憲法」と名づけられるゆえんである。

　憲法前文は,「全世界の国民が, ひとしく恐怖と欠乏から免かれ, 平和のうちに生存する権利を有する」(2段) として,「平和的生存権」を宣言する。これは, 人が平和に生きることを, たんに国家が平和政策をとることの反射的利益としてとらえる従前の理解から原理的な転換を遂げて, 全世界の国民の権利として位置づけたものである。すなわち, この平和的生存権規定は, 政府に対しては, 軍備をもたず軍事行動をしない方法で国際平和実現の途を追求する平和政策の遂行を法的に義務づけ, そして国民には, 政府が平和政策をとるよう要求し, また自らの生存のための平和的環境をつくり, 維持することを各自の権利として保障しているのである。この前文に直接の根拠をもつ平和的生存権は9条で具体化された上で, ひとつには, 13条をはじめとする第3章各条項の各人権と結合して, またひとつには, この各人権がカヴァーしていない領域では独自の意味をもつ人権として機能するものといえる。裁判例の中で, 平和的生存権の裁判規範性を認めた長沼訴訟第1審判決（札幌地判1973年9月7日判時712号24頁〔福島判決〕）および自衛隊イラク派兵違憲訴訟名古屋高裁判決（2008

年4月17日判時2056号74頁〔青山判決〕）のもつ意義は大きい。

## 2　第9条の解釈

　憲法の平和主義は，9条において具体的に規範化されている。すなわち，「日本国民は，正義と秩序を基調とする国際平和を誠実に希求し，国権の発動たる戦争と，武力による威嚇又は武力の行使は，国際紛争を解決する手段としては，永久にこれを放棄する。」（1項），「前項の目的を達するため，陸海空軍その他の戦力は，これを保持しない。国の交戦権は，これを認めない。」（2項）との規定がそれである。これについて，学界の通説は，9条はあらゆる戦争の放棄と一切の軍備の不保持を定めたものであり，わが国は国家として有する自衛権を平和的手段によって行使し，それをとおして国際平和実現の働き手となることを自らに義務づけたものと解釈している。

　もっとも，この結論に至る論理の運びにはバリエーションがあって，ひとつの立場は，1項で，わが国は国際平和実現を希求して「国際紛争を解決する手段」としての戦争，つまり侵略戦争をまずもって放棄し，2項で，前項で掲げた目的の達成のため一切の戦力の不保持と交戦権の否認を定め，その結果自衛のための戦力をも放棄した，とする。これは，国際紛争解決の手段ということばを，国際法上の用法にしたがって理解したものである。もうひとつは，このことばを文字どおり国際間の紛争一般と解して，1項ですでに自衛戦争を含むすべての戦争が放棄されたと考えるものである。いずれにせよ，この両者は9条を戦争と軍備を全面的に禁止した規範と解する結論で一致している。もっとも，学界の中には後述の政府解釈と軌を一にする立場や，9条について憲法変遷が成立したとする主張も出されているが，なお圧倒的に少数説にとどまっており，上記の解釈が憲法制定以来今日に至るまで通説としての地位を占めている。

　このようにして，わが国憲法は全面的な戦争と戦力の否定に踏み切ったものであり，これは，世界各国の憲法が一般的に今なお侵略のみの否定にとどまっていることと対比して，歴史的な先駆的意義をもつものといえよう。

## 3 政治の中の政府解釈の変転

　政府も実のところ、憲法制定時には、9条は自衛のためのものをも含めて一切の戦争と軍備を禁じていると解釈していた（1946年の吉田茂首相国会答弁など）。学界の通説（そのうちのAの立場）と同一である。1950年、朝鮮戦争の勃発を契機とするマッカーサー指令によって警察予備隊が創設されたが、政府はこの解釈を変えずに、警察予備隊は警察力を補うもので「戦力」にはあたらないと弁じ、また、保安隊および警備隊へと拡張したとき（1952年）も、「戦力」を近代戦争遂行能力と定義して、保安隊・警備隊はそれに該当しない、との論理で合憲性を弁証しようとしていた。しかし、1954年、自衛隊へと展開した時点で、政府は、自衛戦力合憲論に明確に転ずることになる。

　その見解は一様でなく、1項については先のA説と同様に解しつつ、2項の「前項の目的を達するため」を侵略戦争のみの放棄と読んで自衛戦力は不保持の対象となっていないとする論理（いわゆる「芦田〔均首相〕見解」）も出されることがあったが、多く主張されるのは、国家には本来自衛権が認められており自衛のための必要最小限度の実力である「自衛力」をもつことは9条の下で許される、旨の論理である。そして、この「自衛力」概念が拡大されつづけ、今日に至っている。自衛隊が世界有数の強大な日本軍として存在する現実がすでに証しているように、政府が「戦力」から「自衛力」を区別するとしている「自衛のための必要最小限度」という基準は、実質的にはほとんど意味をもたないものである。また、政府見解は、独立国家が自衛権を有することから、一義的に軍事力による自衛権確保の方式を導くわけであるが、日本国憲法は、軍事的手段によらない自衛権確保の途を追究するのである。さらには、伝統的な自衛権概念それ自体が日本国憲法では否定されているとする見地も、近時有力になりつつある。

　9条に背反する安全保障政策として、この自衛隊の保持のほかに、安保条約にもとづく米軍の日本駐留がある。すなわち、安保条約は、1951年、講和条約と同時に締結され（52年発効）、60年に改定をみて現在に至っているものであるが、これを根拠として、米国は、「日本の安全」のみならず「極東の安全」のために、ひいては実質上、米国の世界戦略の展開のためにわが国に基地を設

け，駐留している。これにつき政府は，9条2項の「保持」は日本国が保持の主体であることをいうもので外国駐留軍はこれにあたらないとするが，わが国が外国軍隊の駐留を要請・許容することは憲法の禁止する戦力の保持に該当するものといわなければならない。

**4 第9条をめぐる裁判**

　9条をめぐっては，主に，安保条約にもとづく駐留米軍と，警察予備隊ないし自衛隊とについて，その合憲性が裁判上争われてきた。

　安保条約関係の代表的事件は，米軍の立川基地拡張に対する反対行動で参加者が起訴された「砂川事件」であるが，その第1審判決（東京地判1959年3月30日下刑集1巻3号776頁，いわゆる「伊達判決」）はほぼ学界の通説に即した論理で，安保条約＝駐留米軍を違憲と判断した。逆に，跳躍上告を受けた最高裁（最[大]判1959年12月16日刑集13巻13号3225頁）は，9条が禁止したのはわが国自体の戦力であって米軍はそれに該当せず，また，安保条約のように高度の政治性を有するものは裁判所の司法審査になじまないとの，いわゆる「統治行為論」を採用し，これを違憲でないとしている。

　自衛隊などの関係では，まず，警察予備隊の違憲性の確認が直接最高裁に求められた「警察予備隊違憲訴訟」で，最高裁（最[大]判1952年10月8日民集6巻9号783頁）は具体的事件性がないとして，これを却下した。つぎに，航空自衛隊の射撃演習に対する抗議行動で牧場経営者が起訴された「恵庭事件」では，裁判所（札幌地判1967年3月29日下刑集9巻3号359頁）は，起訴の対象となった通信線切断行為は自衛隊法違反とならないとして無罪とし，自衛隊が合憲かどうかの判断に入らなかった。

　自衛隊の合憲性について判断が示されたのは，航空自衛隊のミサイル基地建設に反対する行政訴訟である「長沼訴訟」が最初であるが，第1審（札幌地判1973年9月7日判時712号24頁）は，自衛隊を明確に違憲と判断した。その論理は学界の通説に沿ったものである。しかし，その控訴審（札幌高判1976年8月5日行集27巻8号1175頁）は，訴えの利益がないとして却下し，傍論で，前述の統治行為論を採用するという判断を示し，上告審（最判1982年9月9日民集36巻9号

1679頁）も，平和的生存権は原告適格の基礎とならないなどとして上告を棄却している。また，自衛隊基地建設のための用地買収をめぐる国と住民の間の民事事件である「百里基地訴訟」では，第1審（水戸地判1977年2月17日判時842号22頁）は，9条は自衛の戦争・戦力を認めているが現実の自衛隊の設置は統治行為であるとし，控訴審（東京高判1981年7月7日判時1004号3頁）は，憲法判断を回避し，事案を私法上の問題として処理している。その上告審（最判1989年6月20日民集43巻6号385頁）も，控訴審の判断を支持して立ち入った憲法判断をすることなく，上告棄却とした。

そうした中で，2003年の米軍による対イラク攻撃に自衛隊を派遣したことをめぐる違憲訴訟の名古屋高裁判決（前出）が，航空自衛隊が武装米軍を戦闘地域に輸送した行為について，武力の行使にあたり憲法9条1項に違反するとしたのはきわめて重要な意義をもつ。

以上のように，自衛隊をめぐっては，積極的な合憲判決が出されないまま，下級審は明確な違憲判決と，さまざまな手法を用いて違憲とはしない判決とに分かれており，最高裁は憲法判断をいまだ示していないのが実状である。

### 5　自衛隊の海外派遣の進行

1990年代はじめに，ソ連側の体制の崩壊によって「冷戦」は終結した。そこで，本来ならアメリカ側の軍事ブロックも解消して軍隊のない世界へと進む環境が整ったはずであるが，逆にアメリカは世界各国に対する一元的な軍事的支配の姿勢を顕著にした。わが国政府も，このアメリカに追随する態度をいっそう強めた。1990年初めの湾岸戦争を契機にして，同年から翌91年にかけて，政府は，自衛隊の海外派遣を中心とする軍事的「国際貢献」の提案と実践を矢継ぎ早に行った。「国連平和協力法案」の国会提出（廃案），多国籍軍への90億ドル支出，避難民救出を目的とする自衛隊機派遣のための特別政令の制定，機雷除去を目的とする自衛隊掃海艇の派遣などを経て，ついに1992年に国連平和維持活動（PKO）への参加のための「国連平和維持活動等協力法」（PKO法）が制定された。それにもとづいてカンボジア（92年），シリアのゴラン高原（96年）などに派遣されて以降，自衛隊のPKO派遣は日常化している。

そして，1997年の「日米防衛協力のための指針」の改定（新ガイドライン）を受けて，99年に周辺事態法など新ガイドライン3法が制定されて以降，第3段階に入る。2001年の米国における9.11同時多発テロ発生の翌月，わが国は，自衛隊の米軍への後方支援（兵站活動）を可能にするテロ対策特措法を制定した。これにもとづいて，自衛隊は，この年からアフガニスタンへの戦争でインド洋に展開していた米軍への給油活動などを行った（10年まで）。03年には，米国等の起こした対イラク攻撃（第2次イラク戦争）を契機にして，有事関連3法が制定された。そして，同年7月成立のイラク特措法にもとづいて，同年12月から自衛隊がイラクに派遣された。市民の提起にかかる違憲訴訟も多数に及んだが，そのうち，空自が米軍に対してした後方支援活動が，武力の行使に該当して違憲であるとする司法判断が出された（前出・08年の名古屋高裁判決である）。

2004年に，国民保護法など有事関連7法が制定され，07年には防衛庁が省に格上げされた。これらを受けて，自衛隊法には武力攻撃事態に対応する「防衛出勤」が明確化された。さらに，13年には，特定秘密保護法（内容については，第Ⅱ章**3 2**(4)②参照）が制定されている。

### ❻ 集団的自衛権行使容認への踏み越え——平和主義の「いま」

以上の経過は，自衛隊が，米国の軍事動向と連動しつつ段階的に強化され，日米関係の軍事同盟化（「日米同盟」）が進行して，憲法の枠内に収まることが時を逐って困難になっていったことを示している。ただ，2014年までは，集団的自衛権の行使容認にまで踏み出すことはなかった。防衛法制を，段階を逐って軍事力強化の方向で進めてきた歴代の政権も，個別的自衛権にとどまることが憲法上許容される限界であると解してきたからであり，そうした見解はひとつの憲法慣習といえるものにまで成熟していた。

それを，集団的自衛権の行使を容認するものへと一気に踏み越えたのが，2014年7月1日の閣議決定であり，それにもとづいて翌15年9月19日には安全保障関連法が成立し，その翌年16年3月29日から施行された。なお，それと不可分に関連するものとして，15年4月には新たな「日米防衛協力のための指針」（新・新ガイドライン）が合意されている。

新たな安全保障関連法の核心は，自衛隊に対する憲法の縛りをゆるめ，時の政府の判断による海外での武力行使に道を開くところにある。つまり，政治権力が必要に応じて自由に軍事行動を行うことを可能にするために立憲主義の枠を破砕したことが問題の本質であるといえる。

　安全保障関連法を形づくる法律群は，1個の新法と10個の改正法を束ねたものであるが，ここでは，9条違反がとくに指摘される法を取り上げておくことにしたい。何よりも，武力攻撃事態法改正や自衛隊法改正などの「存立危機事態」対処法制は，集団的自衛権行使を認めたものであり，その点において，憲法9条に真っ向から反する。すなわち，学説では，個別的自衛権とされるものを含めて，一切の武力行使を違憲とするのが通説であるが，政府の憲法解釈でも，従来，わが国に対する直接の武力攻撃が生じた場合に限り，わが国を防衛するための必要最小限度の武力の行使が許されるのであり，集団的自衛権の行使はその範囲を超えるものであって憲法上許されないとされてきた。すなわち，集団的自衛権行使は，わが国には何ら攻撃は加えられておらず，他国が別の他国から攻撃されているという事態を想定しているのであって，それは国際的な武力紛争に該当し，そこでわが国が武力の行使をすることは，武力の行使を禁じた憲法9条1項に違反する。そして，仮に自衛隊がわが国に対して武力攻撃が発生していない場合に実力を行使する存在になると，それは，9条2項が保持を禁じている「戦力」そのものである。また，自衛隊が国際法上集団的自衛権の発動として実力行使をすることは，同項が否認している「交戦権」の行使となる。加えて，憲法前文がすべての国民に保障した平和的生存権を侵害するものでもあって，憲法の平和主義は根底から否定されることになる。

　そのため，安全保障関連法については，憲法9条や自衛隊に対する賛否を超えて，廃止を求める国民の声が多数に及び，また，違憲訴訟も提起された。とくに，米軍基地が集中している沖縄では，アメリカの戦争に参加するこの法制によって具体的な被害をこうむる危険が高まっており，基地の撤去を求める声がますます強くなっている。

　このように，安全保障関連法のあり方は，国民の未来を左右する根本的な問題として，深く省察することが求められているといえる。

# 第Ⅱ章　基本的人権の保障

## *1*　人権の保障と限界

### *1*　人権の体系

　日本国憲法は，第3章において多様な基本的人権を保障している。そこには，18・19世紀においてすでに確立をみた自由権だけでなく，20世紀的な社会権的諸権利や，さらに未来を展望する「平和のうちに生存する権利」などの第二次世界大戦後の人権が含まれていることがわかる。この豊富で複雑な現代憲法の人権カタログについて，それぞれの人権の特性を明らかにしその確実な保障を期すために，体系化・類型化をはかることは大切な課題である。

　こうした作業にとって，今なおわが国学界に大きな影響力を残しているものは，19世紀のドイツ国法学を集大成したG・イェリネックの体系論である。それは，国民の国家に対する地位を，①受動的地位・②消極的地位・③積極的地位・④能動的地位の4つに分類し，そこからそれぞれ，ⅰ義務・ⅱ自由権・ⅲ受益権（国務請求権）・ⅳ参政権が導き出される，としたものである。また，同じドイツのH・ケルゼンは，国民の国法に対する関係を基準にして考察し，上の③は④に含まれると論じて，①受動的関係・②消極的関係・③能動的関係の3分類を主張した。こうした分類論は，わが国公法学にも深く浸透したものである。しかし，これに従うなら，その後に登場した社会権も，裁判を受ける権利などの受益権のひとつに数えられるにすぎなくなり，その歴史的意義が没却されてしまう。

　今日の憲法においては，弱者保護の理念に立つ社会権が権利のカタログのひとつの基軸をなしており，さらに，環境権，プライバシーの権利，平和的生存権など，「新しい人権」が生成している。しかも同時に，従来からの人権につ

いても新たな意味ないし機能が注目されるようになっている。すなわち、財産権は人間生存にかかわる権利という側面を有していること、移転の自由は情報交換という精神的自由の一面をもつこと、請願権は政治参加の権利としてとらえられること、等々がそれである。また、たとえば、教育を受ける権利は、教育内容への国家の不介入と、教育条件整備のための国家の積極的作為の双方を要求するという、双面的・複合的な性格の人権として機能している。今日の人権体系論は、こうした状況に即して構成されることが求められていることに留意しなければならないであろう。

## 2　人権は誰のものか

　基本的人権は天賦・不可譲かつ不可侵であって、国家に先立って存在していたのを憲法により確認・保障されたと考えられるものである以上、その保障はあらゆる人間に及ぶべきであるとするのが、近代以降の人権思想の本流である。日本国憲法もこれに沿って理解すべきであるから、国民のほかに、日本に居る外国人もまた、できるだけ広く基本的人権を保障されるのでなければならない。外国人にどの範囲の人権が保障されるかは、人権の性質に応じて判断されることになる（判例もそう考えている。最[大]判1978年10月4日民集32巻7号1223頁〔マクリーン事件〕）。選挙権・被選挙権は、国民主権の原理から、国民のみの権利であるとされるものの典型であるが、国政の根本的な針路を選択するのではなく、住民の身近な生活にかかわる問題について争う地方政治の選挙に関して、外国人のうち定住外国人については、それが保障されて当然である（最高裁〔最判1995年2月28日民集49巻2号639頁〕も、永住者などに地方自治体の選挙権を付与することは憲法上禁止されていない、としている）。また、外国人の公務員就任についても、管理職を含め、できる限り広く門戸を開くべきである。しかし、最高裁は、地方自治体が管理職への昇任を日本国民に限る制度を設けても憲法14条に違反しない、としている（最[大]判2005年1月26日民集59巻1号128頁）。

　会社など法人の人権主体性も問題となる。法人は、今日の経済社会において果たしている役割に応じて一定の権利義務の主体となりうる（民法43条）が、憲法の保障する人権は、その性質上、多くが自然人の権利として考えられてい

るものであって，法人は主として経済的自由を享有するにとどまる。これに関して，最高裁は，八幡製鉄政治献金事件において会社も政治的行為の自由を有するとした（最[大]判1970年6月24日民集24巻6号625頁）。しかし，政治活動の自由は，政党・政治団体を例外として，自然人に限られると解すべきであって，このような判決は，会社，とくに大企業，また巨大団体が政治献金をとおして政治に決定的影響を及ぼす悪弊を是認するものとして，とうてい正当とはいえない。

### 3 人権侵害を引き起こす者は誰か

　近代憲法は，当初，個人の自由を国家による侵害から守るものとして生まれた。国家こそ，市民の権利の侵害を引き起こす可能性を最も強くもつものであって，もとより私人の間でも権利侵害問題は生じるけれども，その解決はまずもって市民社会の私的自治にゆだねられるべきものと考えられていたわけである。しかし，現代に入り，巨大な企業など「大きな私人」が登場して，国家権力と比肩しうるような力能をもつようになり，それによる一般私人の人権の侵害が大きな問題となるに至った。そこで，憲法の基本的人権保障規定の効力を私人同士の関係にも適用し，その関係における人権侵害を憲法によって救済しようとする考えが生まれた。

　これを，人権規定の「私人間効力」ないし「第三者効力」の理論と呼んでいる。ただ，近代法が国家と市民社会を二元的にとらえる構造を今なおもっているため，憲法の基本的人権保障規定を私人間に直接的に適用する（直接効力説）のではなく，私法の規定（たとえば，民法90条の公序良俗規定「公の秩序又は善良の風俗に反する事項を目的とする法律行為は，無効とする。」）を媒介にして，間接的に適用する手法（間接効力説）をとるのが普通である。この理論は，現代社会における人権侵害問題に対処するために不可欠の憲法論といわなければならないものであって，学説および下級審判例の採用するところである。しかし，最高裁は，思想・信条を理由とした本採用拒否事件である三菱樹脂事件に対する判決（最[大]判1973年12月12日民集27巻11号1536頁）において，原則として憲法の規定は私人間に適用されないという伝統的な見解を表明した。この判例が働く

人々の企業における自由に対して及ぼしている否定的影響は、はかり知れない。判例変更が強く望まれているところである。

### 4 人権はどこで制約されるか

基本的人権は「侵すことのできない永久の権利」(11条)としてすべての人に保障されている。同時にその権利は、人間の共同生活を前提にする以上、他人の権利を無視してまで行使できるものでなく、人権の保障に制約があることも自明である。憲法は、これを「公共の福祉」ということばを用いて説明している。すなわち、12条が、人権を「公共の福祉のために」利用する責任を定め、また13条が、生命・自由・幸福追求権は「公共の福祉に反しない限り」国政の上で最大限尊重されるべきことをうたっているのがそれである。そして、22条と29条が、営業の自由および財産権、つまり経済的自由については、企業活動や財産を増やす活動が弱者の人権を侵害しがちであるところから、社会国家の観点に立ってこのことばをもう一度つかうことで、それをとくに強く制約している。

これに関しては、「公共の福祉」が多義的な不確定概念であることもあって、それを持ち出すことによって法律でどのようにでも基本的人権を制約することができる、とする見地さえ示されてきた。最高裁判所の、とくに初期の判例にはその傾向が強い。しかし、これでは、帝国憲法下で臣民の権利が法律の留保の下に置かれていたのと変わらず、日本国憲法が国民の基本的人権を不可侵のものとして保障したことの原理的意義がまったく没却されてしまう。

日本国憲法にいう「公共の福祉」は、基本的には、人権同士が衝突した場合に調整を受けるという内在的制約を意味するものであり、加えて、営業の自由や財産権のような経済的強者の自由については、社会国家の理念にもとづいて、弱者の生存権を保護するために、たんなる調整を越えて政策的制約を受けるとする趣旨であると解される。そして、こうした「公共の福祉」についての理解を一般的に前提にしつつ、さらに進んで、それぞれの基本的人権の性格に即した具体的基準、ないし制約の正当化基準が具体的に設定されなければならない。それは、いわゆる違憲審査の基準と方法の問題として論じられるもので

ある。

　こうした態度で「公共の福祉」の観念を扱うときに実際に念頭に置かれているものは，利益衡量（比較衡量）の思考方法であるといえる。つまり，「公共の福祉」のような一般的抽象的観念をそのまま用いるのではなく，人権のもつ価値とこれを制約することによって得られる利益の価値とを具体的に比較する手法である。そして，これが正しく遂行されたときには，人権保障に有効な機能を営むことになる。最高裁も，1960年代半ばよりこの手法に自覚的な姿勢を示し，とくに全逓東京中郵事件判決（最［大］判1966年10月26日刑集20巻8号901頁）や都教組事件判決（最［大］判1969年4月2日刑集23巻5号305頁）では，労働基本権の価値と国民生活全体の利益とを具体的に比較衡量し，実質的に公務員の労働基本権を確保する妥当な結論を出した。しかし逆に，同時期の和歌山教組事件判決（最［大］判1965年7月14日民集19巻5号1198頁）は，比較衡量の手法を用いると自ら述べながら，立法府の判断への最大限の尊重という司法消極主義の立場をとって，「公共の福祉」の理論と変わらない論旨を展開した。これは，上の全逓東京中郵・都教組判決とはまったく対照的なものであり，後の全農林警職法事件判決（最［大］判1973年4月25日刑集27巻4号547頁）につながっている。このことは，比較衡量の手法も，それが無原則・無定量になされるときには，人権侵害的判断に陥らざるをえないことを物語っている。

### 5　「国民の義務」の人権性

　日本国憲法は，国民の義務として，自己の保護する「子女」（子ども）に教育を受けさせる義務（26条2項），勤労の義務（27条）および納税の義務（30条）の3つを定めている。これは，帝国憲法が兵役の義務（20条）と納税の義務（21条）を臣民の2大義務としていたのと比較して，根本的に異なる意味合いをもつ。

　すなわち，ひとつに，日本国憲法では兵役義務は当然に存在しない。それだけでなく，もうひとつに，今日国民の義務とされるものは，その実質においていずれも人権としての性格をもつことが指摘されるべきであろう。教育を受けさせる義務は，子どもの就学を保障する機能を果たすものであり，また，勤労の義務は，その権利と不可分のものとして規定されており，そして，納税の義

務は，84条でも宣明されている租税法律主義を前提としたものである。このことに十分留意しておきたい。

## 2 包括的人権

### 1 個人の尊重と幸福追求権

　日本国憲法13条は，その前段で，「すべて国民は，個人として尊重される。」とうたう。「個人の尊重」は，「人間の尊厳」（ボン基本法〔ドイツ憲法〕はこの語を用いている）といいかえてもよく，人間がただ人間であることによって固有の人格価値を認められることを意味する。個人の価値が国家の価値に優越することを示す原理であるといってもよい。この原理を受けて，後段では，「生命，自由及び幸福追求に対する国民の権利」が最大の尊重を必要とすると定める。これが，J・ロックの，生命・自由・財産を人格的生存の根源にある自然権として把握した思想に淵源し，アメリカの独立宣言に由来する近代的憲法思想の流れに沿ったものであることは明らかである。と同時に，人間の尊厳に対する究極の敵対物であるところのファシズムの克服という現代的意義をも有している。この点は，ドイツと同時期にファシズムの暴威を経験したわが国にとってはとくに重要である。

　この13条の権利，一括して幸福追求権は，個別的な各人権の一般的な基本原理ないしそれらの総称としての面をもっているが，同時に，それ自体が一個の具体的権利であり，人の人格的生存に直接かかわる領域において，個別的な各人権でのカバーできない場合に補充的な保障機能をもつものとして適用される。これが，幸福追求権の包括的権利性と呼ばれるものである。これに属するものとしては，プライバシー，環境権，自己決定権などが典型的である。

　これらのうち，プライバシーの権利についていえば，従来，「ひとりで放っておいてもらう権利」と理解されてきたが，近年の情報化社会・行政国家状況の進展の中で，「自己に関する情報をコントロールする権利」へと拡充され，幸福追求権に含まれる具体的権利とする見地が有力になっている。ただ，行政の有している自己に関する個人情報の開示を裁判所をとおして求めるには，憲

法13条のみでは困難であるとされ，多くの自治体がそのための条例を設けている。国レベルでは，1988年の「行政機関の保障する電子計算機処理に係る個人情報の保護に関する法律」ののち，ようやく2003年に個人情報保護法が制定されたが，多くの問題を残している。

## 2 法の下の平等

平等原則は，封建的身分と特権を廃止することにより，すべての人に法的人格を等しく認めることを意味するものとして，近代の各国憲法の中に共通して，自由と並んで定着をみている。ただ，それは，形式的な，いいかえれば法上の平等を意味するものであって，実質的な，つまり事実上の平等を目指すものではなかった。たとえば，フランス人権宣言が，「権利において」ないし「法の目からは」平等であると述べるのは，このことを表わしている。もっとも，近代憲法のこのような平等原則は，現代に至って社会権が憲法の中にとり入れられるとともに変容を受け，実質的平等の観点を含むものとなったが，基本的には形式的性格のものにとどまっている。社会国家理念に自覚的な日本国憲法の場合も，「法の下の」平等という表現を，なお保持している。

わが国では，帝国憲法は，法的平等を一般的に宣言した規定をもたないことはもとより，たんに，「日本臣民ハ法律命令ノ定ムル所ノ資格ニ応シ均ク文武官ニ任セラレ及其ノ他ノ公務ニ就クコトヲ得」（19条）と定めていただけである。これは，当時神権天皇を絶対者とし，その皇室の「藩屏」（垣根）として華族制度を置き，また妻は法的無能力者とされるなど，諸々の法的な差別構造が設けられていたことと相応するものであったといえよう。

日本国憲法は，まず，14条1項において，「すべての国民は，法の下に平等であつて，人種，信条，性別，社会的身分又は門地により，政治的，経済的又は社会的関係において，差別されない。」との総則的規定を置き，そして，これを具体化する各則として，華族など貴族の制度の否認（14条2項），栄典の特権化の防止（同条3項），公務員の選挙を普通選挙とすることの保障（15条3項）および選挙・被選挙資格における平等（44条），請願したことによる差別待遇の禁止（16条），家族生活における両性の平等（24条），ひとしく教育を受ける

権利の保障（26条）などを定めている。

　この14条1項をめぐっては，解釈論上，第1に，前段の定める「法の下の平等」の要請が立法者を拘束するか，それとも法適用の平等のみを意味するか，第2に，後段の定める個別的な差別禁止事由と前段との関係をどう理解するか，第3に，平等は絶対的か相対的か，合理的差別は認められるかどうか，という相互に関連する各論点をめぐって争われてきた。

　通説・判例とも，ほぼ，平等原則は立法の内容自体が平等なものでなければならないことを意味し（立法者拘束説），後段の差別禁止事由は例示的に列挙されたものであって，それ以外の事由による差別も認められず（例示的列挙説），ただ各人の事実上の差異に応じた区別は合理的理由のあるものとして不平等とはされない（相対的平等説），という見地に立っている。その上で，近年，学説の中には，後段に5つの差別禁止事由が列挙されていることを重視して，それら事由による差別には違憲性が推定され，合憲を主張する側にそれを立証する責任が課せられ，厳格度の強い審査基準があてはまるという憲法訴訟の観点をふまえた見解が有力になっている。

　平等原則違反が争われた裁判は，平等原則が包括的性格をもつがゆえにすべての人権にかかわるから多岐にわたるが，ここでは代表的に2つの問題をとりあげておこう。ひとつは，尊属殺重罰規定をめぐるケースである。刑法は，普通の殺人（199条）については死刑または無期もしくは3年以上の懲役としているのに対し，自己または配偶者の直系尊属に対する殺人（旧200条，1995年に削除）は死刑または無期懲役と定めていた（傷害致死に関しても同様に尊属に対する場合を重く罰することにしていた。旧205条2項であるが，これも95年に削除された）。このように犯罪が尊属に向けられたものである場合に重罰をもってのぞむのは憲法14条に反しないかが問題とされ，早くから下級審では，封建的・反民主主義的で法的平等に反するとの違憲判決が出されていた。他方，最高裁は，親子等の関係を規律する道徳は「人倫の大本，古今東西を問わず承認せられているところの人類普遍の道徳原理，すなわち学説上所謂自然法に属する」との大時代的な判示に立って，刑罰加重も不合理な差別でないとしていた（最[大]判1950年10月11日刑集4巻10号2037頁）。これには強い批判があって，後に最高裁は

判例変更を行い，尊属殺重罰規定を違憲とするに至った（最［大］判1973年4月4日刑集27巻3号265頁）。しかし，この判決は，50年判決の思想的見地を維持して尊属殺重罰という立法目的は合理的であるとした上で，立法目的達成手段である刑罰の加重の程度が極端で合理的根拠を欠くとしたものであるにすぎない。本来，この判決に付された6人の裁判官の少数意見の見地がそうであったように，普通殺とは別に尊属殺の類型を設けて重罰とすること，すなわち立法目的自体が違憲とされるべきであったといわなければならない。

　もうひとつは，家族関係に関する民法規定の平等原則適合性の問題である。まず，非嫡出子に対する相続分差別規定（嫡出子の場合の2分の1と定めている民法900条4号但書前段）であるが，これを違憲とする下級審の決定（東京高決1993年6月23日高民集46巻2号43頁）も出されていた。他方，最高裁は，法律婚の尊重と非嫡出子の保護との調整をはかるという立法理由は合理的で，かつ相続分2分の1もこの立法理由との関連で合理性をもつとの合憲の見解をとりつづけていた（最［大］決1995年7月5日民集49巻7号1789頁）。しかし2013年に至り，最高裁大法廷は，1995年決定の判断枠組みに拠りながら，立法当時に合理性を支えていた立法事実が変化したことから，900条4号但書の根拠が失われたとして，全員一致で違憲とする判断を下した（最［大］決2013年9月4日民集67巻6号1320頁）。

　また，女性のみに6か月の再婚禁止期間を設ける民法733条1項の規定は，父性推定重複の防止措置として正当化されるかが争われてきたが，最高裁は，再婚禁止期間のうち100日を超える部分は憲法14条1項・24条2項に違反すると判示した（最［大］判2015年12月16日民集69巻8号2427頁。さらに，2022年12月10日に民法733条が削除され，再婚禁止期間は廃止された（ただし，施行は2024年4月1日から））。

　他方，夫婦同氏（同姓）を求める民法750条（「夫婦は，婚姻の際に定めるところに従い，夫又は妻の氏を称する。」）をめぐっては，最高裁は，夫婦同氏制それ自体に男女間の形式的な不平等が存在するわけではないとの認識にもとづいて，法の下の平等違反の主張を斥けている（最［大］判2015年12月16日民集69巻8号2586頁）。ただし，この判決には，現実をみれば圧倒的に夫の姓が選択され，妻となる人は氏を変更することを実際上強いられていることに照らすなら，個人の尊厳と両性の本質的平等の要請に照らして合理性を欠き，憲法24条2項に違反

するとの意見や反対意見も付されている。

なお，最高裁は，日本国民である父と日本国民でない母との間に出生した後に父から認知された子につき，父母が婚姻した場合に限り日本国籍を取得すると定めていた旧国籍法3条1項を，憲法14条1項に反するとし，日本人父から生後認知を受けた非嫡出子にも国籍取得を認めた（最[大]判2008年6月4日民集62巻6号1367頁）。

## 3 自由権

### 1 自由権保障の意義

近代憲法の課題は，主として絶対君主による権力の恣意的行使から市民の活動を解放するところにあったから，基本的人権は，何よりも国家権力に対する市民の活動領域の防禦，いいかえれば「国家からの自由」を意味するものとして，すなわち自由権として構成されることとなった。その自由権の中で，革命を担った市民たちが強く望んでいた経済活動の自由は，当初，「神聖にして不可侵の権利」とまで宣言されたほど，その中枢的な位置を占めた。また，この自由を獲得すべく旧制度を打倒するためには，精神生活の束縛からの自由および身体的拘束からの自由が不可欠であり，それらの精神的自由，人身の自由も，経済的自由とならんで人権宣言の重要な一部分とされた。とくに，その後の民主政の発展とともに，民主政実現の前提条件をなす精神活動の自由が重要性を増したのである。

現代において，自由権は，国家権力による侵害の排除という基本的役割を維持しつつ，つぎのような変容をみせている。まず第1に，たとえば表現の自由について，国民の表現行為に対する公権力の侵害を許さないという消極的自由であるにとどまらず，同時に，国民がその意見を形成するためにあらゆる情報・知識を受け取る権利，いわゆる「知る権利」としての性格を有するというように，自由権の，国家の行為を請求する権利としての側面，いわば「国家への自由」（「国家による自由」）としての側面が注目されてきている。第2に，自由とくに精神的自由は，国家権力だけでなく，社会的・経済的に優越した私

人・団体によっても脅かされているという現実を背景にして，先述の人権規定の「私人間効力」の理論が認められるべきことが不可欠となっている。第3に，現代憲法は自由権に加えて社会権を保障するに至ったが，今日ではさらに，いわゆる「新しい人権」の登場をみて，自由権・社会権双方のカタログを豊富化することが要請されている。そして第4に，自由権の中で，古典的には経済的自由が重視されていたのであるが，今日では，経済活動に対しては社会国家的観点から政策的規制を加えることが当然に求められており，反面，精神的自由は，民主政を支え，また個人の人格的発展に不可欠のものとして高い価値を認められるに至っている。それは，「精神的自由の優越的地位」の理論ないし「二重の基準」論として定着をみているといえよう。

## 2 精神的自由

(1) **思想・良心の自由** 憲法19条は，「思想及び良心の自由は，これを侵してはならない。」として，思想・良心の自由，いわゆる内心の自由を保障する。「思想」は論理的思考を，「良心」は倫理的判断をそれぞれ意味するものと一応区別できるが，厳密なものではなく，「思想」と「良心」をあわせて内心の精神的作用全般を指すものと解してよい。

人間の内心は本来自由であることからすれば，この保障は一見無意味に思われるが，つぎのような独自の効果をもつことに注目すべきである。第1には，沈黙の自由がここから導かれる（判例については，最[大]判1956年7月4日民集10巻7号785頁〔謝罪広告事件〕がある）。「踏絵」は当然許されず，いわゆる忠誠宣誓も場合によっては問題になりうる。第2に，自己の思想を国家権力の干渉を受けることなく形成する自由として機能する。とくにこの点は，わが国において戦前，天皇が政治的権力の源泉であるとともに道徳的権威でもあるとされ，教育勅語による国民道徳の形成がはかられた歴史的事実にかんがみて重要である。第3に，特定の思想・良心を理由に刑罰その他の不利益を加えることは，14条とともにこの19条にも違反する。そして第4に，思想・良心にもとづく行動の自由が保障される。欧米諸国で定着している「良心的兵役拒否」の制度はその典型的な例である。

(2) **信教の自由と政教分離**　帝国憲法も，信教の自由の規定をもっていたが，それは「安寧秩序ヲ妨ケス及臣民タルノ義務ニ背カサル限ニ於テ」(28条)認められたものであって，実際には，神社神道が，「神社は宗教に非ず」として国教の扱いをうけて，軍国主義政策推進の一翼を担い，また国民は神社への尊崇を事実上強制された。日本国憲法は，こうした過去への反省に立って，20条に詳細な宗教の自由規定を設けることとなった。それは，信教の自由の完全な保障（1項前段，2項）と，そのコロラリーとしての政教分離原則（1項後段，3項）とから成るものである。

　信教の自由（宗教の自由）の意味するものは，まず，信仰の自由である。それには，狭義の信仰の自由（宗教を信じるか・信じないか，またいかなる宗教を信じるかの自由），信仰の告白・沈黙の自由，信仰を変える自由などが含まれる。つぎに，宗教上の行為（礼拝・祈祷・儀式・祝典など）の自由である。もとより，たとえ宗教行為としてなされるものでも他人の生命・人権を害するものは許容されない（最[大]判1963年5月15日刑集17巻4号302頁〔加持祈祷事件〕）。そして，布教・宣伝の自由，さらに宗教教育の自由も保障される。

　政教分離原則については，憲法は，20条1項後段で，国家が特定の宗教に特権を与えることを禁じ，3項で，国家が宗教活動をすることを禁じたのに加えて，89条では，宗教団体への公金等の支出を禁止して，きわめて厳格な態度を示している。国家が宗教と結びつくとき国家・宗教ともに腐敗するという歴史的事実に照らして，またわが国の場合には戦前，神社神道を事実上の国教として祭政一致の体制をつくり，また靖国神社を戦争遂行のための宗教的施設としたことへの反省に立って，日本国憲法はこうした厳格な分離を定めたものである。学界の通説もそのように理解し，また下級審の中にも同旨の解釈をするものが少なくない（一例であるが，名古屋高判1971年5月14日行集22巻5号680頁〔津地鎮祭訴訟控訴審〕）。

　これに反して，最高裁は，津地鎮祭事件の上告審判決（最[大]判1977年7月13日民集31巻4号533頁）で，国家の宗教に対する行為の目的が宗教的意義をもち，その効果が宗教に対する援助または圧迫になるのでなければ憲法の禁止する宗教活動にはあたらない（いわゆる「目的効果基準」論）として，政教分離原則を

不当に緩和した。この,「目的効果基準」を援和した形で用いる最高裁の判例理論は,その後の山口自衛官合祀訴訟(最[大]判1988年6月1日民集42巻5号277頁)や箕面忠魂碑・慰霊祭訴訟(最判1993年2月16日民集47巻3号1687頁)にも引き継がれた。ただ,1997年の愛媛靖国訴訟(最[大]判1997年4月2日民集51巻4号1673頁)では厳格な適用の姿勢もみられたが,1999年の箕面遺族会補助金訴訟(最判1999年10月21日判時1696号96頁)で旧状に復している。

　なお,公の財産の宗教施設への永年にわたる利用提供行為の政教分離違反が争われた砂川市神社訴訟(空知太神社訴訟)で,最高裁は,憲法89条および20条1項後段に違反するとの適用違憲の判断を出している(最[大]判2010年1月20日民集64巻1号1頁)。政教分離原則をめぐっては,このほかにも,靖国神社への首相・閣僚らの公式参拝や同神社の国営化をはかる法案などがしばしば問題となっており,そのほとんどすべてが戦前と同じく,国家と神社神道,とくに靖国神社との関係において生じていることに留意しておかなければならない。

(3) **学問の自由と大学の自治**　　憲法23条は,「学問の自由は,これを保障する。」と定める。この規定は,学問的活動の一切の自由,すなわち,真理の探求としての研究の自由,およびその成果の発表と教授・教育の自由を保障したものである。したがって,国家が特定の学説を公認し,あるいは排除することは許されない。また,教授の自由については,従来は,歴史的沿革を根拠にして大学の教授その他研究者の自由に限定され,小・中・高の普通教育機関の教師の教育の自由はこれに含まれない,とする見解が支配的であった。しかし,近年,子どもを学習権の主体としてとらえる観点に立って,すべての教育機関について教育の自由が基本的に保障されるとする考え方が有力になっている。最高裁の,ポポロ事件判決(最[大]判1963年5月22日刑集17巻4号370頁)から学力テスト事件判決(最[大]判1976年5月21日刑集30巻5号615頁)への変転も,上の推移に見合う一面をもつものといえる。

　学問の自由は,また,大学の自治が保障されるべきことを要請する。わが国でも,それは,歴史の試練に耐えて形作られてきたものである(たとえば,1933年の京大〔=滝川〕事件,35年の天皇機関説〔=美濃部〕事件)。大学の自治は,

教育人事，研究教育内容，大学施設管理，財政等についての自主決定権を含み，また，学生も大学の自治の構成員としての地位を有する（ただし，前出・ポポロ事件判決は消極的）。大学の自治が治外法権的な特権を意味するものでないことはいうまでもないが，学内の問題は大学自ら解決することが原則であり，警察権の介入は大学側の要請がなければ認められないと解されるべきである。なお，国立大学の独立行政法人化や，私立大学における理事会への権限集中をもたらす管理運営制度改革は，大学の自治との関係で多くの問題を含んでいる。

(4) **表現の自由**　① **表現の自由の意義**　人間精神の自由が真に確保されるには，内心において形成された思想や信仰または学問を外部に向かって表明する，「表現の自由」が保障されていなければならない。その点で，表現の自由は，国家など権利侵害者と対峙して憲法上の権利保障をはかる場面において，精神的諸自由のうち最も枢要の位置にあるといってよい。それゆえにまた，先に述べた「精神的自由の優越的地位」という言い廻しについても，精神的自由を表現の自由に代表させて，「表現の自由の優越的地位」と説かれることがある。そして，その根拠として挙げられるのは，通例，表現の自由が，人格形成にとって不可欠であること，「思想の自由市場」を成立させ，真理の発見と社会進歩に役立つ社会的に有用なものであること，そして，国民の自己統治のしくみとしての民主政の維持のために必須であること——という3点である。こうした考え方は，アメリカで成立したものであるが，わが国の同じ問題にも十分妥当するといえよう。

② **表現の自由の内容**　帝国憲法にも「言論著作印行集会及結社ノ自由」（29条）が規定されていたが，それは「法律ノ範囲内ニ於テ」認められたものにすぎず，出版法，治安警察法，新聞紙法，治安維持法などによる厳しい制限の下に置かれていた。これに対し日本国憲法は，21条で，まず，「集会，結社及び言論，出版その他一切の表現の自由は，これを保障する。」（1項）と定め，法律の留保を撤廃しただけでなく，表現活動の諸形態を包括的に保障している。加えて，「検閲は，これをしてはならない。通信の秘密は，これを侵してはならない。」（2項）として，検閲の禁止と通信の秘密の不可侵を簡潔かつ

厳格に要求している。

　憲法がそこで保障しているものは，第1に，あらゆる形態による表現活動の自由（情報の提供・伝播の自由）である。表現とは，人間の内心の精神作用を外部に表明し，他人に伝達する精神活動である，ということができようが，憲法の保障の中には，列挙された言論・出版・集会・結社による表現のほかに，ラジオ・テレビの電波による表現，インターネットなど電子メディアによる表現，また，絵画・彫刻・音楽・演劇や，さらに記号・暗号・身振りなど，考えうる一切の表現形態が含まれる。したがって，政治的意思の表示として合衆国国旗を公衆の面前で焼く行為を「象徴的表現」として保障したアメリカ裁判例の考え方は，わが国にも妥当する。また，デモ行進・ビラ配り・ビラ貼り・戸別訪問・街頭演説などのいわゆる大衆的表現手段は，現代社会において一般に情報伝達のメディアをもたない国民の情報発信の手だてとして不可欠の重要な意味を有している。

　ビラ配りについては，2004年時以降，集合住宅における戸別配布が住居侵入罪（刑法130条）等に問われる事案が生じている。最高裁は，自衛隊イラク派遣に反対する趣旨のビラを自衛隊官舎のドアポストに配布したケースで，同法の適用を合憲として，有罪の判決を下した（最判2008年4月11日刑集62巻5号1217頁〔立川テント村事件〕）。さらに，民間マンションへの政党機関紙配布についても有罪とした（最判2009年11月30日刑集63巻9号1765頁〔葛飾事件〕）。その後も，都立高校の卒業式直前に元教諭が会場でビラを配布した等の行為を，威力業務妨害罪（刑法234条）で処罰することは憲法に反しないと判断した（最判2011年7月7日刑集65巻5号619頁〔板橋高校事件〕）。

　公務員の表現活動に関して，勤務時間外の休日に政党機関紙等を集合住宅の集合ポストに配布した行為が，国家公務員法102条違反に問われる事件が発生している。このうち「堀越事件」では，最高裁は，同法の罰則規定を合憲としたが，この事案については構成要件に該当しないとして無罪とした（最判2012年12月7日刑集66巻12号1337頁。ただし，同日判決の世田谷事件については有罪としている〔同66巻12号1722頁〕）。

　第2は，国民が必要な情報を受け取る権利（情報受領権）である。今日，国

家権力やマスメディアによる情報の独占が進行する中で，一般国民は，情報を伝達される受け手としての地位に置かれ，マスメディアによる報道をとおして受動的に情報を得るのが実態となっている。しかし，人が自己の思想を形成するには，また民主政を担いうる主権者であるためにも，正確な情報・事実を知ることが不可欠となる。そこで，こうした情報受領のための国民の「知る権利」が主張されることとなった。「知る権利」は，国民が国家に対して積極的に政府情報等の公開を請求することのできる権利であり，その点で，国家の施策を要求する権利（「国家による自由」）としての性格をも有しており，そこにこの権利の大きな特徴がある。ただし，これが具体的請求権となるためには，情報公開法などの制定が必要とされる。自治体レベルでは以前から情報公開条例が多く制定されていたが，国もようやく1999年に，「行政機関の保有する情報の公開に関する法律（情報公開法）」を制定した。さらに，マスメディアとの関係で，国民がマスメディアに対して自己の意見表明の場を求める「アクセス権」，また，報道によって権利侵害を受けたときに反論，弁明の機会を求める「反論権」が，今日の重要なテーマとして論じられている。

　なお，こうした問題にかかわる興味深い事例として，「舟橋市立図書館事件」がある。公立図書館による図書の廃棄を著作者が争った事件であるが，最高裁は，それが著作者の思想・信条を理由になされたことを認定した上で，著作者に訴訟で争いうる「法的保護に値する人格的利益」を認めている（最判2005年7月14日民集59巻6号1569頁）。これは，図書館がひとたびその図書への利用者のアクセスの機会を与えた以上それを差別的に扱うことは許されない，と最高裁が考えたことを意味している。

　そして第3に，情報の送り手が情報を収集する権利（情報収集権）が挙げられる。すなわち，正確な情報を送るための報道の自由とその前提としての取材の自由が，その主な内容をなす。これら報道の自由・取材の自由は，報道機関の表現の自由に含まれるものであるとともに，それ以上に，真実を知ることを求める国民の「知る権利」に仕えるものであるがゆえに憲法上の保障を受けるのである。ＮＨＫの記者が裁判所において取材源に関する証言をすることを求められたのに対し，「職業の秘密」（民訴法197条3号1項）を根拠にしてこれを

拒否した裁判で，最高裁は，取材源の秘密は職業の秘密に該当するとし証言の拒否を認めた（最決2006年10月3日民集60巻8号2647頁）。

問題をはらんでいるのが，2013年に制定された特定秘密保護法（「特定秘密の保護に関する法律」）である。同法は，防衛や外交など安全保障に関する情報のうち，所轄行政機関の長がとくに秘匿を必要とすると指定したもの（「特定秘密」）については，その漏えいと取得およびそれぞれの共謀・教唆・煽動を重く処罰する。取材の自由を萎縮させ，国民の「知る権利」を侵害する危険性が大きい。

なお，インターネット上では，今日ますます名誉・プライバシー権侵害などをひきおこす情報が氾濫している中で，最高裁は，個人の開設したホームページ上での名誉毀損は表現についても，通常の名誉毀損罪の免責要件が妥当すると判断している（最決2010年3月15日刑集64巻2号1頁）。

——つづいて，集会・結社の自由，検閲の禁止，通信の秘密の不可侵について述べよう。

③　集会・結社の自由　　集会と結社は，いずれも共通の目的をもつ多数人の結合をいうが，前者は一時的，後者は継続的なものを指している。集会・結社は，人の自発的意思にもとづく結合であり，構成員の思想・意見の表現の場であり，またそれ自体が一定の意思を外部に向けて表現する主体であるから，言論・出版と並んで表現の一形態とみなされ同じ保障を受ける（したがって，デモ行進について，これを「動く集会」ととらえて「集会」に含めても，また「その他一切の表現の自由」のひとつと解しても，解釈論上，自由の保障の内容に異同は生じない）。なお，結社の中で政党は，政治権力の行使にかかわる特殊な性格を有したものであることに留意する必要がある。そのため，後に別項で述べることにしたい（第Ⅱ章**7**）。

デモ行進（集団示威行進）や集会・結社に対して加えられてきた制限措置には，問題のあるものが多い。デモ行進を許可制にする公安条例について，最高裁は，下級審がしばしば示した違憲判断を覆して，常にこれを合憲としている（最［大］判1954年11月24日刑集8巻11号1866頁〔新潟県公安条例事件〕，最［大］判1960年7月20日刑集14巻9号1243頁〔東京都公安条例事件〕，最［大］判1975年9月10日刑集29

巻8号489頁〔徳島市公安条例事件〕）。また，集会のために公共の場所を使用することについても，きわめて非好意的である（最[大]判1953年12月23日民集7巻13号1561頁〔メーデー祭典皇居外苑事件〕）。さらに，結社とくに政党に対する規制を行う破壊活動防止法など，違憲といわざるをえない法律が今なお維持されている。

④ 検閲の禁止　検閲とは，表現物について，発表に先立って公権力とくに行政権がその内容を審査して，不適当と判断した場合にその発表を阻止する制度ないし措置をいう。これは，情報が受け手に届けられる可能性を事前に封じてしまう点でとくに危険なものであるため，憲法はこれに対して絶対的禁止の姿勢をとっている。

問題とされてきたものに税関検査と教科書検定があり，学説ではいずれについても検閲にあたるものと解して違憲論が強い。他方，最高裁は，前者をめぐる事件において，検閲とは「行政権が主体となって，思想内容等の表現物を対象とし，その全部又は一部の発表の禁止を目的として，対象とされる一定の表現物につき網羅的一般的に，発表前にその内容を審査した上，不適当と認めるものの発表を禁止すること」をいう旨，不当に狭く定義した上で，合憲判決を下している（最[大]判1984年12月12日民集38巻12号1308頁〔横浜税関検閲事件〕）。後者についても，この定義を用いて教科書検定制度は検閲制度ではないとした上で，修正意見の各々について「看過し難い過誤」があったか否かの審査をするという手段をとった（3次におよぶ家永教科書裁判の最後の判決である最判1997年8月29日民集51巻7号2921頁も同様である）。これまでに，判例上，「検閲」に該当するとされた事例はない。

⑤ 通信の秘密の不可侵　「通信」は，封書だけでなく葉書を含む信書，さらに電信・電話・携帯電話・ファックス・電子メールによる交信など，特定の人の間で行われるあらゆる形態の情報接受行為を意味する。この，特定人の間の交信という点に着目すれば，通信の秘密は，憲法13条によって保障されるプライバシーの権利としての側面をももつといえよう。

1999年に制定された通信傍受法（盗聴法）は，まさにこの通信の秘密を根底からおびやかす違憲立法であると断ぜざるをえない。

——以上のような表現の自由については，それに対して制約が加えられる場合，この自由の重要性に照らして，制限の合憲性は重要な問題となる。ややくわしく述べよう。

⑥　表現の自由制限の合憲性の判断基準　表現活動は，内心の精神作用と異なって，他人の権利を侵害したり，社会的利益と抵触する場合があり，そうしたときには規制を受けざるをえない。とはいえ，本節の冒頭（(4)①）で述べたような，この自由のもつ重要な意義を考慮するなら，表現の自由の制約には最大限の慎重さが要求され，これを制約する立法の合憲性判断はきわめて厳格になされなければならない。

この点，わが国最高裁は従来，「公共の福祉」の概念を抽象的・一般的意味合いのまま用いることによって，表現の自由規制法律に対して無造作に合憲の祝福を与えてきた（一例であるが，最［大］判1957年3月13日刑集11巻3号997頁〔チャタレー事件〕）。また，判断方法が精緻になったとされる近年の判例にも，各々の合憲性判断基準のもつ精神を正しく解さず，さらには倒錯させて解しているものがみられる（若干の例を後に挙げる）。学説は，ふつう，アメリカの理論を参考にしつつ，表現の自由の制約に対してはつぎのような厳格な判断基準が向けられるべきであるとしている。

すなわち，前提として，前にもふれたように，表現の自由は，優越的地位を有するものであるから，社会国家理念にもとづく政策的制約が予定されている経済的自由とは異なり，規制立法の合憲性判断にあたってはより厳格な審査基準を用いるべきであるという「二重の基準」（ダブル・スタンダード）論がある。ところが，最高裁は，公務員の政治活動を禁止する法令の適憲性が問題となった猿払事件（最［大］判1974年11月6日刑集28巻9号393頁）をはじめ，表現の自由規制が問題となった事案において，きわめて緩やかな判断基準をあてはめて合憲の認定をしている。

表現の自由に対する規制については，本来は，このダブル・スタンダードの考え方をふまえた上で，つぎのような審査基準が用いられるべきである。まず第1に，「明確性の原則」が挙げられる。これによれば，表現の自由を規制する法令の文言が不明確であるときには，そのことをもって違憲とされる（「過

度に広汎であるがゆえに無効」の原則と、同様である)。もし、法令によって禁止されているのはどのような行為であるかが不明確であれば、行為しようとする側は制裁を恐れてその表現行為を差し控えてしまうという「萎縮的効果」(chilling effect) が生まれるからである。この点で、最高裁が、徳島市公安条例事件判決 (前出・本項(4)③) において、同条例中の「交通秩序を維持すること」との文言について、「抽象的であるとのそしりを免れない」としながら合憲と判断したのは、この原則を正しく用いたものであるとはいえない。その後、広島市暴走族追放条例事件でも、条例の「暴走族」の定義が広汎・不明確ではないかが問題とされたが、最高裁は、合憲解釈が可能だとして無効の主張を斥けている (最判2007年9月18日刑集61巻6号601頁)。

第2に、規制手段は規制目的を達成するための必要最小限度のものでなければならないという、「より制限的でない他の選びうる手段」(Less Restrictive Alternatives: LRA) の原則がある。問題になっている法令のとっているものよりもよりゆるやかな規制手段で目的を達成することができる場合には、その法令を違憲とする手法である。

第3に、表現行為を規制できるのは、それが実質的害悪を引き起こす明らかな差し迫った危険がある場合に限られる、という原則で、「明白かつ現在の危険テスト」(clear and present danger test) と呼ばれている。たんなる抽象的な危険だけで表現を抑制することを防止する基準として有効に機能しうる。

そして第4に、「事前抑制禁止」の原則が挙げられる。表現規制は、表現がいったんなされた後のものについてのみ許容される余地があり、事前の規制は表現の自由に対する最も重大な打撃となるため許されない、とするものである。先に述べた検閲の禁止は、これの典型である。検閲に関する近年の判例として、日本ですでに頒布・販売されている写真集の輸入規制が争われた「メイプルソープ事件」がある。最高裁は、先例に従うとして、これを合憲とした (最判2008年2月19日民集62巻2号445頁)。

以上に述べてきたように、表現の自由規制の合憲性については厳格な審査がなされなければならないが、論議されてきたもののひとつに差別的表現の問題があり、とくに近年、いわゆる「ヘイト・スピーチ」が大きな論点となってい

る。これは，在日韓国・朝鮮人など少数者に対し，侮辱的で名誉を毀損する言葉を投げつけ，心理的に恐怖に陥れる言動である。2016年に川崎市で行われたこうした「ヘイト・デモ」をめぐって，裁判所は，その年に「差別的言動解消法」が施行されていたことを背景にして，これを禁止する仮処分を認めている（横浜地川崎支決2016年6月2日判時2296号4頁）。

### 3 経済的自由

(1) **職業選択の自由**　日本国憲法は，経済的自由として，22条1項の居住・移転の自由および職業選択の自由と29条の財産権の保障とを定めている。そして，先にもふれたように（**14**），個別的な人権規定の中ではこの2か条のみに「公共の福祉」の文言を置いて，これらの自由が政策的制約を受けることを明らかにしている。なお，居住・移転の自由は，封建制度の下で人々が領主の領地に束縛されていたことからの解放を意味するが，このことはまた，資本主義的生産のために不可欠の前提となるものであるから，職業選択の自由と並べて保障されているのである。しかし，今日では，居住・移転の自由は，海外移住・国籍離脱の自由とともに，人身の自由として，また人格の発展に不可欠なライフスタイルの選択ないし人間同士の交流の自由としての性格をもつに至っており，経済的自由の面でのみとらえるのは狭すぎるといえる。

　職業選択の自由は，通説的見解によれば，いかなる職業に就くかの自由（狭義の職業選択の自由），つまり職業の開始・継続・廃止の自由と，職業を遂行し利潤を追求する自由，つまり選択した職業活動の内容・態様の自由とから成り，後者が営業の自由を意味する，と解されている。そして，この営業の自由こそ，企業の経済活動を支えているもので，資本主義経済の根幹に位置する自由であるといえる。ただし，職業選択の自由を経済的利益追求の面でのみ理解するのは正当でなく，職業が各人の人格的価値と密接な関係を有することに留意しなければならない。

　営業の自由は，「公共の福祉」による制約の下にあるが，その規制立法の合憲性審査にあたって，判例はかなり慎重である。すなわち，問題になっている規制が社会経済政策上の積極的な目的のためのものであるか，弊害を防止する

という警察的・消極的な目的のものであるかで区別し，前者についてはその規制が著しく不合理であることが明白な場合以外は合憲とされるが，後者では規制手段が弊害防止のための必要最小限度のものでなければならず，それを超えた規制は違憲となる，とするのである（最［大］判1975年4月30日民集29巻4号572頁〔薬事法事件〕）。

学説も，こうした論旨の基本を支持しているが，他方で，この薬局開設の距離制限を違憲とした判決は，いわゆる「ドラッグ・ストア」などの大規模薬局が既存の零細薬局を一掃するという現実をもたらしたことも見落としてはならない。また，この判決のように規制目的から直截に審査基準を決定する手法は画一的で妥当でなく，規制の態様などを加味すべきであることが主張されている。最高裁判例にも，これを手直しする傾向がみられる。

(2) 財産権の保障　財産権保障については，憲法29条は，まず，1項が財産権の不可侵性を宣言し，同時に2項で右の不可侵性が「公共の福祉」による制約つきのものであることが明らかにされ，さらに3項で損失補償を前提として私有財産を公共のために用いることができるとしている。このうち，1項と3項，とくに前者は，フランス人権宣言で示されていたのと同様の，きわめて古典近代的な財産権不可侵の思想を，逆に2項は，ワイマール憲法と同様の現代的な社会国家的な財産権制約の立場を表明しているが，本書で何度もふれている近代憲法から現代憲法への展開に即して考えるならば，この29条も，現代憲法としての側面に重点を置いて解釈されるべきである。

このような見方に立って，通説は，1項を，個人の有する具体的な財産の自由な使用・収益・処分の保障という自由権的保障と，私有財産制度それ自体の保障という制度的保障の，2つの意味をもつものと解している。ただし，この「制度的保障」の理論は，私有財産制度の核心部分は法律によって制限できないことを説くものであるところ，そこにいう「私有財産制度」も，また「核心部分」も多義的であるため見解が分かれるが，次のように言うことはできる。

すなわち，財産の中でも，利潤追求のためにのみあてられる資本財産，とくに大企業のそれと，勤労市民が生存のために所有し使用している生存財産とを

区別し，資本財産は当然に社会経済政策的規制の下に置かれるが，生存財産に対する規制は，必要最小限度のものに厳格にとどめられなければならないのである。最高裁は，森林法の共有林分割制限規定を違憲とした，いわゆる森林法判決（最［大］判1987年4月22日民集41巻3号408頁）で，財産権に対する政策的規制立法についてかなり厳格な審査を行って，同規定を違憲と判断したが，これは，最高裁が大きな財産を積極的に保障する姿勢を示したものといえる。

なお，財産権のうち土地所有権については，従来は相隣関係上の規制と警察的な規制のみが認められるにとどまるとされてきた。しかし，近年，社会国家的な「公共の福祉」の実現のために土地に対する広汎な規制が要請されるとの理解に立って，土地基本法，国土利用計画法，都市計画法など各種の土地規制立法が制定されている。

3項でいう「正当な補償」については，相当補償説と完全補償説の対立が知られているが，今日では完全補償説が有力であるといえる。実際の収用行政も，農地改革を別として，完全補償説にもとづいてなされているとみられる。

## 4 人身の自由

(1) **奴隷的拘束・苦役からの自由**　人身の自由とは，人がその身体を不当に拘束されない自由をいう。これは，人間のあらゆる活動の前提条件であり，身体の拘束は人間の尊厳をふみにじるものである。それゆえに，近代憲法は共通して，人身の自由を，精神的自由および経済的自由と並ぶ基本的な自由として保障してきた。わが国では，帝国憲法は，「日本臣民ハ法律ニ依ルニ非スシテ逮捕監禁審問処罰ヲ受クルコトナシ」（23条）と定めたにとどまり，実際にも，特高警察など国家権力の手による拷問・虐殺を含む非道な人身侵害が行われていた。後にもふれるが（第Ⅱ章**5**），日本国憲法が人身の自由や刑事手続の保障に関してきわめて詳細な規定を置いたのは，この反省にもとづいている。

そのうち，まず，憲法18条が，奴隷的拘束と意に反する苦役とを禁止している。ここにいう「奴隷的拘束」とは，人間の尊厳に反するに至った程度の身体の拘束を意味するが，これは，国家に対して禁止されるだけでなく，私人間でも許されない。戦前にみられた娼妓契約にもとづく人身売買や，強制労働のた

めの「監獄部屋」・「タコ部屋」による拘束が、後者の例である。

　また、「意に反する苦役」とは、本人の意思に反して強制される労役をいい、徴兵制や戦時中の強制徴用がこれにあたる。現行の災害救助法などにおいて緊急時の労役強制が定められているが、これは、災害防止などのための当然の義務として、この苦役にはあたらないと解されている。しかし、有事法制の一環としての国民保護法による国民の協力義務強制には、大きな問題がある。

(2)　**居住・移転の自由と外国移住・国籍離脱の自由**　憲法22条1項で保障されている居住・移転の自由は、経済的自由として成立したものであるが、今日では、人格的自由および人身の自由としての意義をあわせもつに至っている。すでに述べたとおりである（本節**3**(1)参照）。

　同条2項は、移転の自由を展開させ、外国移住、そして国籍離脱を国民の権利として保障している。

　──なお、広く人身の自由という場合、上記のほかに、31条以下の手続的権利が含まれるが、本書ではこれを別にして後に叙述している（第Ⅱ章**5**）。

## *4*　社　会　権

### *1*　社会権登場の意義

　社会権とは、人間の生存および生活の維持・発展のために、それに必要な諸条件の確保を国家に要求する国民の権利をいう。なお、生存権ということばも、広い意味では、社会権の同義語として用いられるが、狭い意味では、社会権のうち、その中枢をなす権利（日本国憲法では25条の定める権利）を指す。本書では、「生存権」を主としてこの狭い意味で用いている。

　近代憲法における人権保障は、自由権と平等の保障から始まったが、既述のように（とくに第Ⅰ章**2 1**(2)参照）、資本主義の現代的展開の中で生じた弊害から労働者など社会的弱者を救済することが要請されることとなり、また資本主義体制の維持のためにも、国家が積極的に経済過程に介入し、個人の生存を確保する措置を講じることとなった。こうして、20世紀に入り、生存権をはじめ労

働権・労働基本権などが憲法典に加えられるに至った。このような人権の総体が社会権であり，それはすぐれて現代的＝20世紀的性格をもつ。

　社会権を実定憲法の上に登場させた最初の例が，第一次世界大戦後のドイツのワイマール憲法（1919年）であった。それは，1917年の社会主義革命によって成立したソ連（現ロシア）が翌1918年に出した「勤労し搾取されている人民の権利宣言」の影響の下に，かつそれに対抗して制定されたものであるが，「経済生活の秩序は，すべての人に対して人間たるに値する生活を保障することを目的とするとともに，正義の原則に適合することを要する。個人の経済上の自由は，この限度内において確保されるべきである」（151条１項）との社会国家の理念を明らかにした上で，少年保護，教育費補助，労働力の保護，団結権，経営参加権などを定めたものであった。そして，それは，チェコスロバキア憲法（1920年），ポーランド憲法（1921年）などに継受され，さらに，ファシズムと第二次世界大戦を経た後の各国憲法の中で大きな比重を占めるに至っている。また，1948年の世界人権宣言および1966年の国際人権規約Ａ規約によって，社会権の国際的保障が志向されている。

　わが国の場合，帝国憲法には，社会権の保障規定はまったくみられず，またその下では，社会保障の制度もきわめて不十分なものであった。これに対して，日本国憲法は，社会国家原理を明確に採用した20世紀憲法として，社会権保障の諸規定を25条から28条にかけて整備している。

## 2　生　存　権

(1)　**生存権の内容**　　憲法25条は，「すべて国民は，健康で文化的な最低限度の生活を営む権利を有する。」（１項），「国は，すべての生活部面について，社会福祉，社会保障及び公衆衛生の向上及び増進に努めなければならない。」（２項）と定めている。この25条１項は，そのあとの社会権的各権利の総則規定であるとともに，狭い意味での生存権，つまり社会保障を受ける権利の規定でもある。そこにいう「健康で文化的な最低限度の生活」は，先に引いたワイマール憲法151条１項の「人間たるに値する生活」に相当するが，そこではそれが経済生活の秩序の目的としてのみ位置づけられているのに対して，日本国憲法

の場合は，それを人権にまで高めており，この点はきわめて重要である。

なお，25条の両項についてこれを分離し，1項を救貧施策，2項を防貧施策の規定であるとし，後者を実現する立法にはきわめて広い裁量が認められるとする見解がある（代表的な判決として，大阪高判1975年11月10日行集26巻10・11号1268頁〔堀木訴訟控訴審〕）が，この「1項・2項分離論」は，2項は1項の保障する生存権を実現するための国の責務を定めたものであるという規範の一体的構造を正しく理解しないものであるだけでなく，現実に，生存権関係の現行法令のほとんどすべてをほぼ無条件に合憲としてしまうはたらきをする。

主として25条から導かれる近年の重要な人権に，環境権がある。1960年代以降のいわゆる高度経済成長が引き起こした大規模な公害は，人間の生存の条件を危うくするに至り，良好な環境を求める権利としての環境権が，25条の生存権に加えて13条の幸福追求権をも根拠にして提唱されるようになった。この「新しい人権」は裁判上まだ十分に定着したとはいえないが，環境保護のための立法・行政の推進を促している。

(2) **生存権の法的性格**　憲法25条は，以上にみたように人の生存を明確に「権利」として保障しているものであるが，その法的性格についてはつぎのような理解の対立がある。

第1に，プログラム規定説と呼ばれるもので，25条は，国政運用の指針，つまり政策の綱領（プログラム）を示すものであって，立法者に対する政治的・道徳的責務を定めたにすぎず，法的義務を課したものではない，とする。その論拠としては，資本主義経済体制には生存権を支える実質的前提が欠けていること，生存権実現に必要な予算配分は国の財政政策の問題であること，25条の文言は国に立法を義務づけるほど明確でないこと，などが挙げられる。かつてはこれが通説的地位を占めており，また最高裁も，食糧管理法事件（最[大]判1948年9月29日刑集2巻10号1235頁）でこの立場を示し，朝日訴訟（最[大]判1967年5月24日民集21巻5号1043頁）でもそれを維持したものとみられている。しかし，25条を純粋にプログラム規定としてとらえるならば，法的権利性・裁判規範性がすべて否定され，生存権は権利でないということになってしまう。

そこで第2に，抽象的権利説が登場する。これは，25条は国民に，「健康で文化的な最低限度の生活」を営むのに必要な立法などの措置を国に対して要求しうる一般的抽象的な権利を認めたものであり，これを具体化する法律が制定されれば，その法律と一体となって生存権の実現を裁判をとおして求めることができる，と説く。この説の成立に大きな刺激を与えたものは，朝日訴訟の第1審判決（東京地判1960年10月19日行集11巻10号2921頁〔浅沼判決〕）であるが，それは，生活保護法の定める健康で文化的な最低限度の生活水準（同法3条，8条2項）は憲法25条に由来するものであって，厚生大臣（現在，厚生労働大臣）の生活保護基準設定行為を拘束する，との判断を示したものであった。今日の学説では，この説が優位を占めている。

さらに第3に，具体的権利説も主張される。それによれば，国民は25条の内容にふさわしい立法をするよう国に請求しうる具体的権利を有し，さしあたり，そうした立法がなされていない場合，25条を直接の根拠として立法不作為の違憲確認訴訟を提起することができる，とされる。これについては，司法権の限界の問題，訴訟手続の問題など，なお検討されるべき点が多い。

(3) **生存権の実現** 生存権は，自由権のように国家の介入を排除することにより確保されるものと異なり，国家が積極的に立法などの措置を講じることをとおして実現されるものである。そこで，生存権実現のためには国が社会保障などの制度を整備することが課題となるが，今日ではそうした制度はひととおりつくられているから，主に問題となるのは，国がこうした立法にあたって憲法を正しく具体化しているか，つまり立法裁量を正当に行っているかどうかであり，裁判所はこれを厳格に判断しなければならない。この点で，最高裁は，障害福祉年金と児童扶養手当の併給禁止措置が争われた堀木訴訟（最[大]判1982年7月7日民集36巻7号1235頁）で，どのような立法措置を講じるのかの選択決定は立法府の広い裁量に委ねられるという論理で，これを合憲としている。この論理は，右の措置に裁量濫用がある場合は25条に照らした憲法判断に入る点で，25条の裁判規範性を本来的に認めない純粋プログラム規定説とは区別されるものである。しかし，裁判所が，このように立法者の政策判断を過度

に尊重して，たやすくそれに合憲の祝福を与えつづけるのであれば，憲法の期待する国民の生存権の実現は，いつまでも果たされないであろう。

また，最近の生活保護の運用に関して目立つのは，その申請自体を制限する「水際作戦」と並んで，被保護者の保護費の使途に厳しく介入する行政の姿勢がある（たとえば，子どもの高校進学に備える学資保険を掛けていたことで，福祉事務所が生活保護費を削る決定をした事件〔福岡・中嶋訴訟〕。最高裁は，保護費をどのように使用するかは被保護者自己決定に属する旨，認めた〔最判2004年3月16日民集58巻3号647頁〕）。

加えて，政府が生活保護水準を引き下げる措置まで講じることがある。しかし，いったん決定された給付を減額されない地位は，きわめて強度に保障されるべきものであるから，この引下げ措置は，生存権の法的性格についてのどの説に立とうとも，司法の厳格な審査によって正されなければならない。

### 3 教育を受ける権利

(1) **教育を受ける権利の意義**　憲法は，26条1項で，すべての国民に「ひとしく教育を受ける権利」を保障するとともに，2項で，「保護する子女に普通教育を受けさせる義務」があること，および，義務教育の無償を定めている。帝国憲法の下では，憲法中に教育に関する権利が登場しないのはもとより，教育法制における勅令主義の採用によって，公教育の編成に国民が議会をとおして関与する途が閉ざされ，また，教育は，天皇の意思を体現したものとされる教育勅語の「忠君愛国」イデオロギーにもとづく国民教化のための手段とみなされていた。日本国憲法は，こうした戦前の教育と教育制度のあり方を根本的に転換させるものであったといえる。

教育を受ける権利の本質・意義については，従来の通説的憲法学説は，これを生存権の文化的側面としてとらえ，その意味は，国家が経済的弱者に対し奨学の措置を講じることによって教育を受ける機会の均等をはかるなど，主として経済的保障にあるとし，かつ，その性格を多かれ少なかれプログラムであるとみなすものであり，生存権説ないし経済的権利説と呼ばれる。しかし，近年，それに対する教育学ないし教育実践の側から触発されて，この権利を，国

民とくに学習主体である子どもの積極的な権利，すなわち，発達の可能態としての子どもが自己のもつ能力を全面的に発達させて人間的に成長するための生来的な学習の権利であり，またこれを保障する教育を求める権利であるとする学習権説が形成され，それが憲法学・教育法学の通説的位置を獲得している。なお，この権利を主権者教育を受ける権利と解する公民権説（政治的権利説）も出されているが，学習権説のバリエーションとして扱ってよいであろう。

判例上，学習権概念は，家永教科書第2次訴訟杉本判決（東京地判1970年7月17日行集21巻7号別冊1頁）においてはじめて採用され，後に最高裁も，学力テスト事件判決（最[大]判1976年5月21日刑集30巻5号615頁）において学習権説的理解を一般論としてとり入れている。

(2) **教育を受ける権利の内容**　まず第1に，教育内容の国家からの自由（教育の自由）である。先に述べたように，子どもは学習権を有し，これを充足させる責務が親・教師をはじめとする国民全体にあり，とくに学校でこれを受けもつ教師は，子どもの学習要求に応えて，ほんとうのことを，わかりやすく，一人ひとりに適した仕方で教えるのでなければならない（「真理教育」）。したがって，教育内容は，教師など国民自身の手によって創造されることが要請される。このようにして，教育の自由は，憲法26条の子どもの学習権のコロラリーとして導き出され，また，23条の学問の自由の保障にも含まれる。他方，国家は，国民が教育の自由を有することに対応して，教育の条件整備のみを担当し，内容・方法には関与できないこととなる。そして，この点で，教育権は国民に在るというべきであるから，いわゆる国民教育権説と国家教育権説の対立については，前者が妥当とされるのである。

ついで第2に，教育条件の保障である。26条2項が「義務教育は，これを無償とする」と定めた，その「無償」の範囲については争いがある。すなわち，25条をプログラムとみる立場からは，無償の範囲は法律をまって確定することになり，また，最高裁（最[大]判1964年2月26日民集18巻2号343頁）は，授業料の無償が憲法の保障する範囲であるとするが，これに対しては，教科書代・教材費など就学に必要な最小限の費用を無償にすることが憲法上の要求である，

とする説も主張されている。現在，法律（義務教育諸学校教科書無償法）によって義務教育の教科書は無償とされているが，プログラム説や上の最高裁判例の見地からすれば，この法律を廃止しても憲法違反は生じないことになる。さらに，国家は，学校制度の設立・施設設備の整備・教職員の配置など教育条件を整備する義務を負っている。これを要求する国民の権利は，抽象的なものであるとはいえ，法的権利にほかならない。

とくに，今日，後期中等教育（高校），さらには高等教育（短大・大学・大学院）について無償教育を漸進的に導入することが，国際人権規約（A規約13条）上の要請になっている。近時の高校授業料無償化政策は，このような国際的流れに沿うものということができる。いっそうの充実が望まれる。

そして第3に，「能力に応じて，ひとしく」教育を受けることの保障である。これは，まず，能力以外の要素，とくに貧困など経済的理由によって教育の機会を得るについて差別されないことの保障，すなわち教育の機会均等の保障を意味する。そして，さらに進んで，この「能力に応じて，ひとしく」をめぐっては，すべての子どもが各人それぞれのもつ能力を全面的に開花させる権利をもっており，子どもたちが各人の能力を余すところなく伸ばす教育機会を保障することが真の機会均等であるという理解が有力になっている。その見地からすれば，ハンディキャップを負った子どもに対しては，各々の能力の全面的発達を助長するような，より手厚い教育が施されなければならず，したがって，それとは逆の，機械的な「能力」別の学級・学校編成の下での教育には，根本的な反省が加えられなければならない，といえよう。

### 4 労 働 権

憲法27条1項は，「すべて国民は，勤労の権利を有し，義務を負ふ。」と定める。この「勤労権」，一般に「労働権」は，歴史的には，資本主義社会の弊害が明らかになる中で主張されるようになり，1919年のワイマール憲法においてはじめて憲法上保障されるに至った。27条も，この流れを汲むものである。

同条は，1項で，国民に労働権を保障している。この権利は，資本主義の自由市場経済の下では，労働の意思と能力をもつ者が，国家に対し，具体的な働

き口を要求できる権利とは解されないけれども，国は，この条項により，働き口を提供し，またそれもできないときには失業者への生活保障に努めるべき責任を負うわけである。現在，勤労の権利の保障を具体化する法律としては，雇用対策法，職業安定法，雇用保険法などがある。また，2項は，「賃金，就業時間，休息その他の勤労条件に関する基準は，法律でこれを定める」とするが，このように労働条件の基準に関する法律主義をとることによって，労働者が苛酷な労働条件の下で働くことを防止しようとしたものである。中心的な法律として制定されたものが，労働基準法である。そして3項が，「児童は，これを酷使してはならない」と定めて，戦前において少なからずみられた児童の酷使を禁止している。これを受けて，児童福祉法などが制定されている。

### 5　労働基本権

(1)　**労働基本権の意義**　憲法28条は，「勤労者の団結する権利及び団体交渉その他の団体行動をする権利」を保障する。「その他の団体行動」の中心は，争議権（ストライキ権）であり，結局，団結権・団体交渉権・争議権の「労働三権」，いわゆる労働基本権がここで保障されているわけである。

近代の歴史においては，最初は，労働組合をつくることすら，契約の自由を基本とする秩序に反するものとして禁圧されたが，労働運動の進展によって徐々に団結の自由がかちとられ，20世紀に入ってそれが法認されるに至る。憲法の中ではじめてこれを宣言したのは，やはりワイマール憲法である。わが国の場合，戦前，労働運動は権力による強い弾圧を受けつづけた。それに自由がもたらされたのは，戦後改革の時期においてである。

日本国憲法28条は，権利の主体を「人」や「国民」でなく「勤労者」と特定している。ここに社会権規定としての特性がよく示されているが，この「勤労者」とは，労働力を売ってその対価としての賃金により生活する社会的地位にある者をいう。公務員も勤労者である。失業者もこれに含まれる。

(2)　**労働基本権の内容**　まず，団結権は，労働者が労働条件の維持・改善を目的として労働組合などの団体を結成する権利をいう。すなわち，労働者が団

体を結成し，これに加入し，また団体活動を行うについて，国家および使用者が干渉することは許されない。また，労働組合と労働者との関係においては，組合不参加者の解雇を使用者に約束させるユニオン・ショップ協定や，組合員に対する除名処分などの統制制度にみられるように，労働組合自身の団結権が一般の結社の場合よりもとくに強く認められている。これは，労働組合は，結社一般とは違って，たえず国家権力や使用者との対抗関係の中で団体活動を行うものであるため，統一と団結の維持をはかる必要性が高いことによる，と説明されるのが通例である。ただし，労働組合が組合員の基本的人権の中核を侵害するような程度に統制権を行使することは，当然に許されない。

つぎに，団体交渉権は，労働組合などの団体が使用者または使用者団体と労働条件などに関して交渉する権利を意味する。使用者側が正当な理由なくこれを拒否することは違法となる。そして，争議権は，要求実現のために争議行為に訴える権利である。争議行為には，その中心をなすストライキ（同盟罷業）のほか，サボタージュ（怠業），ピケッティング（作業所閉鎖）などがある。

(3) 公務員労働者の労働基本権の制限　わが国の公務員は，その労働基本権を強く制限されており，まず，警察・海上保安庁・防衛庁・監獄・消防の職員は，労働三権すべてが否認され，つぎに，非現業の国家公務員および地方公営企業職員以外の地方公務員は，争議権と団体協約締結権が否認され，そして，現業の国家公務員・地方公営企業職員および公共企業体職員は，争議権を否認されている。これは，占領中の政令201号をもとにつくられた法制度であるが，憲法28条に照らして，当初より強い疑問が出されてきた。

最高裁は，これについて，初期には，「公共の福祉」や「全体の奉仕者」概念を根拠として合憲と判断していたが，1960年代後半に至り，とくに全逓東京中郵事件および都教組事件（いずれも前出。第Ⅱ章 *14*参照）において，公務員労働者の労働基本権を原則的に承認するに至った。しかし，全農林警職法事件（最［大］判1973年4月25日刑集27巻4号547頁）でこれを逆転させ，現行法の労働基本権制約を認める立場に戻った。この方向転換は，その後の最高裁判決にも引き継がれているが，学説の多くはこれに批判的である。

## 5 適正手続の保障

### 1 手続的保障の意義と憲法31条

　権利や自由が真に保障されるためには，その内容についての実体的保障と同時に，それを侵害からいかにして守るかについての手続的保障が確立されていなければならない。《人間の自由の歴史は，その多くが手続的保障の遵守の歴史である》（アメリカの法律家フランクファーターの言葉）といわれているように，人類の経験は，国家権力が国民の権利・自由を勝手気ままに侵害することを許さないためには，制限や救済の手続をあらかじめ明確に定めておく必要があることを教えている。わが国でも，とりわけ戦前，手続無視の権力行使によって人権侵害がしばしば引き起こされた。こうした歴史をふまえて，日本国憲法は，とくに人身の自由にかかわる手続について多数の条項をあてて，詳細に規定している。

　そうした手続保障の諸規定の冒頭に置かれている31条は，「何人も，法律の定める手続によらなければ，その生命若しくは自由を奪はれ，又はその他の刑罰を科せられない。」と定める。これは，以下に続く一連の刑事手続の具体的な規定の原則を定めたもの，つまり総則であるとされる。

　この31条は，文言からみて，アメリカ合衆国憲法修正5条（および14条）の「適正な法の手続」（due process of law）という規定の流れを汲んで成立したものと考えられるが，「適正な」という文言がない。そこから，法律の内容が適正であることは，憲法の他の条項，たとえば13条でカヴァーすべき事柄であり，31条の要求ではないとの見解が出される。また，31条が手続だけでなく実体規定をも対象にしているものかどうかも，問題となる。この点，通説は，31条は，たんに手続規定だけでなく犯罪と刑罰に関する実体規定を法律によるべきだという「罪刑法定主義」を定め，しかもその法律の内容が「適正」であることを要求するものであると解している。さらに，この31条の適正手続保障の趣旨は，行政手続にも生かされなければならない（この点は，改めて本節の**3**で述べる）。

## 2 刑事手続の保障

憲法は，33条から39条にかけて刑事手続上の諸権利を定めている（40条の刑事補償の問題は第Ⅱ章**6**で述べる）。ここでは，紙幅の関係で，項目を挙げる程度の説明にとどまるが，それぞれ重要な歴史的背景をもった人権保障規定であることに留意しておきたい。

まず，33，34，35の3か条は，主として捜査の段階における被疑者の人権を定めたものである。33条は，現行犯の場合を例外として逮捕には令状が必要であるとする。この令状主義は，警察が逮捕権を濫用することを抑制するためのものである。34条は，抑留・拘禁にさいして直ちに弁護人に依頼する権利と，拘禁理由を示す公開法廷への弁護人の出席を保障する。これは，逮捕後の身体の拘束に関して，不当な拘束を防ぐための要件・制度を定めたものである。35条は，犯罪の捜索・押収についての令状主義を規定している。しかもその令状は，正当理由にもとづき，捜索・押収対象が特定され，かつ各別のものであることが必要とされる。

つぎに，36条が，拷問と残虐な刑罰の禁止を定めている。「絶対に」禁止するという強い調子で書かれているのは，戦前の治安維持法下での拷問の事実への深刻な反省にもとづく。死刑が「残虐な刑罰」にあたらないかについては，最高裁はこれを否定する（最［大］判1948年3月12日刑集2巻3号191頁）が，死刑については，その存廃を含めて多角的で深い論議が必要である。

そして，37，38，39各条が，刑事裁判上の手続を規定し，主として刑事被告人の権利を保障している。37条は，1項で，公平な裁判所の迅速な公開裁判を受ける権利を，また2項で，証人審問権および証人喚問請求権を，そして3項で，弁護人依頼権を，それぞれ刑事被告人に保障している。38条1項は，自己に不利益な供述を強制されない自由，いわゆる黙秘権，また英米でいう自己負罪拒否の特権を定める。同条の2項・3項は，自白に関して，任意性のない自白の証拠能力は排除され，また自白には補強証拠が必要とされることを規定したものである。39条は，遡及処罰（事後法）の禁止と一事不再理の原則を明らかにしている。

## 3 行政手続の保障

以上にみるように、適正手続の保障は、本来、刑罰との関係で定められたものであるが、現代国家にあっては、刑罰権の発動だけでなく、肥大化した行政権の行使によっても国民の権利・自由への侵害・制約が生じることがきわめて多い。行政罰・執行罰としての「過料」、少年法による保護処分、伝染病予防法による強制処分、さらに財産権への制約などが、その代表事例である。それゆえ、31条の趣旨を行政手続についても生かすことが求められる。その仕方に関しては学説上の見解が分かれるが、31条を直接適用することが困難な事例についても、13条が、国民が広く適正な手続による処遇を受けることを保障していると解されるから、この両条を相互補完的に扱うことによって、適正な行政手続の保障の憲法的要請を導き出すことができよう。

適正な行政手続の中心は告知と聴聞（notice and hearing）の手続である。これは、不利益を受ける者は事前にその内容が知らされ、弁明・防禦の機会が与えられなければならないことを意味する。告知と聴聞は、刑事手続においては当然不可欠であるが（典型的な事例として、最［大］判1962年11月28日刑集16巻11号1593頁〔第三者所有物没収事件〕）、行政手続についても、程度の差はあれ、必要とされる。最高裁も、個人タクシー事件において、行政処分に31条の適法手続原則が適用されるとした下級審判決（東京地判1963年9月18日行集14巻9号1666頁）について、31条に直接言及しないものの、その結論を支持し（最判1971年10月28日民集25巻7号1037頁）、また、川崎民商事件（最［大］判1972年11月22日刑集26巻9号554頁）では、刑事手続以外の場面でも、35条や38条1項の適用される可能性のあることを一般論として示唆している。さらに、成田新法事件（最［大］判1992年7月1日民集46巻5号437頁）でも、憲法31条の保障が行政手続にも及ぶことを肯定したが、その具体的な内容は不明確なままである。

## 4 裁判を受ける権利

憲法は、32条において、「何人も、裁判所において裁判を受ける権利を奪はれない。」と定める。これは、すべての人に対して、刑事事件だけでなく民事・行政事件の全体に関して自己の権利・利益が不法に侵害されたと考えると

きには，裁判所にその救済を求める権利を保障したことを意味する。近代国家において発展してきた裁判制度は，いかなる勢力からも独立し，憲法とその下にある法をよりどころとして正義を実現する，人権保障によく適合したしくみであるとみなされている。日本国憲法の上記の規定も，こうした歴史的に形成されてきた裁判制度への信頼を背景にしているといえる。ここにいう「裁判」は，少なくとも，審理が対立する当事者を中心にして行われるもの（「対審」）であること，判決に理由が付されること，公開されることなどの実質をそなえていることが必要とされる。また，裁判所は，適法な訴えについて，その裁判を拒絶することはできない。

憲法はさらに，刑事裁判については，先述のように，とくに37条1項で，「公平な裁判所の迅速な裁判」を保障している。国家の刑罰権行使が，格別に強く国民の権利・自由にかかわるものであるからである。最高裁も，いわゆる高田事件（最[大]判1972年12月20日刑集26巻10号631頁）で，遅延しすぎた裁判について免訴の判決を下している。

## *6* 国家補償の権利

### *1* 国家補償の意味

「国家補償」とは，国家がその活動によって国民に損害または損失を与えた場合に，これを塡補することを総称する概念である。従来より，国が違法行為によって国民に損害を与えた場合の塡補である損害賠償（国家賠償）と，適法行為によって損失を与えた場合の損失補償の2つが，類型的に設定されてきた。しかし，この2類型に限定すると，国家賠償の要件を充たさず，また損失補償の個別立法がない場合に損失補償も受けられない事例が近年少なからず生じている。そこで，そうした事例の救済をも視野に入れて，広く国家補償という枠組みが設けられることになる。さらに，憲法は，刑事補償の制度を置いている。順に説明しよう。

## 2 国家賠償

憲法17条は，公務員の不法行為により国民が損害を受けた場合，その賠償を国（および地方自治体）に請求する権利を保障している。帝国憲法は，国家賠償の規定をもたず，またそれに関する一般的な法律も存在せず，逆に，公権力の違法行使に対する国家無責任の原則が採用されていたため，権力的作用についての国の賠償責任は一貫して否定され，判例上，非権力的作用についてのみ賠償責任が肯定されることがあったにすぎない。現行憲法は，権力的作用であると非権力的作用であるとを問うことなく国の賠償責任を定めて旧憲法の原則を根本的に転換させたものであり，その意義は画期的であるといえる。憲法17条の内容は，国家賠償法で具体化されており，そこでは，公権力の行使にもとづく損害の賠償責任（1条）と公の営造物の設置管理の瑕疵にもとづく賠償責任（2条）が定められている。

国家賠償制度のもつ人権保障機能に関して注目されてよいのは，立法府の作用，とくに立法不作為に対する国家賠償訴訟である。これは，国会に対して法律制定を命ずることを裁判所に求めるのでなく，国会が法律制定をしないために受けた損害の賠償を請求する仕方で，間接的に立法作用の匡正をはかろうとするものである。この種の訴訟は，多くの下級裁判所の認めるところとなったが，最高裁がほぼ全面的に否定してしまった（最判1985年11月21日民集39巻7号1512頁）。そのため，それは，いったん隘路に入ったが，2005年の判決（最［大］判2005年9月14日民集59巻7号2087頁）で，訴訟成立の要件を大きく緩和した。

なお，最高裁は，郵便法旧68条・73条が特別送達郵便物につき損害賠償責任を免除していたのを違憲であるとしている（最［大］判2002年9月11日民集56巻7号1439頁）。

## 3 損 失 補 償

国家活動が適法なものであっても，それによって生じた私人の特別の犠牲について，これを公平に負担するという見地から，その犠牲に対する塡補を行うのが損失補償である。憲法は，その一環として，29条3項が「私有財産は，正当な補償の下に，これを公共のために用ひることができる。」と述べ，財産権

にかんする損失補償のあり方を定めている（これに関しては、財産権の個所でふれた。第Ⅱ章 **3 2**(2)参照）。

損失補償を具体化する個別立法がなく、しかも国家賠償法も適用できないという「谷間」の分野の問題が現実化した代表的な事例は、予防接種ワクチン禍訴訟である。予防接種の実施は通例、国の適法行為とされるから、伝統的理解にもとづく限り、具体的な補償法律がない以上、それによる死亡・障害は救済されないことになる。しかし、近年の下級裁判所は、憲法29条3項を類推適用するなどして、賠償請求を認容している（たとえば、東京地判1984年5月18日判時1118号28頁）。

### 4　刑事補償請求権

憲法40条は、「何人も、抑留又は拘禁された後、無罪の裁判を受けたときは、法律の定めるところにより、国にその補償を求めることができる。」として、刑事補償請求権を保障している。これは、17条の国家賠償請求権と通じる性格をもつと同時に、抑留などが適法に行われた場合でも国家は責任を負うとするもので、その点では損失補償の性格をもっている。したがって、それが違法になされたものである場合には、別に17条にもとづく損害賠償を国に請求することができると解すべきである。

## 7　政治参加の権利と政党

### 1　政治参加の権利と政治活動の自由

日本国憲法は、国民主権原理を制度化するにあたって、代表民主政を基本とし、あわせて直接民主政を、それを補完するものとして採用した。すなわち、憲法は、日本国民は「国会における代表者を通じて行動し」、国政の「権力は国民の代表者がこれを行使」すること（前文）、および「両議院は、全国民を代表する選挙された議員でこれを組織する。」こと（43条1項）を原則に置き、例外的に、憲法改正についての国民投票制（96条）、ひとつの地方自治体にのみ適用される特別法についての住民投票制（95条）などを導入しているのであ

る。このような民主政の構造を支えるものが、主権者たる国民の政治参加の権利であり、さらに、それと不可分のものとしてその基礎をなすものが政治活動の自由であるといえる。

政治参加の権利について、憲法は、主として、公務員の選定・罷免権（選挙権）および公務就任権と請願権とを定めている。選挙権が政治参加の直接的な権利であるのに対して、請願権は間接的な参加権と特徴づけることができる。また、憲法や法律が制度化したもののほかに、市民運動、住民運動、各種の政治活動が集会やデモ、署名活動等々の形態で行われるが、これらは政治的表現の自由にもとづくものであって、インフォーマルではあれ政治参加の権利を形作っているものである。上記の請願権も、こうした側面をもっている。

国民の政治活動の自由は、憲法上、表現の自由のひとつとして、21条の保障を受けている。この自由は、それなしには、国民は自らの意見にもとづいて政府をつくり、また政府が人権侵害の悪政をする政府であってもこれを交代させることができないものであるから、格別の尊重が必要である。それにもかかわらず、わが国では、公職選挙法による、選挙運動としての戸別訪問の禁止や公務員の政治活動に対する一律・全面的禁止に代表的にみられるような、不必要かつ厳しすぎる規制の制度が存在している。そして、最高裁は、このことの問題性に自覚的であるどころか、これら禁止法令を緩やかに審査するのみで合憲と判断している（戸別訪問禁止につき、近年の代表的なものとして、最判1981年7月21日刑集35巻5号568頁。公務員の政治活動禁止につき、前出（**3 2**(4)⑥）の最[大]判1974年11月6日刑集28巻9号393頁〔猿払事件〕）。

## **2** 公務員の選定・罷免権と選挙制度

(1) **公務員の選定・罷免権（選挙権）**　国民主権・代表民主制の原理は、主権者国民に代わって公権力を行使する公務員の地位が国民の意思にもとづくものでなければならないことを要求する。憲法15条1項の「公務員を選定し、及びこれを罷免することは、国民固有の権利である。」との規定は、この事理をあらわしている。もっとも、ここに「固有の権利」というのは、具体的にすべての公務員が直接国民によって選定・罷免されなければならないとの意味ではな

く，公務員の地位が究極において国民の意思にもとづくものであることをあらわしたものと解されている。

憲法上，国民による直接の選定・罷免が定められているのは，選任については，国会議員（43条），地方自治体の長・議会議員・法律の定めるその他の吏員（93条2項）であり，また，罷免については，最高裁判所裁判官に対する国民審査（79条）があるにすぎない。なお，国民は，公務員の罷免を請願によって（16条），また裁判官の罷免を公の弾劾によって（78条），それぞれ求めることができる。地方自治のレベルでは，地方自治体の長や議員などのリコール制が地方自治法で定められている。これは，罷免権を法律によって積極的に具体化したものであって，実質的に憲法上の一制度であるということができる。

選挙権の性格をめぐっては，これを権利と解する立場と公務と解する立場とが従来対立し，近時では公務説はほとんど支持する者がなく，選挙権は権利と公務の両面をもつとする二元説と上の権利説との対立となっている。歴史的には，選挙権の公務性を強調する見地は制限選挙制を正当化するものとして説かれ，これに対して，権利説は普通選挙制の主張と結びついて出されたものである。この点を考えると，後者が正当とされよう。

(2) 選挙制度――選挙に関する諸原則　日本国憲法は，選挙に関するいくつかの原則について，近代政治史をとおして世界的に確立されてきた流れに沿って，その主要なものを明記している。普通選挙（15条3項・44条），平等選挙（14条1項・44条），秘密投票（15条4項）がそれである。さらに，明文はないが，任意投票および直接選挙も，憲法上の原則であるとされる。

これらの原則に照らして，現行制度上問題とされるべき点は少なくないが，議員定数不均衡の問題は，屈指のものであろう。最高裁は，衆議院に関しては，1976年に，1対4.99の格差についてはじめて違憲判決を下し（最［大］判1976年4月14日民集30巻3号223頁），その後，83年の判決（最［大］判1983年11月7日民集37巻9号1243頁）で，格差ほぼ1対3までを合憲とすることを暗示したとみられる。85年にも，1対4.40の格差を違憲とした（最［大］判1985年7月17日民集39巻5号1100頁）。これに対して，学説は，1人が2票をもつ結果を避けることは平

等選挙原則の絶対的要請であることを根拠に，1対2未満でなければならないとする見解が通説である。いずれにせよ，国会は，衆議院の著しい定数不均衡について真摯に是正する努力をサボタージュしたまま，1994年に，選挙区制度自体を小選挙区比例代表並立制へと改変した。

小選挙区制部分については，制度形成時点で最大1対2.3の較差が生じていたが，それを争った事件で最高裁は，立法裁量の範囲内であるとして合憲の判断を下した（最［大］判1999年11月10日民集53巻3号1441頁）。その後，較差1対2.304，また1対2.425をめぐって提起された無効訴訟において，いずれも，違憲状態ではあるが是正に必要な合理的期間を徒過していないとしている（最［大］判2011年3月23日民集65巻2号755頁，最［大］判2013年11月20日民集67巻8号1503頁）。

一方，参議院の選挙区については，格差が5倍，さらに6倍を超えた状況であるにもかかわらず，最高裁は，これを一貫して結論において合憲としてきた（1対5.26の較差につき最［大］判1983年4月27日民集37巻3号345頁，1対6.59につき最［大］判1996年9月11日民集50巻8号2283頁〔これについては，違憲状態とまでは認めた〕，1対4.81につき最［大］判1998年9月2日民集52巻6号1373頁，最［大］判2000年9月6日民集54巻7号1997頁，1対5.06につき最［大］判2004年1月14日民集58巻1号56頁，1対5.13につき最［大］判2006年10月4日民集60巻8号2696頁，1対4.86につき最［大］判2009年9月30日民集63巻7号1520頁）。その後，最高裁は，1対5.00の較差につき，違憲状態に至っているとしたが違憲とはせず，根本的改正の必要を指摘した（最［大］判2012年10月17日民集66巻10号3357頁）。それを受けた公選法改正により1対4.77となった選挙についても違憲判断を回避した（最［大］判2014年11月26日民集68巻9号1363頁）。2015年の改正で合区の措置がなされた後の選挙についても，最高裁は合憲としている（最［大］判2017年9月27日民集71巻7号1139頁）。

また，選挙権行使の機会は平等に保障されなければならないが，在外日本国民の選挙権行使を制限していた公選法の規定につき，最高裁は，それを憲法15条1項・3項，43条1項，44条但書に違反するとした（最［大］判2005年9月14日民集59巻7号2087頁）。

そして，いかなる選挙制度を選ぶかは法律事項とされている（47条）とはいえ，それは，憲法から導かれる上記の諸原則に合致するものでなければならな

い。その観点からすれば，衆議院議員選挙について，1994年に公職選挙法改正によって導入され，96年の総選挙ではじめて実施された「小選挙区比例代表並立制」の柱をなす小選挙区制は，立候補者中第1位者しか当選せず第2位以下に投じられた票は死票となって，民意の国会への正確な反映を著しく困難にする制度であるから，このような制度についてまで，その選択は立法裁量の問題といえるのか疑問とせざるをえない。しかし，最高裁は，小選挙区制自体，さらに，区間の人口比の格差が2倍を超えている区割りなど，およそ違憲性が問題となりうるすべての点について，合憲と判断している（前出・1999年11月10日判決参照）。

参議院議員選挙については，比例代表選挙制度が，2000年にそれまでの拘束名簿式から非拘束名簿式に改められた。これは，実質的に1人1票の原則を侵害するもので，立法裁量の範囲を超えるといわざるをえないものであるが，最高裁は憲法に違反しないとしとている（前出・2004年1月14日判決参照）。

### 3 公職就任権（被選挙権）

国民が主権者である以上，公務員の選定・罷免と並んで自ら公職に就くことが保障されていなければならない。この公職就任権は，国会議員の場合（44条）のほかは憲法に明記されていないが，13条の幸福追求権に本来的に含まれ，また15条1項の保障を受けると解される。

### 4 請 願 権

憲法16条は，「何人も，損害の救済，公務員の罷免，法律，命令又は規則の制定，廃止又は改正その他の事項に関し，平穏に請願する権利を有し，何人も，かかる請願をしたためにいかなる差別待遇も受けない。」と定めている。帝国憲法にも請願権の規定があったが，そこでは，ことさらに「相当ノ敬礼ヲ守〔ル〕」ことが求められるなど，権利としての性格が弱かった。日本国憲法は，これを人権として明確に保障したものである。

請願は，国民が政治参加の権利を保障されていなかった時代には，民意を君主に伝える手段として重要な意味をもっていたが，国民主権の確立とともにその本来の使命は減退していった。そのため，請願権はたんに伝統的権利として

近代憲法に置かれたのだと説明されることが少なくない。しかし，現代においても，請願権は，国政に国民の意思を反映させ，代表民主制を国民のために働かせるという参政権的機能をもつと評価することができる。とくに近時，この権利は，国民の側から立法制定を求めてなされる立法運動にとって，大きな役割を果たしている。

### 5 政治参加と政党

政党は，現代の議会民主政において国民と国家権力を結ぶベルトであり，国民の政治参加のための主要なチャンネルである。つまり，それは，国民のさまざまな政治的意思を統合して国政につなぐという機能を果たす点で，現代政治に不可欠の存在であるといえる。この点で，日本国憲法は，政党についての規定をもたず，21条の結社の自由によって，政党の結成・活動の自由を保障する，という対応をしている。近・現代の各国における憲法の政党に対する対応姿勢の展開を「敵視→無視→承認および法制化→憲法的編入」という4段階に整理した有名な見解（ドイツの憲法学者H・トリーペル）に照らすなら，「承認および法制化」の段階にあるといえるが，わが国の議会制また議院内閣制は当然に政党の存在と活動を前提にしたものであり，政党は，そのようなものとして一定の公的性格を担っている。

それにもかかわらず，憲法が，政党を，基本的に私的結社として位置づけて保障しているのは，わが国が政党についてのボン基本法（ドイツ憲法）のようなシステムをとらないことの表明であると解される。つまり，ドイツの場合，憲法に政党条項を設け，「自由で民主的な基本秩序」を侵害・除去する政党を違憲として禁止する（21条）としており，これがいわゆる「戦う民主政」の一環をなしているが，わが国憲法は，こうした体制を選ぶことなく，あらゆる政党に結社の自由を保障し，それらが思想の自由市場において競い合うことを期待するという姿勢をとっているといえる。そのことからすれば，国家が政党を価値づけするような憲法条項や政党法の制定，また，1994年制定の政党助成法にもとづく政党交付金の給付をとおしてなされている政党統制などは，わが国憲法の理念にそぐわないものといわなければならない。

## 第Ⅲ章　統治機構
――人権確保のための政治のしくみ――

## *1* 国　　会

### *1*  議会制民主主義

　これまでに述べてきたように，近代においてつくられた憲法は，公権力を統制する国の基本法として人の権利を宣言・確保し，政治の組織＝統治機構を定めるものである。そして，この人権保障と統治機構とは並列的に置かれたものでなく，人権保障こそ目的であって，統治機構は，それを達成するための手段として位置づけられる。国民の権利が，外見的立憲主義憲法のように君主などの恩恵によって与えられるのでなく，真に基本的人権として保障されることは，とりもなおさず，その国民が主権者であること，すなわち国民主権の原理が確立していることを不可欠の前提としている。したがって，人権保障に仕える統治の制度は，国民主権を具体化する制度でもある。

　この理念をストレートに推し進めるならば，国民投票など主権者の直接的意思表示によって統治が行われる，いわゆる直接民主政が導かれることになるが，現実の各国の政治制度においては，直接民主主義の理念に基礎を置きつつ，間接民主政が主要なものとなっている。その場合，国民の代表者によって形づくられる国家機関，つまり議会（国民代表議会）を中心とした制度であってこそ，国民主権，民主主義の政治は実現されうる。この，国民代表議会を国の統治機構の中心に位置づけて民主主義を実現する制度が，議会制民主主義である。

　議会制民主主義が成立したのは，欧米諸国においてもそれほど古いことではないが，その歴史の中で，つぎの2つの意味が明らかになっている。ひとつは，国民代表議会をとおして民主主義が実現されるためには議会が統治機構の中で最高機関でなければならないという「議会による民主主義」であり，もう

ひとつは，議会自身が民主主義的に組織され運営されていなければならないという「議会における民主主義」である。このいずれが欠けても議会制民主主義が確立したとはいえず，たとえばイギリスでも，王権に対する議会の優位が達成されてからも，税額による制限選挙制を改革して普通選挙制を実現するまでには長い道のりを要した。

わが国では，帝国憲法下の議会は天皇の立法権行使に協賛する機関とされ，そこでは議会制民主主義を語ることはできない。それを真の意味で導入したのは，つぎに述べるように，国会を文字どおりの国民代表議会とし，その国会を基軸とする政治制度を定めた日本国憲法である。

### 2　国会の地位

日本国憲法は，国民が「正当に選挙された国会における代表者を通じて行動」（前文第1段）すると定め，国会に，まず，国民代表機関としての性格を与えている。すなわち，国会を構成する議員は「全国民を代表する」（43条1項）ものであり，したがって，議会による立法（法律）は，全国民の意思の表明であるとみなされ，そうした性格をもたない他の機関による立法（命令・規則）に優位した権威が認められることになる。

国会はついで，「国権の最高機関」（41条）であるとされている。もっとも，このことは，国会の意思・行動が他の機関に絶対的に優越し，その制約を受けないことを意味するものではない。憲法は，議会制民主主義とともに権力分立の原則をも採用しているからである。とはいえ，これが何の法的意味をも有しない，国会に対する政治的美称にすぎない，との考えもまた正当でなく，結局，国会は，国政全体の監督・調査にあたり（国政調査権），それをとおして国権担当諸機関を調整・統合する機能を果たし，またしたがって，憲法上どの機関に帰属するか明らかでない権限は国会に属するものと推定されることになる。

そして，国会は，「国の唯一の立法機関」（41条）でもある。このことのひとつの意味は，国家と国民の間を規律する法規の制定はすべて国会が行うということである。したがって，行政には独自に立法すること（たとえば，帝国憲法下

の緊急命令・独立命令）は認められず，ただ法律を執行するための命令（執行命令）と法律の委任にもとづく命令（委任命令）のみが許される。この原則に対しては，例外として，憲法自身が，両院の規則制定権（58条2項），最高裁判所の規則制定権（77条），地方公共団体（地方自治体）の条例制定権（94条）などを認めている。もうひとつの意味は，国会の立法手続にそれ以外の機関の関与を許さないことである。ただし，特定の地方公共団体にのみ適用される特別法には住民投票が必要とされる（95条）。なお，内閣による法律案の提出もしばしば行われているが，それも，その採否の決定権が国会の手にある以上，違憲とまではいえないとされている。

## 3 国会の構成と国会議員の地位

　国会は衆議院と参議院によって組織されている（42条）。二院制は，審議をくりかえして行うことによる慎重審議の可能性，審議への世論の反映，議会を2つの議院に分けることによる権限の集中の排除などが期待できるところから採用する国が多いが（連邦国家の場合は州〔連邦を構成する「邦」〕を代表する上院が不可欠である），わが国の場合，議院の選出方法・任期・解散の有無などの点で両院の差異を設けており，また権限において下院（衆議院）を優越させる非対等の制度を採用している（なお，衆議院を「第一院」，参議院を「第二院」と呼ぶ）。衆参両院は，いずれも「全国民を代表する選挙された議員」（43条1項）によって構成されるが，議員の任期は，衆議院議員は4年，参議院議員は6年でその半数が3年毎に改選される（45条・46条）。

　衆議院の選挙制度は，従来は1つの選挙区から3人ないし5人の議員を選出する大選挙区制（「中選挙区制」と呼ばれていた）であったが，1994年に，いわゆる政治改革立法の一環として，「小選挙区比例代表並立制」に変更されて，定数は500人とされ，300人を小選挙区，200人を11のブロックを単位とする比例代表選出となった。2000年に，比例代表選出を20削って定数を480人とした。さらに2003年の改正で475人に変更し，うち295人が小選挙区，180人が比例代表により選出される。

　また，参議院は，戦後，都道府県を単位とする地方区と，全国を1区とする

全国区とにより成る制度であったが，1982年の改正で，地方区は「選挙区」と呼び，全国区は拘束名簿式比例代表制に変更されて「比例区」と呼ぶことになった（2000年の改正で，比例代表制を非拘束名簿式に変更している）。定数は252人で，前者152人，後者100人とされた。さらに2000年に全体を10人削って，前者146・後者96，計242人が現在の定数となっている。

両院の議員は，国民代表として，国会における発議・質疑・討論・表決の権限を有するほか，つぎのようないくつかの特権を，憲法によって認められている。すなわち，国会の会期中は，法律の定める場合を除いて逮捕されない権利（不逮捕特権〔50条〕），議院における演説・討論・表決についての責任を院外で問われない権利（免責特権〔51条〕）のほか，相当額の歳費を受ける権利（49条）などであり，これは，議員が政府などの圧力に屈することなくその職責を自由に遂行することを保障するためのものである。

### 4 国会および各議院の権能

国会のもつ機能として，憲法は，つぎのものを定めている。すなわち，①憲法改正の発議。各議院の総議員の3分の2以上の賛成で国会として国民に対して改憲の提案をする（96条1項），②法律の制定。法律案は両議院の議決が一致したとき法律となる（59条1項）のが原則であるが，衆議院が可決し参議院が可決しなかったときは，衆議院で出席議員の3分の2以上の多数で再び可決すれば法律となる（59条2項。なお同条4項），③財政民主主義にもとづく財政・予算に関する諸権能（60条，83～91条），④条約に対する承認（73条3号），⑤内閣総理大臣の指名（67条），⑥弾劾裁判所の設置（64条）などがそれである。

また，国会の各議院は，それぞれつぎの権能を有している。①自律権——各議院は，その組織・手続・内部規律について独立して決定することができる。つまり，議長その他の役員を選任し（58条1項），会議その他の手続に関する規則を定め（同条2項前段），議員の懲罰を行い（同項後段），また自院の議員の資格に関する争訟を裁判する（55条）などである。②国政調査権——各議院は，強制力をもって国政に関する調査を行うことができる（62条）。国政調査権の性格については，立法権・行政監督権など国会と各議院に憲法上与えられた諸

権能を裏づけ，その行使を十分なものにするための補助的権能であるとする説と，国政全般を統括するための独立・固有の権能とみる説とが対立している。前者が通説であるが，国会の最高機関性を考えるなら，他の２権の固有性，とくに司法権の独立を侵害しないことを前提に，調査権の範囲を広く解することが必要とされよう。③不信任議決権——衆議院だけがもつものであるが，内閣に対する不信任決議を行い，ないし信任決議を否決する権限である（69条）。

## 5　国会の活動

　議会の活動期間の型には，議員の任期中開会している「立法期制」と，一定の期間を区切って開かれ活動する「会期制」があるが，日本国憲法は後者をとっている。この会期制では，国会は会期ごとに独立したものとして扱われ，したがって，会期中に議決に至らなかった案件は，審議未了として廃案になり，後の会期には継続しない（会期不継続の原則）。ただし，議院の各委員会は，議院が議決で付託した案件について国会閉会中も活動する。国会には，毎年１回召集され，原則として150日に及ぶ「常会」（「通常国会」とも呼ばれる。52条），臨時の必要に応じて召集される「臨時会」（なお，いずれかの議院の総議員の４分の１以上の要求があれば，内閣は召集を決定しなければならない。53条），衆議院解散による総選挙後に召集される「特別会」（54条１項）の３種類がある。衆議院の解散は，形式的な公示は天皇の国事行為である（７条３号）が，実質的決定権は内閣にあり，内閣は，衆議院が内閣不信任決議案を可決（または信任決議案を否決）したとき，総辞職か解散かのいずれかを選択する（69条）場合のほか，さらに，その場合に限定されることなく解散権を行使しうると解されている。衆議院解散中の緊急の必要に応じるため，参議院の緊急集会制度（54条２・３項）が設けられている。

　国会の活動原則として重要なものをいくつか挙げるなら，まず，会議の公開（57条１項）である。議会を常に主権者国民の監視の下に置くことは議会制民主主義の不可欠の要請であり，会議が秘密会とされるのはきわめて例外的な場合であって，「出席議員の３分の２以上の多数で議決したとき」という特別な要件が充たされなければならない（同項但書）。また，委員会中心主義のあり方に

も注目しておくべきである。現代の複雑多様な諸問題を国会が扱うとき、専門的に掘り下げた審議をするには、本会議中心でなく委員会中心の運営が必須となる。憲法自身には委員会についての条項はないが、国会法で、常任委員会と特別委員会が定められている。

## 2 内　　閣

### 1 議院内閣制

　権力分立は、自由主義的な統治機構の原理として近代諸国の憲法の本質的内容を形づくるものであるが、その具体的あり方は、それぞれの歴史的事情に応じて多様である。わが国の場合、先にみたような議会制民主主義の原理に重点を置きつつ、これを権力分立の原理と調和させている。そこから、議会と行政権との関係については、議会によって行政権を統制するしくみである議院内閣制がとられている。議院内閣制は、内閣が、その存立の基盤を議会に求め、議会に対して責任を負う制度、いいかえれば、国民代表機関としての下院における多数党あるいは多数を制する政党連合が内閣を組織し、内閣は議会に対し連帯して責任を負い（したがって、議会の信任を失うと内閣は総辞職する）、また、閣僚は原則として議席をもつ、などの基本的要素をそなえた制度である。それは、アメリカ合衆国にみられるような、大統領と議会が別個に国民から選出され独立して行政権と立法権を担当する「大統領制」とは対蹠的であり、また、フランス革命期の国民公会やスイスにみられる、議会によって選出される政府が憲法上議会に全面的に従属する「議会統治制」（「会議制」）とも異なる。

　議院内閣制は、18世紀中頃から19世紀前半にかけて、イギリス議会政治において憲法慣習として発達したものである。わが国では、帝国憲法の下では、天皇が統治権の総攬者であり、内閣の各大臣は天皇により任命され、天皇に対してのみ、かつ個別的に責任を負うものとされた（55条）。つまり、内閣は、議会に対する関係では、議会の勢力から超然としているべきである（「超然内閣制」）と考えられていた。

　日本国憲法は、議院内閣制を、規範上明確に表現している。すなわち、内閣

が，行政権の行使について国会に対して連帯して責任を負うこと（66条3項），国会が内閣に対して政治責任を問う不信任決議をすることができ，またその対抗手段として内閣が国会を解散することができること（69条），さらに，衆議院議員選挙のあとに内閣は総辞職すること（70条）を規定している。加えて，内閣総理大臣は国会議員の中から指名され（67条），国務大臣の過半数は国会議員でなければならないとされ（68条），さらに，国務大臣の議院への出席の権利と義務（63条）が定められているのである。

## 2 内閣の組織

内閣は，首長たる内閣総理大臣とその他の国務大臣によって組織される（66条1項）。そして，内閣法（2条1項）が，国務大臣を17名以内と定めている。なお，憲法は，内閣の構成員が「文民」でなければならないとする（66条2項）。これは，かつて軍人であった者は閣僚としないとする趣旨であるが，憲法の予期しない軍隊（自衛隊）がつくりあげられた今では，戦後の軍人（自衛官）についても，現役はもちろん，退役の幹部自衛官も除くという意味を加えて解釈されるべきである。もとより，このことは，自衛隊を合憲とすることを意味するものではない。実際政治の運用においてはこの原則は歪められており，たとえば，1994年の羽田孜（はた・つとむ）内閣に入閣した永野茂門法相は，旧陸軍大尉，自衛隊では陸上幕僚長まで歴任した人物であった。

内閣総理大臣は，内閣の「首長」としての地位にある。帝国憲法の下では，勅令である内閣官制によって，内閣総理大臣は，内閣の「首班」とされ，天皇を輔弼する手続の面で他の国務大臣にある程度優越するのみで，いわゆる「同輩者中の首席」（primus inter pares）にすぎなかった。これに対して，日本国憲法における内閣総理大臣の首長としての地位は，つぎのような権限の中に具体化されている。すなわち，他の国務大臣を任命し，かつ任意に罷免すること（68条），国務大臣の訴追に対し同意を与えること（75条），内閣を代表して議案を国会に提出すること（72条），内閣を代表して一般国務および外交関係について国会に報告すること（同条），内閣を代表して行政各部を指揮監督すること（同条），法律および政令に主任の国務大臣とともに連署すること（74条）など

がそれである。

　内閣総理大臣は，国会議員の中から国会の議決によって指名される（67条1項前段）。衆議院と参議院が異なった人物を指名した場合には，両院協議会が開かれて，それでもなお意見が一致しないとき，衆議院による指名が優越する（67条2項）。天皇は，内閣総理大臣の選任過程で任命行為をする（6条1項）が，これはたんなる形式的・儀礼的性格の国事行為にすぎない。国務大臣は，内閣総理大臣によって任命され（68条1項前段），天皇が国事行為として認証する（7条5号）。内閣総理大臣が国会議員であり，国務大臣の過半数が国会議員であることは，内閣成立のためだけでなく，成立後その内閣が存続するための要件でもある，と考えられている。

### 3　内閣の権能

　内閣は，広く行政権を担当し（65条），したがって一切の行政事務を行う。憲法73条が，「内閣は，他の一般行政事務の外，左の事務を行ふ。」として7項目を掲げているのは，内閣が行政事務一般を行うことを確認し，そのうち主要なものを例示的に列挙したものである。憲法は，そのほかにもいくつかの条文で，とくに内閣の権能に属するものとした諸項目を掲げている。

　すなわち，まず，73条各号に掲げる内閣の職務は，法律の誠実な執行と国務の総理（1号），外交関係の処理（2号），条約の締結（3号），官吏に関する事務の掌理（4号），予算の作成と国会への提出（5号），政令の制定（6号），大赦・特赦・減刑・刑の執行の免除および復権の決定（7号），である。

　また，73条以外で定められている内閣の職務には，天皇の国事行為に対する助言と承認（3条，7条），最高裁判所長官の指名（6条2項）と他の裁判官の任命（79条，80条），国会の臨時会の召集の決定（53条），参議院の緊急集会の召集（54条），予備費の支出（87条），決算の国会提出（90条），国会および国民に対する国の財政状況についての報告（91条），などがある。

　内閣は，国会に対して連帯責任を負う（66条3項）。すなわち，各国務大臣が個々的にでなく，内閣が一体となって責任を負うのであり，したがって，国会の信任を失ったときには内閣は総辞職する。

内閣が担当する「行政」とは、従来、国家作用から立法と司法を除いた残りの作用であるとされてきた。しかし、今日、行政活動が質量ともに飛躍的に増大していることを背景にして、このような消極的・控除的な定義ではあきたらず、行政とは、法の規制を受けつつ国家目的の積極的実現を目指して行われる統一的・継続的な形成的国家活動である、と定義する積極説も提唱されている。たしかに、現在、行政の作用は、市民生活の広範で多様な分野に深く及んでおり、それに応じて行政権は著しく肥大し、またそれゆえに内閣は、現実に、国政全般にかんする実質的中枢機関として機能している。これに対し、国民が、主として国会をとおしていかにコントロールするかが今日的課題となっているのである。

1999年に成立した中央省庁等改革関連法により、内閣は、2001年から新たな体制に移行した。国務大臣の数は、それまで20人以内とされていたのが、原則14人以内（特別に必要ある場合17人以内）となり、内閣総理大臣の権限を強化し、あわせて、強力な調整機能を担う内閣府が新設された。また、中央省庁は、1府12省庁となり、加えて、独立行政法人制度が導入された。この体制は、国民主権理念の明確化をうたっているが、首相および内閣のリーダーシップの強化をはかることになり、それは、むしろ有事対応型の統治の形をつくり出したものといえる。

## 3　財　　政

### *1*　財政国会中心主義の原則

財政とは、国がその任務を遂行するのに必要な財力を取得し、管理し、使用する作用をいう。近代憲法は、財政に対する国民主権を貫徹するために、財政を国民代表議会のコントロールの下に置く、いわゆる財政国会中心主義（財政立憲主義）の原則を採用した。わが国の場合、帝国憲法も一応この原則に立っていたが、勅令による緊急財政処分（70条）や、予算未成立の場合の前年度予算の執行（71条）などの多数の例外が設けられていて、きわめて不十分なものであった。日本国憲法は、83条で、「国の財政を処理する権限は、国会の議決

に基いて，これを行使しなければならない。」と定め，財政国会中心主義を徹底させることを明らかにし，その上で，84条以下に，これを具体化する規定を置いている。

　まず，84条が，「あらたに租税を課し，又は現行の租税を変更するには，法律又は法律の定める条件によることを必要とする。」とし，いわゆる租税法律主義を定めている。これは，財政国会中心主義を歳入，つまり課税の面で具体化したものである。《代表なくして課税なし》という近代市民革命共通のスローガンに表現されているこの原則は，日本国憲法では，納税の義務を定めた30条ですでに明記されているが，その重要性にかんがみて84条で重ねて規定したといえる。つぎの85条は，支出面に関して，「国費を支出し，又は国が債務を負担するには，国会の議決に基くことを必要とする。」と定める。また，皇室財産についても，国会の議決によるものとしている（88条，8条）。

　そして，公費の支出について，89条が憲法上の制約を設ける。「公金その他公の財産は，宗教上の組織若しくは団体の使用，便益若しくは維持のため，又は公の支配に属しない慈善，教育若しくは博愛の事業に対し，これを支出し，又はその利用に供してはならない。」とするのであるが，前段の宗教団体等に対する公的財産の支出禁止は，20条の政教分離の原則を財政面からも徹底させようとするもので，厳格に解すべきである一方，後段の趣旨は，私的事業の自主性の確保にあることを考慮して，たとえば教育を受ける権利を実現するための私学助成などは憲法に適合した制度であり，むしろさらに充実させることが要請されるというべきであろう。加えて，91条は，国民による財政のコントロールを確保すべく，財政状況が定期的に，少なくとも毎年1回，国会および国民に報告されなければならないことを定めている。

### 2　予算と財政投融資

　予算は，一会計年度における歳入歳出の予定的見積を主な内容とする国の財政行為の準則である。憲法は，「内閣は，毎会計年度の予算を作成し，国会に提出して，その審議を受け議決を経なければならない。」（86条）と定め，ここでも財政国会中心主義を貫いている。予算案は，内閣が作成し，内閣総理大臣

が内閣を代表して国会に提出する（73条5号，72条）。内閣提出の予算案に対して，国会は，廃除・減額・追加・増額などの修正権をもっている。もっとも，増額修正ができるかについては争いがあるが，財政国会中心主義を徹底させる観点からは，これも肯定されるべきものと思われる。

なお，予算の法的性格をめぐって，従来より，予算を内閣が作成する行政計画ととらえる見解（予算行政説），法律とは別個の国法の一形式であるとする見解（予算法形式説），予算は「予算」という名の法律のひとつであるとする見解（予算法律説）が出されている。これらのうち法形式説が通説であるが，財政国会中心主義からすれば，法律説が最も自然であり，今日有力となっている。

財政の事後的コントロールは，決算に対して，会計検査院の検査を経て，国会が審議・承認をすることによってなされる（90条1項）。

ところで，近年，国が保有する予算以外の資金を法人や事業などに投資・融資する，いわゆる「財政投融資」の現象が拡大している。これは，第2の予算といわれるほど膨大なものとなっているにもかかわらず，国会による統制は不十分なままである。さらに，国・地方公共団体が特定の事業を補助するために交付する資金である「補助金」や，隠れた補助金と呼ばれる「租税特別措置」についても，同様の問題が指摘されている。

## *4* 裁　判　所

### *1* 司法の意義

司法とは，一般に，広く社会に存在する各種の紛争のうち，法的な具体的な争訟について，法を適用し，その結果を宣言することによって，これを裁定する国家の作用をいい，この権能・権限が司法権である。その具体的内容は，国により，また歴史に応じて異なる。フランス，ドイツなどのヨーロッパ大陸諸国では，司法権は，民事および刑事の裁判権を指すもので，行政事件はこれに含まれず，司法裁判所とは異なる行政裁判所で裁判された。これに対して，英米では，司法権は，民・刑事のみならず行政事件についての裁判権を含むものと観念され，通常の司法裁判所がこれらすべての争訟を担当する方式がとられ

てきた。

　わが国では，帝国憲法は，大陸型の考え方に従い，司法権を民・刑事の裁判権に限定し，行政事件の裁判権を除外していた（61条）。これに対し，日本国憲法では，英米型の司法権観念の採用の下に，民・刑事のみならず行政事件の裁判も司法の範囲に含まれることになり（76条），通常裁判所が，「一切の法律上の争訟」（裁判所法3条）を裁判することになった。

## 2　司法権の帰属と裁判所の構成

　憲法は，76条において，「すべて司法権は，最高裁判所及び法律の定めるところにより設置する下級裁判所に属する。」（1項）とし，さらに特別裁判所の設置を禁止するとともに，行政機関が終審として裁判を行うことを禁止する（2項）。「特別裁判所」とは，特殊の人または事件に関して，一般的な司法権を行使する通常裁判所の系列の外に置かれる特殊の裁判機関をいう。帝国憲法はこれを明文で認めており（60条），行政裁判所・軍法会議・皇室裁判所などが設けられていた。

　現在，家庭裁判所は，家事事件・少年事件という特殊の事件のみを扱うが，通常裁判所の系列に属するもので，特別裁判所ではない。また，行政機関は，前審としてのみ紛争の裁定にあたることができるが，それは終審とされてはならず，常に裁判所に出訴する道が確保されていなければならない。なお，司法権を「すべて」裁判所に帰属させる原則に対する憲法上の例外は，国会の各議院が行う議員の資格争訟の裁判（55条）と弾劾裁判所による裁判官の弾劾裁判（64条）である。

　司法権を担当する裁判所は最高裁判所と，法律にもとづいて設置される下級裁判所とによって構成されるわけであるが，裁判所法が，この下級裁判所として，高等裁判所・地方裁判所・家庭裁判所・簡易裁判所の4種類を設けている。

　最高裁判所は，長たる裁判官（最高裁判所長官）とその他の14名の裁判官（最高裁判所判事）の計15名で構成される（79条1項，裁判所法5条）。長官は，内閣の指名にもとづいて天皇が任命し（6条2項），判事は，内閣が任命し（79条1

項）天皇が認証する（裁判所法39条3項）。天皇の任命・認証行為は，形式的・儀礼的なものにすぎず，内閣の指名・任命行為が実質的意味をもつ。この内閣による人選が，政治的に偏向するなど恣意的になされるときには，司法の独立など憲法上の原則を揺るがすことになる。最高裁の裁判官は，任期の定めはないが，70歳で退官する。最高裁の審理と裁判は，15名の裁判官全員によって構成される大法廷，または，5名ずつの裁判官による3つの小法廷のいずれかでなされる。法令の合憲性判断や判例変更をする場合には，大法廷が事件を担当する。

　下級裁判所のうち，高等裁判所は，裁判は原則として3人の裁判官の合議体で，地方裁判所の裁判は，事件によって1人の判事の単独または3人の判事（うち1人は判事補でもよい）の合議体で，家庭裁判所の審判・裁判は，原則として単独で，法律に特別の定めがあるときは3人の合議体で，それぞれ行われる。また，簡易裁判所は，簡裁判事で構成されるが，裁判は単独で行う。下級裁判所の裁判官は最高裁の指名した者の名簿によって内閣が任命する（80条1項）。その任期は10年であり，再任されることができる（同項）が，65歳（簡裁判事は70歳）で退官する。この再任については，再任するかしないかは指名・任命権者が自由に決定できるとの考え方もあるが，裁判官に強い身分保障を与えている憲法の趣旨から，再任することが原則であるというべきであろう。

## 3　裁判所の権限

　ひとつは，裁判権であるが，最高裁判所は，審級上の最高かつ最終の裁判所として，上告および特別抗告についての裁判権をもつ。高等裁判所は，原則として地裁・家裁・簡裁の第1審判決に対する控訴と，決定・命令に対する抗告とについての裁判権を有し，例外的に上告審あるいは第1審裁判所となる。地方裁判所は，通常の訴訟事件について第1審裁判所となり，また簡裁の判決および決定・命令に対する控訴および抗告について裁判する。家庭裁判所は，家庭事件の審判・調停，少年保護事件の審判をするほか，少年法の罪に関する訴訟についての第1審の裁判権をもつ。簡易裁判所は，訴額が少額な民事事件および軽微な刑事事件について第1審の裁判権をもつ。

　もうひとつに，裁判所は，司法行政権を付与されている。現行憲法の下で

は，司法権独立を保障する趣旨から，司法行政の権限は行政府から切り離されて司法府自身に帰属させられているのである。この権限は，最高裁だけでなく，下級裁判所も，自己またはその下級の裁判所に関する一定の事項について有しているが，裁判官・裁判所職員に対する人事権をはじめ，司法行政事務の主要な部分は最高裁が独占している。司法行政事務は，簡裁の場合を別にして，裁判官全員で組織する裁判官会議によって行われる。

## 4 司法権の独立と民主的統制

　裁判が厳正かつ公正になされるためには，裁判官と司法府が強い独立性を確保していること，すなわち「司法権の独立」が必須の前提となる。これは，専制君主などの権力者が司法を恣意的に扱って人の自由を侵害したことに対する抗議の歴史をとおして確立した，近代司法の最も主要な原則である。司法権の独立は，ひとつには，個々の裁判官が，良心と法に従うほかは何ものにも拘束されずに職権を行使すること（裁判官の独立），またひとつには，全体としての裁判所が，立法権・行政権から独立して活動すること（司法府の独立）の双方を要請するものである。わが国では，帝国憲法下で，立法府と行政権の制度・運用の立憲主義的性格があまりに貧弱であったことと対比して，司法権の独立は，比較的によく守られてきたといえるが，よく挙げられる大津事件（湖南事件。1891年）の経過も，裁判官の独立を犠牲にして司法府の独立を成就する類のものであったことに留意しなければならない。日本国憲法は，裁判官の職権の独立（76条3項）と身分保障（78条）を定め，司法行政権も最高裁を中心とする裁判所自身の手に委ねて（77条），司法権独立の原則を貫いている。

　裁判官の職権の独立については，憲法76条3項が，「すべて裁判官は，その良心に従ひ独立してその職権を行ひ，この憲法及び法律にのみ拘束される。」と定める。これは，裁判官が，自己の良心と法以外の何物にも拘束されず，他の権力からの干渉・圧力を受けることなく職権を行使することを保障したものである。ここにいう「良心」は，裁判官の個人としての人生観・世界観ではなく，あくまで裁判官としての良心を意味するものと考えなければならない。また，裁判官の身分保障については，78条が，裁判官は心身の故障のために職務

を遂行しえないことが裁判所自身によって決定された場合と、公の弾劾による場合のほかは、罷免されないことを定めている。「公の弾劾」とは、国会の設置する弾劾裁判所による裁判（64条）を指す。

このように、司法権は他の権力から独立していなければならないが、それが主権者である国民の信託によるものである以上、国民の意思から遮断されて独立しているものではない。また、その独立原則のゆえに司法権が独善化する傾向も生じやすい。ここに、司法権に対する国民による民主的統制の根拠と必要性がある。そのための主要な制度として、裁判の公開（82条）、最高裁判所裁判官に対する国民審査（79条2項・3項）が定められており、また、前述した、裁判官に対する弾劾裁判（64条）や司法権に対する議院の国政調査権（62条）も、この制度として機能する。さらに、陪審制やわが国の裁判員制度への期待も大きい。加えて、国民による裁判批判のもつ積極的な意義が評価されるべきであろう。なお、上記の裁判公開の原則には、法廷において傍聴人がメモをとる自由も含まれているが、最高裁は、ようやく近時に、これを裁判所の訴訟指揮権行使の一環として原則的に解禁するという見解をとるに至った（最［大］判1989年3月8日民集43巻2号89頁〔レペタ訴訟〕）。

## 5 違憲審査制

(1) **違憲審査制の類型**　議会が制定した法律が憲法に適合しているかどうかを議会以外の第三者機関に審査させる制度は、主に第二次世界大戦後に世界各国に拡がったものである。それは、裁判機関がこの審査を担当する制度と、裁判所的構成をもたない特別の機関による制度に大別され、かつてのフランス憲法院などは後者であるが、多くの国は前者、つまり裁判所による違憲審査制度をとっている。

そして、それには、通常の司法裁判所が具体的事件の解決にあたって、前提問題として、当該事件に適用される法令の合憲性を、原則としてその事件の解決に必要な限りで審査し、違憲とされた法令は当該事件への適用が排除されるにとどまるとする制度（付随的違憲審査制・司法審査制・憲法訴訟制、アメリカ型）と、通常裁判所とは別の、特別に構成された憲法裁判所が判断権を独占し、具

体的争訟の存在を前提とせず——その意味で抽象的に——法令自体の合憲性を審査し，違憲判断は当該法令を一般的に無効とする制度（抽象的違憲審査制・憲法裁判制，ドイツ＝オーストリア型）との，2 大類型がみられる。上記の，アメリカ型の本質的役割は，個人の権利保障に仕えるところにあるのに対し，ドイツ＝オーストリア型は，憲法秩序の客観的保護にその本質があるといわれている。ただ，最近では，この 2 大類型の間に顕著な合一化傾向がみられることが指摘されており，その点で，中間的な折衷型（スイス型）も注目される。

　わが国では，帝国憲法時代には，裁判所は，法律についてその制定手続の適否などを審査しうるのみで，実質的審査権を有していなかった。日本国憲法が，初めて違憲審査制を導入し，81条において，「最高裁判所は，一切の法律，命令，規則又は処分が憲法に適合するかしないかを決定する権限を有する終審裁判所である。」と定めた。この条文が前記 2 つの型のうちいずれを採用したものであるかについては，当初は，抽象的審査制と解する学説も有力に主張されたが，警察予備隊違憲訴訟の最高裁判決（最［大］判1952年10月 8 日民集 6 巻 9 号783頁）以来，実例において，わが国の制度を付随的審査制と解する立場が定着し，今日では学説でも通説となっている。なお，憲法81条は最高裁のみを挙げているが，これは，すべての裁判所が違憲審査権を当然に有する（76条 1 項）ことを前提として，とくに最高裁が終審としてこの権限を行使することを明らかにしたものである。実際の運用においても，下級裁判所も違憲審査権を行使している。

(2)　わが国最高裁——違憲判断の消極主義と憲法判断の積極主義　　わが国の裁判所，とりわけ最高裁の違憲審査権行使について最も顕著な特徴のひとつは，違憲判決（とくに法令を違憲とする判決）の極端な少なさである。すなわち，わが国違憲審査は日本国憲法とともに始まったのであるから半世紀を優に越える歩みをもつわけであるが，これまでに法律を違憲としたのは，尊属殺重罰規定違憲判決（1973年），薬局開設距離制限規定違憲判決（75年），衆議院議員定数不均衡配分規定に関する 2 つの違憲判決（76年と85年），森林法共有林分割制限規定違憲判決（87年），そして，21世紀になって，郵便法特別送達郵便物国賠限

定規定違憲判決（2002年），在外日本国民選挙権制限規定違憲判決（05年），国籍取得制限規定違憲判決（08年），非嫡出子相続分差別違憲判決（13年），再婚禁止規定違憲判決（15年）にすぎない（各判決は，それぞれの個所でとりあげているので参照のこと）。

こうした違憲判決の過少状況が物語るものが，わが国法令の憲法適合水準の高さではなく，最高裁の政治部門への過度の謙抑さであることを遺憾としなければなるまい。むしろ，最高裁は，下級審判決が合憲性に疑問を投げかけた法律や国家行為についても，それを覆して合憲の祝福を与える役割を果たしてきたのである。

したがって，同時に，最高裁は，憲法判断に踏み込むこと自体にはきわめて積極的である。朝日訴訟の大法廷判決が典型であるが，そこでは生活保護の被保護者が上告中に死亡したことで訴訟は終了したと判示しておきながら，最高裁は，「なお，念のために」として憲法25条の解釈に立ち入り，同条1項は具体的権利規定ではないとして，プログラム規定説に近い解釈論を展開している。――こうした，憲法判断それ自体は積極的で，それにもかかわらず違憲判断には消極的であるという双方の特徴が相まって，わが国最高裁の際立った政治的性格を形づくっているといえよう。

(3) **違憲審査の要件**　わが国では，違憲審査＝憲法訴訟の手続を独立させて定めた制度は設けられておらず，憲法違反が主張される事件についても，通常の民事・刑事・行政事件の各訴訟手続のいずれかによって訴えが提起され，審理・判決がなされる。したがって，憲法訴訟として成立するには，その訴えが，まず，先に挙げた民事・刑事・行政事件各訴訟法の定める訴訟要件を充足していること（A）が必要であり，その上で，憲法上の争点を提起する適格という，憲法訴訟に固有の要件を充足していること（B）が要求される。

すなわち，Aに属する事柄（いわゆる「司法判断適合性」の内容をなすもの）として，当該紛争が当事者間に法を適用することによって解決可能な具体的紛争（裁判所法3条のいう「法律上の争訟」）であることを求める「事件性」，訴えを提起し裁判所の判断を要求する資格としての「原告適格」（当事者適格），訴訟を

提起するに足る法的利益としての「訴えの利益」，当該訴訟が司法判断を下すのに適するほどに熟していなければならないとする「成熟性」などが挙げられる。これらはすべて，通常の各訴訟を提起するための要件である。それで，Bの意味での当事者適格，つまり憲法上の争点を提起しうる資格を有していることこそが憲法訴訟固有の要件となるが，それをめぐっては，これまで，判例・学説の上で，特定の第三者の憲法上の権利を援用して法令の違憲を主張する事例と，自己には合憲的に適用されている法令についてそれが不特定の第三者に対しては違憲的に適用されうるとしてその違憲をいう事例が論じられてきた。

このうち前者の事例としてとくに著名なものは，いわゆる第三者所有物没収事件である。それは，密輸出を企てた者（被告人）が，当時の関税法によって船舶と貨物の没収処分を受けることになったところ，貨物の中に同人以外の者（第三者）の所有に属するものが含まれていたため，これをこの第三者に弁解や防禦の機会を与えないまま没収することは憲法29条・31条に違反するとの主張をした事件であるが，最高裁は，それまでの判例を変更して，被告人に違憲の争点を主張する適格を認めた（最[大]判1962年11月28日刑集16巻11号1593頁）。

(4) **違憲審査の対象** 違憲審査の対象となるものには，81条が掲げる「法律，命令，規則又は処分」のほか，条約，条例，判決など，すべての国家行為が含まれる。したがって，国家機関，とくに立法府の不作為も，また国の私法上の行為も対象となりうる。

裁判所の違憲審査権行使には，この制度の本質上，一定の要件と制約がある。まず，わが国の制度が付随的審査制度であることから，裁判所の憲法判断を求めるには，先に述べたように，当該紛争が当事者間に法を適用することによって解決可能な具体的紛争（「法律上の争訟」）でなければならないという事件性の要求を充たした上で，違憲の争点を提起するための適格を具えていなければならない。また，裁判所以外の各国家機関の自律権や裁量的判断に委ねられるべき事項に対しては，裁判所の審査権は原則として及ばない。ただ，この点に関して，こうした事項を含む雑多な事柄を，「高度の政治性を有する国家行為」という漠然とした概念でひとくくりにして，そのすべてを違憲審査権の対

象からはずす，いわゆる「統治行為論」が有力に主張されているが，これは，すべての国家行為を憲法秩序の下に置こうとする違憲審査制度の趣旨に反するものとして，わが国憲法の解釈にあたっては採用すべきではない。

　さらに，国会・地方自治体・会社・大学・宗教団体・政党等々，自律的な法秩序をもつ社会ないし団体について，これらを一括して「部分社会」ととらえ，その内部における紛争については，それが法律上の争訟であっても司法審査の対象としないとの，いわゆる「部分社会の法理」が，判例上採用されている（たとえば，最判1977年3月15日民集31巻2号234頁）。しかし，この法理は，旧来の特別権力関係論を私的団体にも拡げる働きをすることにもなるのであって，問題が多い。また，国が財産権主体（「国庫」）としてふるまう行為（たとえば，自衛隊基地拡張のための土地取得を，収用でなく買入れの方式をとる場合）を，公権力の行使にあたらず私法上の行為に過ぎないとして違憲判断をしない判例（前出・百里基地訴訟の最判1989年6月20日民集43巻6号385頁，第Ⅰ章**54**参照）があるが，実質が土地収用であることをみないものといわざるをえない。

　(5)　**違憲審査の基準**　　憲法訴訟が実体審理に進んだ段階で，裁判所が法令の合憲性を審査するについての技術，すなわち審査基準と審査方法には，論じられるべき問題が多く含まれている。これは，判例上形成されてきたものであり，とくに人権規制立法の違憲性が争われた判例の中で具体的に展開されている（本書第1部でも，人権を論じた第Ⅱ章で個別に触れており，参照を請う）から，ここでは，主要な点を整理する形で述べておきたい。まず，「基準」については，つぎの点が重要であろう。

　人権を制約する法令の合憲性審査にあたっては，制約対象とされているそれぞれの人権の性格・態様に具体的に即した審査基準が用いられなければならないことは当然であるが，わが国最高裁は，永く，「公共の福祉」の概念を，問題となる人権の性格などをまったく考慮することなく用いることによって，争われている法令を合憲と認めてしまう仕方を常例としていた（第Ⅱ章**14**参照）。これは，今日でもなお根絶されているとはいえないが，とくに1960年代半ばまでの最高裁判例に顕著にみられた状況である。

こうした状況の中で，外国，とくにアメリカの判例理論に影響されつつ，違憲審査の基準論が説かれることになる。すなわち，まず，国民代表議会たる国会の制定した法律は一般的に合憲の推定を受け（「合憲性推定の原則」），裁判所は，明らかに違憲と判断できるような誤りがない限り違憲の判断をすべきでないとする「明白性の原則」が出発点とされる。この原則は，規制目的が一応正当であり規制手段がそれと合理的関連性を有しているなら当該法令は合憲とされるという「合理性」の基準や，立法府の行為についてはその踰越・濫用の場合を除いて司法判断は及ばないとする立法裁量論と結びついている。しかし，こうした審査基準に無条件に従うときには，法令が違憲とされることはほぼ皆無に等しいものとなり，人権保障の実を挙げることはできない。

そこで，どのような領域においてもこれを用いるというのではなく，精神的自由，とりわけ表現の自由の領域を経済的自由の領域と区別し，そこでは合憲性推定の原則は排除され，むしろ，憲法上高い価値を与えられているこの自由を規制する立法に対しては違憲性が推定されるとする「二重の基準論」が成立した。すなわち，それは，精神的自由規制立法の審査の際には，「明確性の原則」・「過度に広汎であるゆえに無効の原則」・「より制限的でない他の選びうる手段（LRA）の原則」・「明白かつ現在の危険テスト」などの「厳格審査」基準（規制目的は必要不可欠なものであり，規制の手段は目的を達成するための必要最小限度のものに限定されることを要求する基準）や，また場合によっては，規制目的が重要なものであり，規制手段が目的の達成に実質的な関連性を有することを要求する「厳格な合理性」の基準が適用されるべきである，と説く法理である（参照，第Ⅱ章**3 2**(4)⑥）。

他方，経済的自由領域にかんしては，伝統的な二重の基準論の下では，その規制立法の合憲性審査は，たんなる「合理性」の基準によって行ってもよいと解されていたが，近年，より緻密な判断基準の設定に向かう傾向がみられる（参照，第Ⅱ章**3 3**(1)）。

人権を規制する法令について，その規制態様に着目して，一方で積極的規制と消極的規制の区別，他方で直接的規制と間接的（付随的）規制の区別を設定し，それぞれの組合せでできる規制の各類型にもとづいて違憲審査基準を設定

しようという主張もみられる。それによれば，現代の典型的な規制タイプである積極的かつ付随的規制方式をとる法令は，その規制対象がたとえ精神的自由であっても，一律に「合理性」の基準によって合憲性審査をすれば足りるとされる（これを実際に用いた代表例が，前出・猿払事件上告審判決〔第Ⅱ章**3 2**(4)⑥〕である）。こうした主張は，価値中立的な技術論であるという以上に，現代社会における精神活動の自由を統制するのに適したものであるといわざるをえない。違憲審査基準を具体化・緻密化していくことは，今日の憲法学にとって積極的な意味をもつ課題であるが，その際，つねに，違憲審査は人権保障のためにこそ設けられたものであることが忘れられてはならない。

なお，近年，ドイツの憲法裁判で用いられてきた「三段階審査の手法」が，わが国違憲審査にも妥当するものとして，広く主張されるようになっている。それは，個人の自由と国家の介入とを対置し，国家の介入が正当化されるには次の3つの段階にわたる審査がなされなければならない，とするものである。すなわち，第1に，基本権によって保護された行為・状態の領域を画定する段階（基本権の保護領域），第2に，そこに介入し，基本権を制限する国家行為を確認する段階（基本権制限），そして第3に，その基本権制限を憲法上の要件に照らして正当化できるかどうかを問う段階（基本権制限の憲法的正当化）であり，基本権制限は，それが正当化できないとその存立自体が許されない。——このような「三段階審査の手法」は，本書で取り上げている憲法訴訟の理論と両立しうるものとして，相補的に扱ってよいものと考える。

(6) **違憲審査の方法**　違憲審査の「方法」の分野には，つぎのような論点が含まれている。

① **憲法判断の回避**　付随的審査制の下では，憲法判断は，具体的事件の解決に必要な限りではなされるべきであるとの「憲法判断回避の準則」が導かれる。わが国の裁判例では，恵庭事件判決（前出。第Ⅰ章**5 4**）があり，公判では自衛隊の違憲性が審理されたにもかかわらず，判決は，被告人の行為は同法の定める構成要件に該当しないから無罪であり，そうである以上憲法問題については判断すべきでないとした。しかし，これでは，違憲審査制に期待される違

憲法令の排除という役割が十分遂行できないことになり，したがって，この準則を原則として承認しつつも，裁判官はその裁量的判断によって場合に応じて憲法判断に踏み切ることが認められまた求められるとする考え方が，支持を得ている（前出・長沼訴訟第 1 審〔第Ⅰ章 **5 4**〕は，この立場に立つものである）。

② 合憲解釈　憲法判断そのものは回避しないが，法律の解釈が複数成り立つ場合には，憲法に適合するほうの解釈をとって違憲の判断を避けるという手法，いわゆる「合憲解釈のアプローチ」が用いられることがある。つまり，ある法律を広義に解釈すると違憲と評価されるが，それを限定的に解釈することも可能であって，そうするならば合憲と評価される場合，後者を採って当該法律を違憲の疑いから救出するというもので，「合憲限定解釈」ないしたんに「限定解釈」とも呼ばれる。わが国最高裁は，先に述べた（第Ⅱ章 **4 5**(3)）公務員の労働基本権を制限する法律の合憲性が争われた諸事件において，全逓東京中郵事件判決（前出。第Ⅱ章 **1 4** 参照）などをはじめとしてこのアプローチを採用し，労働基本権救済の実を挙げたが，数年後の全農林警職法事件（前出。第Ⅱ章 **4 5**(3)）でこれを否認している。

③ 比較衡量（利益衡量）　人権の価値とこれを制約することによって得られる利益の価値とを比較して，当該人権制約立法の合憲性を判定する手法である。最高裁の判例史においては，「公共の福祉」を抽象的な不確定概念として持ち出す手法に代わるものとして（もっとも，その中には正当に用いられていない例も少なくないが）登場している（参照，第Ⅱ章 **1 4**）。

④ 立法事実論　裁判の過程では，通例，まず，当該事件にかかわる個別的具体的事実，すなわち司法事実（ないし判決事実）の認定がなされ，その認定された事実に法律が適用されることになる。しかし，憲法訴訟においてこの適用されるべき法律の違憲性が主張されている場合には，裁判所は，上の作業に加えて，この法律の制定を根拠づけその必要性・合理性を支える広範な社会的・経済的等々の一般的事実（立法事実）の存否を審査しなければならない。したがって，まず，立法者が設定した目的と立法者において認識された一般的事実との間に合理的関連性がなければ，立法を支える事実が存在しないことになり，当該立法は違憲とされる。さらに，立法者が選択した規制手段につい

て，これが立法目的達成のために適合的なものであるか否かが審査され，そして，精神的自由に対する規制立法が問題になっている場合には，その規制手段は立法目的達成のために最も制約的でないものでなければならず，そうでなければ当該立法は違憲の判定を受ける，という形で先（第Ⅱ章**3 2**(4)⑥）に挙げた「LRA」の原則と結びつく手法である。

⑤　法令違憲と適用違憲・運用違憲　「法令違憲」は，裁判所が，争われている法令（またはその特定の条項）について違憲の判断をする場合，その法令・条項そのものを違憲・無効とする仕方であり，違憲審査権発動の最も明瞭な形態であるといえる。しかし同時に，付随的審査制は，法令自体を違憲とするのではない仕方で事件の処理が可能であるときには，それによるべきであることをも示唆している。そこから，「適用違憲」や「運用違憲」の方法がとられることになる。このいずれも，法令そのものは合憲であるとしつつ，前者は，法令が当該事件の当事者に適用される限度において違憲であるとする方法であるのに対し，後者は，法令の運用の実態に注目してこれを検討してその運用が違憲と判断されるとき，争われている措置がこの運用の一環としてなされているものであるならば，当該措置を違憲無効とする方法である。

(7)　**違憲判決の効力**　裁判所によってある法令の規定が違憲と判断された場合，その規定は無効となるが，その効力は当該事件にのみ及ぶのか（個別的効力説），それとも当該事件を越えて一般的に無効になるのか（一般的効力説）をめぐっては，従来より学説が対立してきた。付随的審査権は具体的争訟の裁定に即してのみ行使されることや，法令違憲の判決に一般的効力が認められるとそれは一種の消極的立法作用となって憲法41条の趣旨に反することなどの点から，今日，個別的効力説が通説となっている。

固有の前史をもつことなく日本国憲法により導入されたわが国違憲審査制も，70年を超える歩みを刻んだ。とくに最高裁の姿勢は，政治部門への協働を基本とするものであり，それゆえ，憲法判断それ自体についての積極主義と，反面での，違憲とすべき法律を違憲と判定することにおける極度の消極主義とに彩られている。司法制度の改革は常に課題となっているが，こうした半世紀

余の最高裁憲法判例の正確な総括こそ，正しい改革の前提である。

## 5 地方自治

### 1 地方自治の意義

　地方の政治は主権者である地域住民自身の意思にもとづいて行われるべきである，という地方自治の原則は，国民主権の重要な柱をなしている。歴史的にも，主に欧米では，自主的にその地域の事務を処理する共同体の存在が中央政府の形成に先行していた事実も少なくなかった。わが国の場合，こうした歴史的背景を一般的には欠いているにしても，《地方自治は民主主義の小学校である》といわれているとおり，地域の政治は，中央政府から自立して，住民の手によって運営されるのに適したものであるから，地方自治を保障することは民主主義の必然的な要請であるといえる。わが国では，帝国憲法は，地方自治の保障をまったく含まないものであったが，日本国憲法がはじめてこれを憲法的に保障し，とくに第8章として「地方自治」と題する章を設けて，4か条の規定を置いた。そして，憲法に附属する基本法としての位置にあるものとして，地方自治法が，憲法と施行の日を同じくして制定された。

　憲法は，第8章冒頭の92条で，「地方公共団体の組織及び運営に関する事項は，地方自治の本旨に基いて，法律でこれを定める。」と規定する。この「地方自治の本旨」は，地域の公共事務はその地域の住民の意思によって決定・処理されるべきこと（住民自治）と，この住民自治を実現するために地域住民が団体を結成し，その団体が国から独立した法人格をもって事務を処理すること（団体自治）の2要素より成る，とされるが，地方自治保障の本質をどのようにとらえるかについては，学説は従来より大きく分れている。すなわち，地方自治体は自然人の基本的人権と同様に固有の権利として自治権を有すると説く「固有権説」と，国家からの権限委譲によってはじめて一定の権限を有するとみる「伝来説」が対立し，その中で，伝来説に属しつつも，歴史的・伝統的に形成された地方自治の核心部分は法律によっても侵害されえないとする「制度的保障説」が通説的地位を占めてきた。しかし近時，国民主権と人権保障とい

う憲法原理に立脚して地方自治保障の内容を決定しようとする見解が有力に主張され、そうした傾向の中で、制度的保障説も、憲法による保障範囲を広く解釈する方向で変容をみせている。

## 2 地方自治体の種類と組織

憲法は、地方自治体の種類について直接には定めていないが、地方自治法が、地方公共団体を普通地方公共団体と特別地方公共団体に分け、前者として都道府県および市町村、後者として特別区、地方公共団体の組合、財産区および地方開発事業団を挙げている（1条の2）。このうち、市町村はもちろん、都道府県も憲法上の地方公共団体にあたると考えられ、憲法は、2段階の地方自治保障をしているものと解される。この点で、東京都の特別区について、最高裁（最[大]判1963年3月27日刑集17巻2号121頁）が、特別区は憲法93条の予定する地方公共団体ではないから区長公選制を廃止しても違憲でないと判示したことがあるが、正しくない。東京都の特別区は、市町村と並ぶ憲法上の地方公共団体であり、その区長公選制は、住民運動を背景にして、のちに復活している。なお、都道府県にかえて、「道州制」などの広域的な団体を設けることは、それが住民自治を不可能にするほど広域のものであるときには、憲法の許容しないものと解される。

今日、自治体の広域再編、とくに市町村合併が大きな流れとなっている。「市町村の合併の特例に関する法律」（合併特例法）の下、政府挙げての課題として合併が推進され、1999年から特例法廃止の2010年3月までの間に、市町村は3232から1730に減少した。「平成の大合併」である。基礎的な自治体である市町村は、まさに住民生活の場であり、住民自治の成り立つ基盤である。したがって、その形や大きさをどのようなものとするかは、住民の現在と将来の権利・利益に直結するものであって、住民自身が決定すべき事項である。合併特例法は、合併を進めるための協議会の設置についてのみ住民の直接請求を認めているが、これは正しくなく、合併そのものの是非を住民投票によって決定することが妥当であろう。

地方自治体の組織については、憲法93条が、「地方公共団体には、法律の定

めるところにより，その議事機関として議会を設置する。」（1項），「地方公共団体の長，その議会の議員及び法律の定めるその他の吏員は，その地方公共団体の住民が，直接これを選挙する。」（2項）と規定し，地方自治法がこれを具体化している。それによって，都道府県と市町村の議事機関（議決機関）としてそれぞれの議会が，また執行機関としては都道府県には知事，市町村には市町村長が置かれ，議会議員のみならず執行機関の長（首長）もまた，住民の直接選挙によって選出されることとなった。この二元代表制は，議院内閣制をとる国政の場合と異なり，議会と首長を原則として対等な関係に置き，相互の抑制と均衡によって地方自治の運営にあたる制度で，大統領制と同質のものであるといえよう。

### 3 地方自治体の事務と権能

日本国憲法の制定によって地方自治が憲法的保障を受けることになった以上，地方自治体行政の担当事項，すなわち「事務」は，本来，地方自治体自身の事務を中心に形づくられるべきものであるが，地方自治法は，国と地方自治体との間の事務配分に関して，この要請に十分には応えていない。つまり，これまで，地方自治体は，自治事務のほかに，本来主として国の事務でありながら，それを委任されて執行するという，戦前の中央集権的行政の時代から変わらない「機関委任事務」を負担させられていた。それが，1999年の地方自治法抜本改正（2000年施行）で改編され，一部分は廃止または国の直接執行となり，他の部分は，自治事務または「法定受託事務」として地方自治体が執行することになった。こうして，「機関委任事務」という類型自体はなくなり，自治体の事務は，自治事務と法定受託事務の2種類構成になったが，国の地方自治体に対する強い統制のしくみが残されており，しかも十分な財源措置が講じられていない。「地方分権」にとどまらない真の「地方自治」の確立はなお課題である。

地方自治体の権能に関しては，憲法94条が，「地方公共団体は，その財産を管理し，事務を処理し，及び行政を執行する権能を有し，法律の範囲内で条例を制定することができる。」と定める。これは，国から自立的な統治団体とし

て位置づけられた地方自治体に，団体自治の理念に即して，司法権を除く広範な権能を保障したものであり，そこに含まれるものは，①地方自治体が自主法としての条例および規則を制定しうる自治立法権，②自主法によってその組織の編成・運営を行いうる自治組織権，③事業の経営・施設の管理などの非権力行政にとどまらず，警察・統制などの権力行政を含めた広範な行政を自治事務として執行しうる自治行政権，および，④独自に地方税等を賦課・徴収して地方財政の自主性確保をはかることのできる自治財政権，の4種である。

　そのうち，地方自治体の条例制定をめぐっては，憲法94条が「法律の範囲内で」としていることとかかわって，法律との関係が論議されてきた。すなわち，従来は，国の法令が明示的または黙示的に先占している事項については法律の委任がない限り条例を制定しえないとする「法律（国法）先占論」が支配的であった。しかし，1960年代以降の高度経済成長の中，公害による環境破壊が進行する状況下で，国の法令が定めるよりも強い規制手段や高次の規制基準を定める「上乗せ条例」や法令が指定する以外の地域・施設をも対象にして規制を行なう「横出し条例」が，いくつかの地方自治体で定められるようになった。学説上も，公害規制行政など国民の生存権保障を目的とするものについては，国の法令による規制は，地方自治体の条例による規制を抑圧するものではなく，全国的・全国民的見地からする規制の最低基準（ナショナル・ミニマム）を示すもので，条例で公害をより厳しく規制することはむしろ憲法の要請に合致する，との見解が有力である。

## 4　住民の権利

　地方自治の主人公，もっとも基本的な担い手は，地域の住民である。憲法と地方自治法は，国政の場合にはみられない直接民主主義的な権利を含めて，住民の政治参加のための多様な権利を保障している。まず，(1)投票権・請願権に属するものとして，①選挙権，②住民投票の権利，③請願・陳情の権利が挙げられ，また，(2)直接請求制度として，①条例の制定改廃の請求，②事務の監査請求，③議会の解散請求，④議員・長などの解職請求があり，さらに，(3)住民監査請求と住民訴訟などが定められている。これらのうち，住民投票制度につ

いては，近年，住民の運動によって各地で住民投票条例がつくられ，産業廃棄物処理場，米軍基地，市町村合併などをめぐって，住民自治にとって貴重な成果を挙げている。

住民投票は，住民の意思によって地域の重要事項を決定するという，直接民主主義の理念にもとづく重要な制度であるが，二元代表制を補完するものとして位置づけられる。したがって，住民投票によって示された住民の意思は，自治体の議会ないし首長を義務づけることにはならず，「尊重」されるべきものとして扱われるのが通例である。また，住民投票には，独裁的な政治家の出現や独断的な政策の遂行を正当化する手段（いわゆる「プレビシット」）として用いられる危険性が内包されていることにも留意しておきたい。

さらに，今日，自治体行政の決定・執行過程への「住民参加」の現象が大きな注目を集めている。それは，住民参加が議会制民主主義を補完するなどの重要な機能を果たしうるものであることによるが，そのためには，情報公開制度，住民と議会の意見を整序する手続などが整備されていなければならない。

## 6 最高法規

### 1 国法の諸形式と効力

日本国憲法98条1項は，「この憲法は，国の最高法規であつて，その条規に反する法律，命令，詔勅及び国務に関するその他の行為の全部又は一部は，その効力を有しない。」と定めて，憲法の最高法規性を明確に宣言している。憲法が国法体系の頂点に位置する最高法規であるとの観念は，歴史的には，絶対君主の権力に対する「法の優位」の思想に由来し，後に近代立憲主義の原理に不可欠のものとして普遍的に承認されている。外見的立憲主義憲法では，憲法が君主の権力のすべてを統制する位置になく，わが国帝国憲法も実質的に最高法規性をもつものとは到底いえなかった。これに対して，日本国憲法は，第10章を「最高法規」と題して，97条で憲法の目的が人権の保障にあること，98条で，それゆえに憲法は最高法規性をもつこと，そして99条で，天皇など公務員はそうした憲法の尊重擁護義務を有すること，を定めたものである。

国法秩序は、憲法を頂点とする各種の法規範の階層的な構造をなしている。すなわち、これらの各種法規範は、憲法および憲法改正、法律、予算、命令、議院規則・最高裁判所規則、条例などの形式で存在している。国法の効力にかかわって、憲法に抵触する条約が締結された場合に憲法と条約のいずれが優位するかがひとつの問題となり、憲法優位説と条約優位説との対立がある。わが国では前者が通説であるが、もとより、これも、違憲の条約が国内法的に無効であるとするにとどまり、国際法的効力まで有しないというものではない。

## 2 憲法の改正

憲法は、国家の基本法であり、とくに近代憲法は人権保障を根本理念とするものである以上、その安定が強く求められる。しかし同時に、憲法は、特定の歴史的条件に規定されてつくられるものであるから、時とともに進展する社会現象や国民の意識との間にたえまのない緊張関係をもつことになる。また、民主主義国家においては、憲法はその時代の国民の意思によって支持されていなければならないから、制憲当時の国民が将来の国民までも永久に拘束することは背理である。こうした点から、近代憲法は、自らを硬性憲法としつつ、同時に、改正手続を自身の中に定めるのを通例としている。日本国憲法は、96条で、「この憲法の改正は、各議院の総議員の３分の２以上の賛成で、国会が、これを発議し、国民に提案してその承認を経なければならない。この承認には、特別の国民投票又は国会の定める選挙の際行はれる投票において、その過半数の賛成を必要とする。」とし、改正の可否決定を最終的に国民意思に委ねる、国民主権原理に忠実な手続を設けている。

憲法改正に限界があるかどうか、すなわち、憲法改正手続をふまえても法理上改正できない部分があるかどうかについては、学説上争いがある。少数説は、法が社会の変化に対応して変わるべきものであることを強調して、改正には限界がないことを主張するが（無限界説）、通説的には、憲法の基本原理を定めた規定は改正対象とすることができないと解されている（限界説）。限界説には、憲法制定権力の概念を用いて、憲法制定権力によって創設された憲法改正権限はこの制憲権力の自己規定である主権の所在を定めた条項（およびそれと

不可分の基本原理を定めた条項）を変更することは背理であると説く立場や，自然法論に立脚して，国民主権・基本的人権保障などの自然法的規定ないし根本規範の改正不可能をいう理論などがある。わが国憲法に関しては，国民主権・基本的人権保障・恒久平和主義という基本原理については，その本質的内容を失わせるような改正はできないといわなければならない。

　2000年1月に，5年間の活動を目処にして，衆参両議院に憲法調査会が設置された。それは，国会法（102条の6）にもとづいて，「日本国憲法について広範かつ総合的に調査を行うため」に設けられたもので，発足時の申合せによって，「議案提出権がない」ことを確認して発足した。このことは，1956年の同名の「憲法調査会」が，内閣の機関で，かつ憲法改正の議案提出権を認められていたのとは大きく異なる。しかし，実際にはこの拘束に反して，憲法改正のための審議機関の様相を呈し，とくに衆議院憲法調査会が2003年11月に提出した中間報告書，および，衆・参の憲法調査会による2005年4月の最終報告書は，いずれも改憲への志向を明確に示すものとなっている。

　そして，2007年には，「日本国憲法の改正手続に関する法律」（改憲手続法）が成立した（5月18日。「国民投票法」という呼称は正当ではない）。安倍晋三内閣の下，自民・公明両党の強行採決の産物である。3年後の2010年5月18日から施行されている。

　同時に，改憲手続法制定とともになされた国会法改正で，改憲原案の審議から国民に向けての改憲案の発議までを担う「憲法審査会」が衆参各院に設けられた。それを現実に動かすための審査会規程については，参議院は，衆議院の方はすぐに制定されたのとは異なって，2010年まではつくられずに来たが，同年10月19日，参議院の民主党・自民党の間でこれを早期に制定させる合意をした。こうして，憲法改正のための環境は整いつつあるといわなければならない。

## 3　憲法の変動

　憲法自身の予定している憲法の変更は，先に述べた憲法改正である。しかし，実際には，改正手続によることなく憲法秩序に変動が加えられる場合があ

る。すなわち、①既存の憲法をその基礎である憲法制定権力まで含めて廃絶する「憲法の廃棄」（革命）、②憲法制定権の所在を変動させずに既存の憲法を排除する「憲法の排除」（クーデタ）、③憲法の中の特定の条項を個々の例外的な場合に侵害する「憲法の破毀」、④憲法の一部の規定の効力を一時的に失わせる「憲法の停止」がそれである。

上記の諸形態とは別に、「憲法の変遷」が論議の対象となる。これは、憲法条文の変更を伴うことなく、国家機関の有権解釈や慣行などによって、実質的に憲法の改正が行われたに等しい状態が生じることを示す概念である。近時、憲法9条に関してこの「変遷」があったとする学説が出されているが、仮に憲法変遷の概念それ自体を肯定する立場に立ったとしても、9条に関しては、裁判例も自衛隊合憲の態度で一致しているわけではなく、「変遷」の成立を認めるのは困難であるといわなければならない。

## 4　憲法の保障

国の最高法規である憲法が、その存立と安定性を守り、規範力を維持するための措置を講じることを、「憲法の保障」という。憲法保障の形態には、憲法の侵害を未然に防ぐための予防的保障と、現実に侵害された場合に事後的に憲法秩序を回復する匡正的保障の2つがある。日本国憲法が予定している措置は、前者に属するものとしては、最高法規性の宣言（98条1項）、憲法尊重擁護義務の宣言（99条）、憲法改正手続を厳格なものとしていること（96条1項）、権力分立制の採用、などであり、また、後者に属するものとしては、違憲審査制度（81条）が挙げられる。

なお、これに関して、戦争や大規模災害などの非常事態に対処するため、平時の法制の制約を超えて、権限を権力担当者に集中させることによってつくり出す例外権力としての「国家緊急権」が問題となる。国家緊急権とは、やや詳しく定義するなら、戦争・内乱・経済恐慌・大規模自然災害など、国家体制の維持・存続を脅かす重大な事態（非常事態、緊急事態）に際して、平常時の立憲主義的な統治機構とその運用をもってしてはこれに対処することができないという場合に、国家権力が、立憲主義的な憲法秩序に背いて、とくに政府への権

力集中・軍部の権限強化を伴う措置（非常措置，緊急措置）をとることができる権能をいう。これは，憲法秩序を危機から救済することを目的ないし名目にするものではあるが，そのために立憲主義を一時的にせよ停止させるという究極の権能である。2003年および2004年に制定された有事法制（第Ⅰ章**55**参照）は，この国家緊急事態を前提にしたものである。しかし，日本国憲法は立憲主義の枠内での措置である参議院の緊急集会制度（54条2項・3項）を設けるにとどめており，本来の国家緊急権については，沈黙の態度をとることでこれを否認しているものといわなければならない。

　結局，わが国憲法は，憲法の最後の番人である国民による抵抗権に裏打ちされた憲法擁護の努力こそ憲法を保障する究極的な力であるとの，国民への信頼に立った憲法だということができよう。

[以上第1部・小 林　　武]

# 第2部
# 日本国憲法の眼で政治を検証する

◇

　この第2部では，日本国憲法の現在がさまざまな実際の事例に則して解説されている。必要に応じて第1部の関係箇所を参照しつつ，読みすすめてもらいたい。またそのことを通じて，新聞報道等から憲法問題を自ら見つけ出し，憲法のどの条文の問題かを考え，憲法の基本原理やさまざまな条文に照らして，どのように考えるべきか，その道筋を習得していただければ思う。

# 第Ⅰ章　平和憲法の「いま」

## 1　平和憲法70年の意義——政権党による9条改憲をどうとらえるか

- 関係法令：安保法制各法律（安全保障関連法）
- 憲法条文：9条，前文（平和的生存権）→ 第1部Ⅰ章 **5**

[事　例]　「安保法制違憲訴訟」全国に広がる

　安全保障関連法（以下，「安保法制」）は，憲法解釈の変更による集団的自衛権行使の容認や国連平和維持活動（PKO）拡充を柱とし，自衛隊法や事態対処法など10の法改正を一括した「平和安全法制整備法」と，自衛隊による他国の後方支援を認める「国際平和支援法」から成るものであるが，2015年9月に成立し，16年3月より施行された。これを憲法9条違反だとして，市民らが国家賠償や自衛隊出動の事前差止めを求めて集団訴訟を各地で提起している。

　国側は国家賠償請求を棄却し，差止めについては「法律上の争訟性がなく裁判所の審査の対象にならない」などとして却下するよう求めている。訴訟を支援する「安保法制違憲訴訟の会」の弁護士らは，こうした門前払いを避ける方法を検討。「市民は憲法に反する安保法制によって平和的生存権を侵害され，精神的苦痛を受けた」との主張も出される。これまでに，3500人が原告となり，東京，大阪など全国11地裁に集団訴訟が提起されている。

　また，集団訴訟ではないが，関東地方の陸上自衛官が，同法にもとづく出動命令に従う義務がないことの確認を求めて東京地裁に提訴し，「1993年の入隊時，集団的自衛権の行使を伴う命令に従うことに同意しておらず，出動義務はない」と訴えている。これも注目される訴訟である（毎日新聞2016年11月17日付による）。

### 1　平和憲法の成立と政府解釈の変転

　日本が引き起こした15年戦争は，アジアで2000万人以上，国内でも300万人以上の犠牲者を出しながら，アメリカによる広島・長崎への原爆投下の惨劇まで

続けられた。日本国憲法は，この事実への痛切な反省に立って，9条で，「日本国民は，正義と秩序を基調とする国際平和を誠実に希求し」て，戦争を放棄し，戦力と交戦権を否認することを定め，加えて，それと両輪をなす人権として，「平和のうちに生存する権利」（平和的生存権）を全世界の人々が有することを確認した。それで，憲法制定時には，政府も，9条は自衛のためのものも含めて一切の戦争と戦力保持を禁じている，と正当に解釈していた（非武装平和主義論）。これが変化したのは，政治的必要に対応させるためであった。

すなわち，1950年，朝鮮戦争の勃発で出されたマッカーサー指令により再軍備の方向へと転じて警察予備隊が創設されたが，政府は先の解釈を変えずに，警察予備隊は警察力を補うもので「戦力」にはあたらないと弁じた（警察力論）。そして，それが，1952年に保安隊および警備隊へと拡張したときも，「戦力」を，近代戦争遂行能力をもつものと定義して，保安隊・警備隊はそれに該当しないとの論理で合憲性を弁証しようとしていた（近代戦争遂行能力論）。しかし，1954年，自衛隊へと展開した時点で，政府は，自衛戦力合憲論に明確に転じることになる。そのうちで，主に主張されるのは，国家には本来自衛権が認められており，自衛のための必要最小限度の実力である「自衛力」をもつことは9条の下で許される，という趣旨の論理である（自衛力論）。そして，その後，この「自衛力」概念が拡大されつづけたのである。

## 2 集団的自衛権行使容認への踏み越え

自衛隊は，とくに1990年代以降，アメリカに追随しつつ海外派遣を行う姿勢を強めていく。そして，2000年代に入る頃から，武力行使を伴う海外「派兵」といえるものへと進行する。ただ，2014年までは，集団的自衛権の行使容認にまで踏み出すことはなかった。軍事力強化を進めてきた歴代政府も，個別的自衛にとどまることが憲法の命令であると解してきたからである。

集団的自衛権とは，わが国が他国から攻撃を受けていないにもかかわらず，わが国の同盟国（アメリカ）が他国と戦闘状態に入ったとき，わが国もその国を攻撃するというものである。平和憲法をもつわが国の政府は，それまで，再軍備に乗り出し，それを増強させながらも，自衛隊は個別的自衛権にもとづく

専守防衛の軍隊であり，集団的自衛権の行使はせず，そうであることで合憲の存在だと説明してきた。この見解は，半世紀以上にわたって変わることなく，確立したものとなっていた。それを，2014年7月1日の閣議決定とそれにもとづく2015年9月19日成立（施行は2016年3月29日）の安全保障関連法が，一気に突き崩した。これによって，自衛隊は，アメリカとともに海外でも戦争をすることのできる軍隊となったのである。

憲法学説は，自衛隊それ自体について，9条2項の「戦力」にあたることは否定できず，違憲と解するのが今日なお通説である。そのよう解さない説を含めて，安保法制については，ほとんど例外なく違憲と断じている。憲法学者以外の法学者，法律家も同様であり，また世論も，多数がこれを憲法上許されないものと考えている。そうしたところから，裁判所が安保法制を違憲と判断することを求める市民の訴訟が多数出され，注目されているのである。

### 3　自民党の9条改憲案の急転

日本の安全保障のあり方を転換させた安保関連法の成立は，改憲動向にも大きな変化を及ぼした。すなわち，自民党は，2012年4月27日に出した改憲草案（以下，「12年草案」）において，現行憲法第2章「戦争放棄」を「安全保障」と変えた上で，9条を全面的に改変して「国防軍」を設ける方針を示し，それ以降，これを同党の公式案としてきた。その部分は次のとおりである。

- 自由民主党　『日本国憲法改正草案』（2012年4月22日）
  第2章　安全保障
  第9条（平和主義）　①　日本国民は，正義と秩序を基調とする国際平和を誠実に希求し，国権の発動としての戦争を放棄し，武力による威嚇及び武力の行使は，国際紛争を解決する手段としては用いない。
  ②　前項の規定は，自衛権の発動を妨げるものではない。
  第9条の2（国防軍）　①　我が国の平和と独立並びに国及び国民の安全を確保するため，内閣総理大臣を最高指揮官とする国防軍を保持する。
  ②　国防軍は，前項の規定による任務を遂行する際は，法律の定めるところにより，国会の承認その他の統制に服する。
  ③　国防軍は，第1項に規定する任務を遂行するための活動のほか，法律の定める

ところにより，国際社会の平和と安全和確保するために国際的に協調して行われる活動及び公共の秩序を維持し，又は国民の生命若しくは自由を守るための活動をすることができる。
④ 前2項に定めるもののほか，国防軍の組織，統制及び機密の保持に関する事項は，法律で定める。
⑤ 国防軍に属する軍人その他の公務員がその職務の実施に伴う罪又は国防軍の機密に関する罪を犯した場合の裁判を行うため，法律の定めるところにより，国防軍に審判所を置く。この場合においては，被告人が裁判所へ上訴する権利は，保障されなければならない。
第9条の3（領土等の保全等）　国は，主権と独立を守るため，国民と協力して，領土，領海及び領空を保全し，その資源を確保しなければならない。

　ところが，昨年2017年5月3日に至り，安倍首相が，日本会議など諸団体の開いた集会へのメッセージや読売新聞紙上でのインタビューで，9条は維持して自衛隊を明記するという案を提示した。首相が改憲の主導権をとることは99条の憲法尊重擁護義務に明白に違反するものであるが，これによって自民党内の憲法方針は混乱した。12年草案にもとづくものと安倍提案を受けたものなど7種類の案が出された末に，2018年3月の党大会では12年草案の立場は排除され，つぎのような案にまとめられた。

■ 自民党憲法改正推進本部「自衛隊明記」についての条文イメージ（2018年3月22日）
第9条の2　① 前項〔＝現行憲法9条1・2項〕の規定は，我が国の平和と独立を守り，国及び国民の安全を保つために必要な自衛の措置をとることを妨げず，そのための実力組織として，法律の定めるところにより，内閣の首長たる内閣総理大臣を最高の指揮者とする自衛隊を保持する。
② 自衛隊の行動は，法律の定めるところにより，国会の承認その他の統制に復する。

　こうした構想にはどのような問題があるか，項を改めて考えてみたい。


## 4　「自衛隊明記」の改憲がもたらすもの

　まず，ここに出されている「自衛隊」は，自衛隊法上のそれであるにちがいないが，憲法は最高法規であるから，憲法に定める組織の根拠を法律に求めることはできない。憲法解釈論としては，そこにいう「実力組織」を「自衛隊」

と名付けるとしたことになる。それにもかかわらず、実際上は実在の「自衛隊」が前提とされているから、現行の自衛隊がそのような憲法上の組織として認められるという、きわめて不明瞭で欺瞞的な条文構造なのである。つまり、結局、安保法制により集団的自衛権を付与されてアメリカの戦争に共働する戦力が憲法によって公認されることにより、そのため、維持するとされた現行の9条1項・2項は、実質上空文化・死文化に向かう。

　また、自衛隊明記の理由として、安倍首相は、「自衛隊違憲論争に終止符を打つ」ことを挙げている。9条の2が成立したなら、現行の9条は前（旧）法となるから後法である9条の2の優越で自衛隊が合憲となる、という論法である。しかし、この後法の優越は絶対的なものではなく、ここでは、9条1項・2項は実効性をより深く傷つけられる（現在すでに米軍駐留と自衛隊の存在が9条の実効性を奪っている）が、法としての拘束力は消滅しない。違憲論はなお存続する。自民党自身も、次の段階で9条、とくに2項を削除する改憲へと進むことを企図しているのである。

　そして、ここにいう「自衛の措置」は自衛権を意味する（自民党改憲推進本部もそのように説明している）。自民党は、「自衛権」を集団的自衛権を含むものと解しているから、同盟国アメリカのために世界中で軍事行動をする軍隊としての自衛隊が考えられているのである。今、自衛隊を受け容れている多くの国民は、災害救助と専守防衛の組織だというイメージをもっており、「自衛隊明記」案は、その善意につけ込むものだといわなければならない。実際の自衛隊は、今日すでに世界有数の本格的な軍隊なのである。また、災害救助の組織は、軍とは別のより充実したものを設けることが望ましいといえよう。

　結局、こうした「自衛隊明記」の改憲は、日本が軍事力をもつ国家であることを憲法上宣言することを意味する。そこでは、軍事が公共的価値を獲得してしまうことになり、軍事国家、戦争社会に向かう様相があらわれることになろう。軍事を理由にした国民監視、「国家機密」の保護や報道制限が進められる。また、軍を肯定する教育が奨励され、軍産共同の研究の促進がはかられる。軍事費が増大し、それにより社会保障費はいっそう圧迫される、等々の状況が強まるにちがいない。

では，平和憲法は，このような一政権のまやかしともいえる手法の改憲策で葬り去られることになるのであろうか。否，けっしてそうではあるまい。日本の社会には，平和を貫こうという共同の意識が，70年をかけて深く根付いている。平和憲法が私たちを支え，私たちが平和憲法を守ってきた。ここにも，その70年の巨大な歴史的意義を見出すことができるのである。　　［小 林　　武］

## 2　安全保障関連法と9条3項加憲論

- 関係法令・条約：安保条約4条，(1951年2月6日の井口・アリソン指揮権密約)，安全保障関連法
- 憲法条文：9条 → 第1部Ⅰ章 **5**

［事　例］　指揮権密約に関する防衛大臣答弁

　2018年2月14日，衆議院予算委員会で，自民党山口壯議員は，「日米指揮権密約がないから日米共同訓練があるのではないか」と質問し，小野寺防衛大臣は，「自衛隊と米軍は各々の指揮系統を通じて行動する」と答弁した。しかし，この答弁では，指揮権密約はないとは言わなかったし，逆に米軍に指揮権があるからこそ共同訓練が要ることを示唆した。指揮権密約とは，現行日米安保条約4条「日米随時協議」の下に組み込まれた，日米行政協定24条の「有事協議」における，1951年2月6日の「米軍が日本の部隊を指揮する」という井口・アリソン密約を指している。しかし，この米軍の有事指揮権の下にあっても自衛隊の交戦を制約するのが憲法9条なのである。ここに日米政府の9条改憲の動機がある（末浪靖司『日米指揮権密約の研究』創元社，2017年）。

### 1　安全保障関連法における「国際平和支援法」の特徴

① いわゆる安保法制は，政府が全体を「平和安全法制法」と命名するが，それは野党のいうように「戦争法」というべきであろう。安全保障関連法は，11本の安保関連法を2本にまとめて政府が国会上程し強行可決したものである。政府の命名によれば，ひとつは新設の「国際平和支援法」，もうひとつは「平和安全法制整備法」（既存の安保関連10法の一括改正法）である。

② 前者の「国際平和支援法」は，野党からは「海外派兵恒久化法」と呼ばれ

ているものである。これまでイラク特措法など自衛隊を海外に派遣するには，その都度一々臨時特別措置法を制定しなければならなかった。特措法なしに常時海外出動できるように，自衛隊の海外出動を内閣の命令だけで行える様にするために制定したものである。だから野党は「海外派兵恒久化法」と呼ぶのである。

③　この「国際平和支援法」は，たとえ米軍支援のためでも，これまでは戦闘が行われえない「後方地域」にしか行けなかった自衛隊を，戦闘が行われうる「戦闘地域」にも行けるようにしたことが特徴である。そのために「戦闘地域」を「戦闘現場」と「非戦闘現場」に分け，現に戦闘が行われている「戦闘現場」には行けないが，そうでない「非戦闘現場」には行けるとした。つまり「戦闘現場」とは銃声が響く戦闘中の現場であるが，ひとたび銃声がやめば「非戦闘現場」になるというわけである。

④　さらに，「国際平和支援法」は，ついに米軍の武力行使と一体化した戦争行為そのものである「後方支援」を可能にした。これまで許されていたのは「後方地域支援」であって，それは，「戦闘のない後方地域における支援」である。今回承認された「後方支援」とは，国際法上の「兵站（ロジスティックス）」であって，弾薬，兵員，食糧の運搬，補給という武力行使と一体の行為である。まず敵の補給路を断つことは戦争の要諦である。したがって，この「国際平和支援法」は，「戦闘地域」で「後方支援」を行うというこれまで別々に禁止されていた戦争行為を一挙に可能にした。この法律により，ついに自衛隊員の死者が出ることは避けられないであろう。南スーダンPKOではあまりに危険になって撤退したが，自衛隊員に死者が出てもおかしくなかったし，出なかったのは幸運に過ぎない。それゆえに，安倍政権は，全自衛隊員に遺書の作成を強制しているのである。政府は，このような海外出動には国会の事前承認が要るから大丈夫というが，一旦与党が多数を頼んで国会で強行承認すれば後は首相の命令ひとつで何度でも自衛隊を海外へ出動させられるのである。この法律で，今や禁止されていた米軍への後方支援が公然と可能となった。

## 2 安全保障関連法における「平和安全法制整備法」（既存の安保関連10法一括改正法）の特徴

① つぎに「平和安全法制整備法」と政府から呼ばれる「安保関連10法一括改正法」の特徴であるが，それは第1に，PKO法改正法では，これまでは「正当防衛の武器使用」しか認められていなかったが，あらたに「任務遂行のための武器使用」を認める。「任務遂行」というと，これまでのPKOでは道路建設などの公共事業が中心的任務であったが，新たに「治安維持活動」が認められた。制圧地域の治安維持であるからこれも戦争行為そのものである。さらに「非国連統括型活動」での武器使用を認め，NATOの指揮下で3500人の犠牲者を出したといわれるISAF（国際治安支援部隊）参加などにも道を開いた。

② さらに第2に，武力攻撃事態法改正法では，アメリカが外国侵略をして反撃されたら，集団的自衛権に基づき，自衛隊がアメリカ防護に入ることを認めている。その時は首相の判断で「国家存立事態」とされ，指揮権密約に従い自衛隊はアメリカの指揮下に入る。2014年7月1日の安倍政権の閣議決定による9条解釈変更で集団的自衛権の武力行使も「新3要件」の下で可能とされたが，従来の「旧3要件」は，①「専守防衛」の建前のもとに自国領土への侵略②急迫不正の侵略に対する必要性③最小限度の実力行使，であったが，今度の「新3要件」は，①同盟国への敵国からの攻撃が②日本の国家存立事態をもたらし，③必要最小限の実力行使，となったが，しかもこの判断は首相にゆだねられ，国会の規制も事後承認でしかない。

③ 最後に第3に，安倍首相は，国民的反対を押し切り強行採決したが，理由としてホルムズ海峡での邦人救出を挙げた。しかしイランがホルムズ海峡を封鎖する可能性は全くなかったので，実際には，後に隠蔽工作で防衛大臣が辞任した南スーダン日報事件で分かったように，「戦闘」が続くと現地報告を受けていた南スーダンPKOの差し迫った危険が念頭に置かれていたのであろう。つまり自衛隊をPKOとして送り込んだ南スーダンは「後方地域」だと思ったら，実際には「戦闘地域」への違法派遣であったことが分かったので，日報を隠したが，ばれたときのために，事後的にPKO法を改正すれば「戦闘現場」でなく「非戦闘現場」だったから合法だったと言い訳できるようにした。それ

でも世論の反対が強すぎて、安倍政権は戦死者が出る前にスーダン撤退を余儀なくされた。

## 3 憲法9条への3項加憲論の特徴と問題点

① 2005年立命館宇治高校での杉浦真理教諭の生徒に改憲案を作らせる教育実践で、生徒達は9条の3項加憲案を考えだした。3項で自衛隊を合憲化するという案であった。この案は教室の投票で3分の2の支持を得たという（『民主主義教育21』第1巻，2007年）。高校生が考えるくらいだから、この9条3項加憲論は潜在的に広く国民に影響力を持ちうることが分かる。

② 2012年の自民党改憲案は、軍国主義的で国民に不人気であった。国会の衆参で3分の2の賛成がなければ改憲発議はできない。連立与党の公明党の同意なくして改憲は到底できない。公明党が賛成するには、公明党の提唱してきた「9条3項加憲論」に乗るのが近道であるのは間違いない。

③ また安倍首相が田原総一朗氏に語ったというが、2015年に安保法が通ったためにアメリカ軍が憲法改正を日本に求めてこなくなったというのだ。確かにジャパンハンドラーといわれるアーミテージ氏は、"安保法が通って自衛隊は地球の裏側でもアメリカのために血を流してくれる。大いに満足だ"、といった。だったら、確かにアメリカ軍にとって面倒でリスキーな改憲の必要はないであろう。

④ かくして安倍首相としては、自分の任期中に9条改憲で名を残すためには、国民投票で勝てる現実的な案をひねり出す必要が生じたことが分かる。

⑤ ついに日本国憲法70周年の昨年（2017年）5月3日に安倍首相は、9条改憲のための起死回生策を打ち出した。それは5月3日の読売新聞に発表された。9条1項2項はそのままにして、第3項を付加し、自衛隊を合憲とするというものであった。この憲法9条3項加憲論は、安倍首相のブレーンの伊藤哲夫氏のアイデアであり、2016年12月に出された日本会議の雑誌『明日への選択』に発表されたものである。

⑥ 9条改憲論への支持を取り付けるために北朝鮮のミサイル実験を徹底的に宣伝した。麻生副首相は「北朝鮮のミサイルのおかげで自民党は総選挙で圧勝

できた」と述べた。また，防衛軍としての自衛隊支持率の国民的高まりを改憲に利用し，「これまで7割が自衛隊を違憲としてきた憲法学者」から自衛隊を守るためには9条改憲が必要だといったのである。さらに安倍首相は感情論に訴え，自衛隊がいつまでも日陰者であっては，かわいそうではないか，これでは自衛隊員には誇りと気概が持てないではないか，と畳みかけた。

⑦　しかし今の自衛隊は，地球の裏側までいってアメリカ軍のために血を流す自衛隊である。9条3項加憲論は，歴代自民党政府が違憲といってきた集団的自衛権を合憲化することが目的なのは明白であろう。　　　　　　［近　藤　　真］


## 3　沖　縄：基地のまちの学校──安保条約のいま

- 関係法令：日米安保条約・地位協定，地方自治法
- 憲法条文：前文（平和的生存権），9条，13条，26条　→　第1部Ⅰ章 **5**・Ⅲ章 **5**

**［事　例］**　普天間第二小学校米軍ヘリ「窓」墜落事故

　2017年12月13日午前10時過ぎ，沖縄県宜野湾市にある市立普天間第二小学校の運動場に，米軍普天間基地所属の CH53大型輸送ヘリの窓が落下した。窓は，約90センチ四方の金属製の外枠が付いたものであり，重さは約7.7キロ。アクリル製とみられる透明版が現場に散乱した。発生時は体育の授業中で児童54人が運動場におり，10数 m の距離にいた4年男子の左肘に風圧で飛んできた物が当たり，痛みを訴えた。その他に死亡，怪我などした人はない。

　その後，同校は，授業時・休憩時を問わず，児童が運動場に出ることを禁じるなどの措置をとり，それが1か月以上に及んだ。米軍は，事故から6日後の12月19日，CH53E ヘリの飛行を再開し，さらに，翌年1月18日と2月23日にはヘリが同校上空を飛行した。普二小の教育は，このような状況下で営まれている。


### *1*　米軍の不法行為による住民の生命と人間の尊厳の侵害

　沖縄では，とくに2017年以降，米軍機の墜落・不時着，またその部品の落下という，一歩誤れば大惨事となる事故が相次いで発生している。［事例］でとりあげた普天間第二小学校の事故のほかにも，その直前に，同じ普天間市内の緑ヶ丘保育園（私立）には，CH53ヘリの円筒型部品の落下事故が発生してい

る。その保育園の父母等から出され，1か月余で10万筆を超す賛同者を集めた嘆願書には，子どもの筆で「ひこうきのおなかがみえる」と書かれ，真上を米軍機が爆音を伴って飛び交い，子どもたちの命はつねに危機に曝されている，と述べられている。それにもかかわらず，米軍は原因と責任を明らかにしないまま飛行を続行させ，また日本政府はそれを追認している。

普天間基地所属の米海兵隊機の主な事故を，時系列で挙げておこう：

　2017年 1月20日　うるま市伊計島：農道にAH1Z攻撃ヘリが不時着
　　　　 6月 1日　久米島町：久米島空港にCH53E大型輸送ヘリが緊急着陸
　　　　 6月 6日　伊江村：伊江島補助飛行場にMV22オスプレイが緊急着陸
　　　　 9月29日　石垣市：新石垣空港にMV22オスプレイ2機が緊急着陸
　　　　10月11日　東村高江：民間牧草地にCH53E大型輸送ヘリが緊急着陸・炎上
　　　　12月 7日　宜野湾市野嵩：緑ヶ丘保育園にCH53E大型輸送ヘリが部品（円筒）を落下
　　　　12月13日　宜野湾市新城：普天間第二小学校にCH53E大型輸送ヘリが部品（窓）を落下
　2018年 1月 6日　うるま市伊計島：海岸にUH1Y汎用ヘリが不時着
　　　　 1月 8日　読谷村儀間：産業廃棄物最終処分場にAH1Z攻撃ヘリ不時着
　　　　 1月23日　渡名喜村：村営ヘリポートにAH1Z攻撃ヘリが不時着。
　　　　 2月27日　嘉手納基地近くでF35戦闘機が部品を落下

まさに，住民にとっての非常事態である。もともと，軍事基地と市民生活とは根本的に共存できない。軍事基地は，それ自体が，また所属の個々の軍人が引き起こす事件・事故のみならず日常的な爆音・騒音，有害物質の排出等々によって，つねに住民の生命と生活を苛んでいる。沖縄では，沖縄戦後の占領期また復帰後をとおして米軍基地が人々の生命と人間の尊厳を侵害しつづけており，近時その状況がむしろ苛酷になっているといわざるをえないのである。

とりわけ許しがたいのは，2016年4月に在沖米軍元海兵隊員の軍属が引き起こした，20歳の沖縄女性に対する暴行殺害事件である。この残虐きわまる所業に対する県民の怒りは天を衝き，6月19日に約6万5千人（主催者発表）の県民大会となったが，あいさつに立った翁長雄志沖縄県知事は，県民の生命と尊厳を守るのは県の責務であると述べた。そこには，県民保護にとってもはや

国の政府は頼るに足らずとの認識が明確に示されていた。

## 2　問題の根底にある日米安保条約・地位協定

こうした米軍の横暴は，安保条約・地位協定の体制によって支えられている。日米安保条約は，1952年の旧条約が60年に改定されて現行条約となっている。地位協定とは，日本に駐留する米軍の「地位」を定めた条約であるが，旧安保の時の行政協定が，60年に現行地位協定に改定されている。この安保条約は，米国に，日本全土に基本的に随意に基地を置くことを認める，従属的な同盟関係を定めたものであり，米軍基地に対しては，地位協定とそれにもとづく法制によって日本法令の適用が，原則としてまた実質においては全面的に排除されている。この日本政府の姿勢こそ，米軍・米軍人が事件・事故を起こしても恬として恥じない状況をもたらしているのである。

地位協定の総則的規定は，「合衆国は，施設及び区域内において，それらの設定，運営，警護及び管理のため必要なすべての措置を執ることができる」と定めた3条1項であるが，これは，日本の統治権に優位する絶対的な管理権を米軍に付与したものと解されている。それにより，米軍の完全な自由使用がまかり通っており，そこには地元の自治的ルールに従うという観点などは微塵も介在していない。

そのため，対等な日米関係に転換させるための措置として安保条約の終了（10条にもとづくもの）が従来より大きな課題となっているが，それとともに，地位協定の抜本的な改定が強く要求されている。しかしながら，政府は，一貫して，改定を米側に働きかけようとせず，「再発防止」「綱紀粛正」を唱えるのみの，極端な従属姿勢を保ちつづけている。そうであるならば，地方自治体が，政府が地位協定において放擲した国の法令に代えて，自らの条例によって米軍・米軍人に対して必要な規制を行い，もって住民の生命と人権の保護にあたることが不可欠となる。

## 3　住民保護のために条例で米軍を規制する

米軍が不法行為を相ついで起こし，他方，日本政府は解決の当事者能力をも

たないという重大事態に直面した今、沖縄の自治体は、自ら住民を守るために何をなすべきかを正面の課題とするに至っている。すなわち、米軍の横暴を実効的に、本気で抑止する手段を繰り出さなければならず、そのひとつが、米軍・米軍人の不法行為を規制して住民の生命を守る「住民保護条例」を制定することであると考えられるのである。

これまでにも米軍の横暴から住民を守ろうとする自治体の努力は、営々として重ねられている。ただ、日本の法令の適用を基本的に排除している日米地位協定が絶対的障壁であると考えられて、沖縄をみても、県・市町村のいずれの自治体でも強制力をもって規制する条例はつくられてこなかった。

しかしながら、地位協定が封じ込めた日本国の「法令」とは、もとより中央政府の法令であって、地方自治体の自治立法としての条例はこれに含まれない。条例は、住民代表議会の作品であるという民主性を根拠に、法律と同等の形式的効力をもつものとして地位協定と対峙できることになる。とくに、憲法は、住民の公選による機関の中でも、議会を議事機関として重視しており、議会の制定する条例を自治体の立法の中心に位置づけている。

こうして、国の政府は自らの法令を地位協定の足下に置き、その適用を放擲したが、地方政府は、それにもかかわらず、自治立法としての条例を制定することで、自立して地位協定に向かい合い、米軍・米軍人へのしかるべき対処、つまり自治的統治団体にふさわしい規制に乗り出すことができるのである。

**4 条例による規制をめぐる論点──「専管事項」論と「法律と条例の関係」論**

条例による規制を試みようとするとき、それに立ちはだかる代表的な論点がある。2つ取り上げておこう。

(1) 「専管事項」論　外交・防衛は国が排他的に担当する問題であって、地方自治体が口をさしはさむことはできないとの論理である。この「専管事項」論は、裁判例にも用いられて、相当な通用力を有している。

しかしながら、これはまったく成り立つものではない。憲法の原点に立ち還るとき、地方自治体は、住民の生存・安全・健康などの権利を確保すること、つまり住民の福祉を実現することを存在理由とする地方政府であるから、それ

に資する施策を自ら講じるとともに，国もそれを採るよう要求し，また，それに反する国の施策についてはそれを改めさせ，あるいはやめさせるために抵抗することができ，またしなければならない。ここにこそ，自治体の本来の使命があるというべきである。

(2) 「法律と条例の関係」論　　国の法律は地方自治体の条例に優位するとの論理である。たしかに，憲法94条は，「法律の範囲内で」（地方自治法14条1項では「法令に違反しない限りにおいて」）地方自治体が条例を制定することができる旨定めている。これをめぐって，従来は，国が法律ですでに定めている事項については条例を制定することはできないとする，いわゆる法律先占論（国法先占論）が支配的見解であった。

しかし，1960年代以降，公害による環境破壊が進行する状況下で，各地の自治体が，住民の生命と人権の確保のために，国が定めている水準よりも強い規制手段や規制基準を定める「上乗せ条例」や，法令が指定する以外の地域・施設をも対象にして規制を行う「横出し条例」を定めるようになった。

学説上も，国民の生命と健康の確保を目的とするものについて，国の法令による定めは最低基準（ナショナル・ミニマム）であって，地方自治体の条例でいっそう強い措置をとることはむしろ憲法の要請に合致するとの見解が有力であり，また最高裁も，徳島市公安条例事件判決（最［大］判1975年9月10日刑集29巻8号489頁）において，法律先占論を見直して，条例によるより厳しい規制が認められる場合のあることを一般論として肯定した。

加えて，地方自治法の1999年大改正（「新地方自治法」とまで称される）によって国と地方のあり方が，上下・主従から対等・協力の関係に改められたことは重要である。従来，条例は，機関委任事務については制定できなかったが，その廃止で設けられた法定受託事務について可能となった。すなわち，条例の対象は，「地域における事務及びその他の事務で法律又はこれに基づく政令により処理するものとされるもの」（同法2条2項）すべてに及ぶものとなっている。こうしてみれば，今日，住民の権利保護のための条例を制定することは，法令との関係では，何ら本質的な障碍はないといえよう。

このようにいえる根拠は，地方自治体が住民の生命と人間の尊厳を擁護する

ための存在であり，そして，自治体の立法である条例は，住民代表議会が制定するものとして，国民代表議会である国会の定める法律と，民主主義の価値において等置される，というところにあることを確認しておきたい。

　結局，米軍を規制して住民を保護する条例の制定には，憲法原理上これを妨げるものは何もなく，かえって望ましいものといえるのである。
　［事例］で挙げた当面の米軍機による空からの不法行為の事案に対しても，これまでの住民，自治体による抗議決議や行動，また要望や嘆願の努力をふまえて，各自治体で平和な空を守るための条例を制定することが喫緊の課題となっており，またそれが成就するならそのもつ意味は大きいといわなければならない。　　　　　　　　　　　　　　　　　　　　　　　　　［小林　武］

# 第Ⅱ章　人権のすがた

## 1　公共空間

- 関係法令：刑法234条
- 憲法条文：21条 → 第1部Ⅱ章**3**

[事　例]　大阪駅通行拒否事件

　原発事故から発生したがれきを受け入れようとする大阪市の方針に反対する市民グループのメンバーが，JR大阪駅前広場で，ビラを配ったり，演説をしたりしていた。JR大阪駅の職員が，ビラ配りを制止しようとした。Xは，それに対して抗議し，副駅長を睨むように立っていた（行為①）。1時間ほどの活動を終えた参加者が，市役所に向かうために駅コンコースを通過しようとしころ，大阪駅の駅員がそれを制止した。しかし，通行を希望する多数の人々の足を止めることはできず，参加者はコンコースを通過した。Xは，その際，通行を制止しようとする副駅長の足を踏んでしまった（行為②）。Xは，威力業務妨害罪で逮捕，起訴された。

### 1　問　題　点

　鉄道営業法35条は，鉄道係員の許諾を受けずに，「鉄道地内」で「旅客又ハ公衆ニ対シ，寄附」を請い，「物品ヲ配布シ，其ノ他演説勧誘等」を行うことを，科料をもって禁じている。さらに42条1項3号は，鉄道係員は，35条の罪を犯した人を鉄道地外に退去させることができると規定している。広場での演説やビラ配布が，鉄道営業法35条の「物品」の「配布」および「その他演説」に該当するならば，駅員は，42条により，ビラ配りを制止したり，コンコース内に侵入することを拒絶することが可能になる。
　しかし，ビラ配りや演説は，市民が自分の意見を他者に伝えることそのものであり，憲法21条が保障する表現の自由で直接に保障されるといってよい。駅

員が，それを制止することは表現の自由に反しないのだろうか。

## 2 表現の自由の意義

　表現の自由はなぜ重要なのか。それは，個人の幸福という憲法の目的とそれを達成するための不可欠の手段である民主政治を結びつけるという意味で，自由民主主義に立脚する憲法体制の中核に位置する人権だからである。学説では，前者を自己実現の価値，後者を自己統治の価値という。この2つの価値を有するため，表現の自由は経済的自由と比較して「優越的地位」にあるといわれる（二重の基準）。

　表現の自由のそのような意義は，判例においてもしばしば言及される。たとえば，「およそ各人が，自由に，さまざまな意見，知識，情報に接し，これを摂取する機会をもつことは，その者が個人として自己の思想及び人格を形成・発展させ，社会生活の中にこれを反映していくうえにおいて欠くことのできないものであ」る（最［大］判1983年6月22日民集37巻5号793頁〔よど号ハイジャック記事抹消事件〕），「主権が国民に属する民主制国家は，その構成員である国民がおよそ一切の主義主張等を表明するとともにこれらの情報を相互に受領することができ，その中から自由な意思をもって自己が正当と信ずるものを採用することにより多数意見が形成され，かかる過程を通じて国政が決定されることをその存立の基礎としているのであるから，表現の自由，とりわけ，公共的事項に関する表現の自由は，特に重要な憲法上の権利として尊重されなければならないものであり，憲法21条1項の規定は，その核心においてかかる趣旨を含むものと解される」（最［大］判1986年6月11日民集40巻4号872頁〔北方ジャーナル事件〕）と述べられる。表現の自由には，各人が別々の自由な生を営みながらも，お互いを尊重しながら共同社会を形成していくという現代立憲民主政の核心が存在するのである。

　このような表現の自由の意義から本件で問題になっているビラ配布について考えると，もちろん通行人はビラを受け取らない権利をもつが，配布する側は，通行人に対し，自己の情報を受け取るようアピールする権利が憲法上保障されているといえよう。

そうであるとすれば，情報発信者と情報受領者が出会う場所が必要であろう。もちろん，現代では，インターネットがその役割を果たしているのであるが，しかし，インターネット空間と駅前広場で決定的に違うのは，駅前広場では，自分の好みと異なる表現と否応なく触れる機会があるということである。その受け取りを拒否することは可能であるとしても，街頭活動をしている人を見たくないという権利はない。嫌な言論でも見ざるをえないのは，民主社会の一員としての最小限度の責務であろう。

　以上のように，民主主義社会を下から支える情報の自由な流通を確保するには場所が必要である。さまざまな意見を有する諸個人がふれあう空間であるから，これを公共空間といってよい。民主社会には，このような空間が必要なのである。これを，憲法学では，パブリック・フォーラムという。

　そして，歴史的に多くの人の表現の場として使用されてきた場所（パブリック・フォーラム）における表現について，管理権や所有権を理由に制限することを認めないようにする法理をパブリック・フォーラム論という。道路や公園がパブリック・フォーラムの典型とされているが，駅前広場もそれに含めてよいと思われる。

　この考え方は，吉祥寺駅事件の最高裁判決において，伊藤正己裁判官が補足意見で述べたものである（最判1984年12月18日刑集38巻12号3026頁）。吉祥寺駅事件とは，井の頭線吉祥寺駅の一階階段付近において，乗降客らに対しビラを配布し，駅からの退去要求にも従わなかった被告人が，鉄道営業法35条違反および刑法130条の不退去罪にあたるとして起訴された事件である。伊藤裁判官は，もし，ビラ配布が駅前広場でなされたのであれば，パブリック・フォーラムにあたる可能性が高く，そのような場で行われたビラ配りを処罰することは「憲法に違反する疑いが強い」と述べたのである。

　本件ビラ配布は，市の震災がれき受入れに反対するという意見を公衆に伝えようとするものであり，憲法21条で保護される表現である。そして，大阪駅前広場がパブリック・フォーラムだとすれば，管理権や財産権を考慮することなく，通常の表現の自由の法理で判断されるべきことになる。

　本件ビラ配布によって，具体的な害悪があったとはいえない。電車が実際に

走っている場所ではない。改札口でもない。たしかに JR の所有地ではあるが，鉄道の走行とはまったく関係ない駅前広場である。いったいどんな害悪があったというのであろうか。したがって，本件における職員のビラ配布の制止は，憲法上，正当化できない。また，コンコース通行については，それが単なる通り抜けである限り，駅員は拒否できない。ビラ配布に抗議し，コンコース通行の際に駅員の足を踏んでしまっても，それを理由に刑罰を科すことは違憲である。

このような憲法判断の手法を，適用違憲という。適用違憲が認められる場合，法令の違憲部分を合理的な制定法解釈によって除去できなければ，「過度に広範」な規制として，法律そのものが違憲となる（法令違憲）。鉄道営業法35条は過度に広範ゆえに文面上違憲無効であり，したがって，被告人は無罪というのが，もうひとつの道筋である。

最後に，パブリック・フォーラムである駅前広場でのビラ配布は，「鉄道地」での行為とみなされてはならず，駅員には鉄道営業法上の規則権限がない。したがって，威力業務妨害罪の構成要件にあたらないがゆえに無罪というのが，もうひとつの考え方である（合憲限定解釈）。

憲法学的には，本件は，上の3つのうちのいずれかで処理すべきことになる。この点，判例はどう考えたのであろうか。

## 3 実際の判断

1審大阪地方裁判所は無罪判決を下した（大阪地判2014年7月4日判タ1416号380頁）。この国の刑事裁判において無罪を獲得することがどれほど難しいかを勘案するならば，画期的な判決といってよい。内容も読みごたえがある。

本件では，ビラ配布を規制する副駅長に抗議し，その後も睨むように立っていた行為（行為①），コンコースに侵入する際に副駅長の足を踏んでしまった行為（行為②）が，威力業務妨害罪にあたるとされた。

まず，裁判所は，行為①は威力業務妨害罪にあたらないとした。口頭で抗議をし，睨みつけるように立っていたとしても，ビラ配布制止という業務が妨害されたわけではないという判断である。

行為②については，本件において，コンコース通行を制止することは，JR職員の適法な業務でなかったと判断し，したがって，業務妨害にあたらないとした。

ここで重視されたのが，コンコースの公共性，南北の通り抜けが可能であるという大阪駅の構造，多数の通行人が通り抜けのためにコンコースを利用しているという状況である。駅員は，「コンコース内の立ち入りを認めれば，その秩序を乱すおそれがある者に対しては，立ち入りを制止する権限がある」が，「秩序が乱されるおそれがない場合には立ち入りを制止することはできない」。こうして，判決は，実際の通行の状況を具体的に検討し，駅構内の秩序が乱されるおそれがなかったと認定し，立ち入りを制止したことは適法な業務の遂行とはいえないと判断したのである。

1審判決の問題点は，駅前広場でのビラ配布を制止する駅員の権限を認めた点である。しかし，Xがそれに対して抗議したことをもって威力業務妨害と認定しなかったことは重要である。この点，判決は，駅前広場が鉄道営業法にいう鉄道地にあたるとも，ビラ配布行為が鉄道営業法違反であるともいっていない。もし，駅前広場が鉄道地でありビラ配布行為が鉄道営業法違反であるとすれば，駅前広場でのビラ配りが犯罪になってしまう。しかし，コンコース立ち入りについては，明らかに鉄道営業法違反が問題とされていることからすれば，1審判決が認めた駅員のビラ配布制止権限は，鉄道営業法上のそれではなく，所有権に基づく管理権であるように思われる。裁判所は，この点について，きちんと説明をするべきであった。

街頭宣伝活動を終えた市民は，コンコースを通過した。この通行を「無許可のデモ行進」とみたてたのが警察のストーリーであった。駅前広場での「集会」がそのまま駅コンコースでの「デモ行進」となったのか，それとも，駅前広場での表現行為を終えて単に通行しただけなのか。これが本件の核心である。地裁判決は，コンコース立ち入りについて，その実態から判断し，単なる通行であると認定したのである。

2審大阪高裁判決（大阪高判2015年9月28日 LEX/DB25542788）も，無罪判決を維持したが，駅通行に関する事実認定は，地裁判決とは対照的である。高裁

判決は，プラカードが小さいからといって問題がないわけではないとし，通行人は「一群の集団として周囲からはそれと分かる形で進行」し，「原発反対」などと声を上げる者がいたとし，拡声器が使える状況であったことを強調し，コンコース通行の前後においてビラを配布しようとした行為があったと指摘した上で，駅員には，通行を制止する適法な権限があったと判断したのである。

　高裁判決は，駅前広場で瓦礫受容れ反対を唱えるものは，コンコースに入るなといわんばかりである。ここには，表現の自由の価値に対する配慮や多くの市民が通行するという駅コンコースの性質についてまったく考慮されていない。判決にみられるのは，いきすぎた治安主義である。駅員からみて，秩序を乱しそうだと判断される人物は，コンコースに入れないのである。

　このような認定にもかかわらず，無罪判決が維持されたのは，「被告人の行為を威力といえるか，また，被告人の行為は円滑な業務の遂行を妨害するほどの危険があるかについてはそれぞれ疑問がある」とされたからである。

　後に述べる立川テント村事件では１審の無罪判決は２審で覆され，有罪判決が最高裁でも維持された。大阪駅通行拒否事件において，２審逆転有罪となれば，最高裁判決として，有罪判決が残される危険性があった。判決の内容はまったく支持できないが，無罪判決が維持されたことは評価されるべきである。検察官は上告しなかったため，事件はここで終わる。

## 4　ビラ配りの憲法学

　以上のように，「優越的地位」に立つはずの精神的自由の侵害に対して，日本の裁判所は，憲法にもとづく適切な判断をしていない。しかし，駅前広場での政治的なビラ配りが許されないとすれば民主社会としては失格なのではなかろうか。ただし，本件も，駅前広場でのビラ配りそのものが起訴されたわけではないことは付言しておかなければならない。本件では，最初から，コンコース内での「デモ行進」が問題にされていたのである。単純な通行を「無許可のデモ行進」と認定するために，通行の前の街宣行動が問題にされたのである。

　このように，表現の自由をめぐる状況は，依然として，せめぎあいの状況にある。たとえば，国家公務員法102条１項に規定されている国家公務員の政治

的行為の禁止については，1審，2審の無罪判決を覆した最高裁判決が1974年に出されたが，それ以後，2004年まで，同種の行為が起訴されたことはなかった。国公法102条1項は，実質的に死文化していたのである。

　それが，突如よみがえったのが，2004年の堀越事件である。この事件では，社会保険庁の職員が，休日に自宅から離れたマンションに日本共産党の機関紙を配ったことが，国公法102条違反にとわれた。この事件は，1審有罪判決（罰金刑に執行猶予がつくというきわめて珍しいもの）の後，2審で無罪を勝ち取り，最高裁でも無罪が維持された（最判2012年12月7日刑集66巻12号1337頁）。しかし，住居侵入罪で逮捕してみたら国家公務員だったため，同項違反で起訴された事件では，被告人が課長補佐だったということを理由に有罪判決が下されている（最判2012年12月7日刑集66巻12号1722頁）。2つの最高裁判決はほぼ同じ内容である。その結論をわけたのは，同項の「限定解釈」という手法であった。同判決は，国公法102条1項の「政治的行為」を，「公務員の職務の遂行の政治的中立性を損なうおそれが，観念的なものにとどまらず，現実的に起こり得るものとして実質的に認められるもの」と解釈した。この要件に照らし，堀越事件では無罪判決を下したのに対し，課長補佐が共産党の機関紙を休日に配布することは，「指揮命令や指導監督を通じてその部下等の職務の遂行や組織の運営にもその傾向に沿った影響を及ぼす」から有罪だというのである。堀越事件の無罪判決が注目されているが，最高裁は，けっして表現の自由を厚く保障しようとしているわけではないことに注意を喚起しておきたい。

　2004年には，ほかにも重要な事件が起きた。立川テント村事件は，自衛隊員の住む官舎にイラク戦争反対を主張するビラを配ったことが住居侵入罪に問われた。この事件では，1審では無罪判決が下されたが，2審で覆され，最高裁でも有罪が維持された（最判2008年4月11日刑集62巻5号1217頁）。1審は，寿司屋やピザ屋のビラの郵便受けへの投入が放置されているのにもかかわらず，イラク戦争反対のビラのみを問題にするのは，二重の基準からしてもおかしいとして無罪判決を下した。それに対して，高裁判決は，どのような人も他人の管理する場所で意見を表明する権利はないとし，逆転有罪判決を下した。新聞受けはたしかにパブリック・フォーラムではないが，だからといって，表現の自

由がまったく及ばないというわけにはいかないだろう。同じ年に起きた同様の事件の最高裁判決（最判2009年11月30日刑集63巻9号1765頁）の調査官解説は、もし、配布した場所が1階の郵便受けだったら違った判断もありうると書いている（最高裁判所判例解説刑事篇平成21年度）。

2004年には、表現の自由に関する重要事件がもう1件起きている。ある高等学校の卒業式において、日の丸・君が代強制の問題点を報じた週刊誌のコピーを配り、できれば着席してほしいと出席者に呼びかけた同校の元教員が威力業務妨害罪で起訴された事件である。この事件は、来賓として出席していた東京都議会の議員が、式典が数分遅れたことを議会で問題にし、東京都が被告人の処罰を求めたという異常な事件である。この事件は、本件と同じく威力業務妨害罪であった。1審、2審、最高裁とも簡単に威力業務妨害罪を認めた（最判2011年7月7日刑集65巻5号619頁）。残念なことではあるが、日本は、卒業式において他者に自分の見解を呼びかけるだけで犯罪になる社会なのである。

このような表現の自由をめぐるせめぎあいの状況に照らすならば、大阪駅通行拒否事件では1審でそれなりに評価しうる判断が示され、2審でも無罪判決が維持されたことの意義はきわめて大きいといわなければならない。

［成澤孝人］

## *2* アーキテクチャ，人，プライバシー

- 関係法令：刑事訴訟法197条1項，個人情報保護法2条
- 憲法条文：13条，35条 → 第1部Ⅱ章*2*・Ⅱ章*5*

［事　例］　令状無き GPS 捜査

　2012年から翌年にかけて発生した一連の建造物侵入，窃盗事件の捜査において，およそ6か月半にわたり被告人らおよび知人女性が使用する蓋然性があった19台の車両（自動車・オートバイ）に，同人らの承諾なく，かつ令状無くして GPS 装置が取り付けられ，その所在を検索して移動状況・接触の把握等が行われ，証拠収集などがはかられた。

## *1*　GPS 捜査

　いわゆる GPS 捜査に対する評価は学説，下級審ともに分かれていたが，2017年3月15日，最高裁は本件大法廷判決で，無令状の GPS 捜査は違法との全員一致による初めての判断を下した（3名の補足意見あり。刑集71巻3号13項）。

　いまやあらゆる場面にコンピュータやネットワークが組み込まれ，ホームページや SNS といった人を中心としたものだけでなく，IoT（Internet of Things：物のインターネット），Big Data そして AI（Artificial Intelligence：人工知能）へと深化し，その進化も著しい。GPS（Global Positioning System：全地球測位システム）は，カーナビやスマホで現在位置を知り地図上に示すなどのために用いられる身近な技術であり，このありふれたサービスが捜査に利用されただけではある。

　最高裁は本判決で，GPS 捜査が「その性質上，公道上のもののみならず，個人のプライバシーが強く保護されるべき場所や空間に関わるものも含めて，対象車両及びその使用者の所在と移動状況を逐一把握することを可能に」し，「個人の行動を継続的，網羅的に把握することを必然的に伴うから，個人のプライバシーを侵害し得るものであり」，「公権力による私的領域への侵入を伴うものというべきである」とした上で，「憲法35条は，『住居，書類及び所持品について，侵入，捜索及び押収を受けることのない権利』を規定し」，「保障対象には，『住居，書類及び所持品』に限らずこれらに準ずる私的領域に『侵入』されることのない権利が含まれ」，GPS 捜査は「刑訴法上，特別の根拠規定がなければ許容されない強制の処分に当たる」とともに，「令状がなければ行うことのできない処分と解すべきである」としている。

## *2*　プライバシー概念

　本判決でもプライバシー侵害に関して「私的領域」に絡み，「場所」や「所在」といった「空間」概念と，「個人の行動を継続的，網羅的に把握」などのいわば「情報」概念が並列的に用いられており，このことからもプライバシー概念が多義的であることが分かる。プライバシーの概念は既知のとおり，19世紀末にパパラッチに苦慮していたウォーレン（Samuel D. Warren）と後に連邦最高裁判事となるブランダイス（Louis Brandeis）によりアメリカで不法行為法

上の概念として主張され，"the right to be let alone"（一人で放っておいてもらう権利）として形成される，消極的自由を眼目とするものであった。しかし個人に関する情報が大量に蓄積され，これらに基づき個人対応が行われる高度情報化社会の進展の中で，消極的なプライバシー概念では対応が困難となり，自己情報コントロール権などの，情報社会でのありように重きを置き，訂正・削除要求などを含めた積極的な側面を強調する情報プライバシー権などが主張された。現在一般的にはその延長にあり，2005年全面施行のいわゆる個人情報保護法（個人情報の保護に関する法律〔2003（平成15）年〕）などの法整備が進められながら，PbD（後述）などが唱えられ，対処が模索されている段階といえるが，すべてを情報プライバシー権に包摂することが可能か，妥当かが検討されつつ，新たなプライバシー概念の模索なども行われ続けている（『【特集1】個人情報・プライバシー保護の理論と課題』論究ジュリスト，2016年夏号（第18号）や阪本俊生『ポスト・プライバシー』青弓社，2009年参照）。

　日本の裁判においては，『宴のあと』事件（東京地判1964年9月28日下民集15巻9号2317頁）や京都府学連事件（最[大]判1969年12月24日刑集23巻12号1625頁），前科照会事件（最判1981年4月14日民集35巻3号620頁），などを通してプライバシーの権利が私法上の権利，憲法上の権利として受容，承認されていった。なお京都府学連事件最高裁判決およびこれを引くオービス（自動速度監視装置による容ぼうの写真撮影）事件（最判1986年2月14日刑集40巻1号48頁）では，「プライバシーの権利」とのことばは用いられていないが，同内容の法的利益が承認されているとされる。プライバシーの憲法上の根拠としては，新しい権利の根拠とされる第13条に定められた幸福追求権や個人の尊重，あるいは人格権が挙げられる。

### 3　個人情報との異同

　プライバシーと個人情報は同視されることが多いが，注意が必要である。法にいう個人情報は，氏名やアカウント名のように，『宴のあと』事件で保護されるべきプライバシーとされた「私生活上の事実，またはそれらしく受け取られるおそれのある事柄」でも，「一般人の感受性を基準として当事者の立場に立った場合，公開を欲しない事柄」，「一般の人にまだ知られていない事柄」で

あるとは限らない。むしろスマホでやりとりされるメッセージや保存された写真などは，「特定の個人を識別することができるもの」（個人情報保護法2条）というより，純粋にプライバシーとして保護されるべきものが多いであろう。

### 4　新　動　向

ところで，1990年代にカナダ・オンタリオ州の情報コミッショナーであったアン・カブキアン（Ann Cavoukian）により提唱されたプライバシー・バイ・デザイン（以下，PbDと略す）は，原理や理論というよりは実践的な原則，指針である。もともとさまざまな技術によって成り立つNETなどの空間では，レッシグ（Lawrence Lessig）の『CODE』(コード)（山形浩生ほか訳，翔泳社，2001年）で明解に示されたように，そこで何が可能で何が不可能かはそれを築き上げる技術群「コード」によって定まり，近年ではもう少し広く「アーキテクチャ」による支配などといわれる。いずれにせよ新しい技術が浸透してから，サービスが稼働してから，つまりはプライバシー侵害が発生してしまってからの対処では，プライバシーの性格上も回復・対応が困難であり，したがって設計の段階においてプライバシーへの影響を評価し，プライバシーを保護する手立てをシステムやサービスに組み込んでいくべきである，との考え方であり浸透しつつある。なお，プライバシーを保護する技術は，犯罪の隠れ蓑も提供するという技術の二面性にも留意すべきである。

その他，2010年頃からEU（欧州連合）を中心に主張されはじめた「忘れられる権利」もある。日本では過去の犯罪歴のGoogle検索結果からの削除を求めた事件で，2015年さいたま地裁決定によって言及され（さいたま地決2015年12月22日判時2282号78頁）削除が認められたことから注目を集めたが，2017年の仮処分を求める最高裁決定では言及されず（最決2017年1月31日民集71巻1号63頁），表現の自由との慎重な衡量が必要であるとされ，結果削除は認められなかった。表現の自由の重要性が強く説かれるアメリカにおいても「忘れられる権利」の実現は難しいといわれる。一度拡散された不都合な情報が，無限ともいえるCloudの中に保存され，引用などによって再拡散し，あやふやな人の記憶とは違い，検索可能な形でどこかには永久に保たれてしまう技術的な性質

と，コミュニケーション過程において当該技術が果たす役割を真剣に問い直す必要に迫られているといえる。

他方で現代は監視社会ともいわれ，社会学者デイヴィッド・ライアン (David Lyon) らが『私たちが，すすんで監視し，監視される，この世界について』(伊藤茂訳，青土社，2013年) で示すように，安全と利便性を得るために，あるいは自らの存在を示すために喜んでプライバシーを差し出す社会でもある。それでももしプライバシーを確保しようとするならば，PbD は人と人とのコミュニケーションだけでなく，本件 GPS 捜査で垣間見えたように，IoT や AI を含めた諸技術，「アーキテクチャ」の実現過程の中で完遂されるべき思考であろう。Cloud 時代に域外へのデータ移動を制限する EU 一般データ保護規則は，さらに新たな展開をも予測させる。

## 5 小　括

本件で最高裁は，GPS 捜査は特別な根拠規定と令状が必要となる強制処分であると示すとともに，具体的な要件に関しては，「捜査については，その目的を達するため必要な取調をすることができる。但し，強制の処分は，この法律に特別の定のある場合でなければ，これをすることができない」とする刑事訴訟法197条１項「ただし書の趣旨に照らし，第一次的には立法府に委ねられていると解される」とし，GPS 捜査が今後も必要なものであるならば，「その特質に着目して憲法，刑訴法の諸原則に適合する立法的な措置が講じられることが望ましい」としていることは，また違った意味で示唆的である。

最高裁決定の３人による補足意見では，裁判官による厳しく限定された令状にもとづく立法化前の GPS 捜査の可能性が示されているが，報道によると最高裁判決後の警察庁による抑制通達後も令状無しの抜け駆け的な GPS 捜査さえ行われているようである（毎日新聞 online〔https://mainichi.jp/articles/20171227/k00/00m/040/124000c〕）。国に何を求め，何を許すのかを今一度見つめ直し，人とプライバシーを取り結び，今後ますます大きな役割を果たすアーキテクチャの力と性格を厳密に認識し，制御していく必要があるであろう。

　　　　　　　　　　　　　　　　　　　　　　　　　　〔上 出　浩〕

## 3　障害者に対する合理的配慮

- 関係法令：障害者基本法4条1項
- 憲法条文：14条1項 → 第1部Ⅱ章*2*

[事　例]　高知高等技術学校事件

　X（1956年生）は，大学卒業後，中学校，高等学校，予備校および学習塾などで教諭や講師として勤務し，また警備会社等に勤務した経験もある。2010年から2012年までは父親の介護に専念し，就労はしていなかった。Xは，父親の介護の経験を活かして，介護職に必要な技能等を身に着けようと高知県立高知高等技術学校の介護職員初任者研修科の選考（以下，「本件選考」とする）を受験した。

　ところでXは，2013年に広汎性発達障害との診断を受け，高知県から障害者手帳の交付を受けた。

　本件選考には，定員15名に対して14名の応募者があり，Xの成績は，筆記試験は3位，面接試験は14位，総合順位は8位であった。ところが面接担当者2名が共に修了見込みについて0点を付けたため，Xの順位は最下位の14位とされた。そのためXは不合格となった（2014年5月1日）。そこでXは，本件不合格が障害者権利条約，憲法，障害者基本法に反する違法な処分であるとして，高知県等に対して国家賠償請求訴訟等を提起した。

　なお，Xは，2016年に，求職者支援法にもとづく職業訓練としての介護職員実務者研修科の選考に合格し，その後，研修の受講を修了した。

### 1　直接差別

　2018年4月11日，高知地裁は，本件についてXの主張を認め，高知県に対して，33万円の支払いを命じる判決を言い渡した。本判決は，「直接差別」とは「障害者に対する主観的差別意思を伴った差別」であるとした上で，本件選考の面接担当者らに「差別意思」があり「非障害者であれば合格し得たにもかかわらず，原告は，障害を理由に必要以上に厳しい評価をされた」とし，「本件不合格は，原告の発達障害を理由としてされた直接差別によるもの」とし，国家賠償法上違法としたのだ。本判決は，障害者基本法4条1項の直接差別禁止規定（「何人も，障害者に対して，障害を理由として，差別することその他の権利利益を侵害する行為をしてはならない」）を違法事由とした。本判決が違法事由につ

いて日本政府が2014年1月に批准し、同年2月に国内発効した障害者権利条約の5条2項および2013年公布・2016年4月施行の障害者差別解消推進法7条1項を参照している点は興味深い。とくに本件不合格処分が、後者が公布された後、施行前であったにもかかわらず、本判決が後者の立法の趣旨をくみ取る努力をしたことがうかがえる。

ところで、本件訴訟で、被告県は、判決文によると、本件選考について、「①目線が合わないこと、②面接会場に車で来たこと、③面接に軽装で臨んだこと、④健康面に不安があること、⑤臨機応変に対応することができないので訓練に当たって第三者への加害のおそれがあり、原告が本件職業訓練を受講・修了するのに支障があったと面接時に評価したことは適正であると反論」した。しかし、いずれも15分程度の面接時間における2名の面接担当者の評価にすぎず、裁判所は、①ないし③については受講・修了の支障になるとは考えなく、④の健康面の不安は発達障害のことにほかならず（原告にほかの健康上の問題はなかった）、⑤の「臨機応変に対応」できないというのは、抽象的であり、また原告が自らの短所として述べたことであるとして、すべての反論を退けた。そして、被告県の上記反論には根拠がなく、本件の不合格は障害者基本法に違反する「直接差別」にあたると判断したのだ（裁判所ホームページ〔http://www.courts.go.jp/app/hanrei_jp/detail4?id =87732〕最終閲覧2018年6月1日）。

なお本判決は、本件選考結果の憲法14条1項適合性について何ら言及していない。障害者基本法で訴訟を解決できるので、わざわざ憲法に言及しなかったのではないかと考えられるが、合理的理由のない区別扱いが憲法14条1項にも違反することは当然である。

## 2　障害者差別

ところで、本判決には、つぎのようなくだりがある。すなわち「例えば、障害がある結果の能力では、職業訓練を受講・修了するのに支障があるという場合に、資格要件を充足しないと判定することは直接差別にあたるとはいえないが、障害の程度を殊更重く見るなどして能力を実際以下に著しく低く評価し、職業訓練を受講・修了するのに支障がないのに、支障があると判定することは

直接差別に該当する」というくだりだ。

　ある人に障害があること自体ではなく，その結果の能力に着目して，たとえば本件の介護職の受講・修了の見込みがないとの判断は，少なくとも「直接差別」にはあたらないということだ。

　本件選考で差別の理由となった発達障害について，簡単に説明しておこう。発達障害とは「生まれつきの脳機能の障害によって現れる認知や行動のかたよりが著しいために，社会不適応を起こしている状態」であり，「自閉症スペクトラム」「ADHD（注意欠如・多動性障害）」「学習障害（LD）」などがある。これらの種類によって現れる特性や困難は異なり，またいずれの障害であっても，個人差が大きく，特徴が多く現れる人も一部しか現れない人もあり，症状の現れ方も，同じ症状でも強く出る場合とそれほど強くない場合があるという（小野和哉『最新図解　大人の発達障害サポートブック』ナツメ社，2017年，6頁）。障害というよりも一人ひとりの個性なのだが，その個性が著しく，それゆえに社会生活に支障が生じている場合に障害と診断されるのである。それゆえに発達障害があるからとって，それだけの理由で，本件で，原告Xが職業訓練を受講・修了するのに支障があるとの判断はできなかったはずなのである。

　身体障害，精神障害，知的障害等の他の障害についても同じことがいえるだろう。障害のある個人のそれぞれの個性や障害の現れ方は千差万別であり，障害があるというだけで，その結果としての能力をただちに判断することはできないのだ。

### 3　合理的配慮

　本判決は，随所で障害者権利条約と障害者差別解消促進法に言及している。これらの法規範では，障害概念について，大きな転換がなされている。従来は，障害は，障害のある個人の機能障害に還元される見方がなされてきた（医学モデル）。しかし障害者権利条約以後，法規範の世界でも，障害者の置かれている不利な状態の原因を，個人の機能障害だけではなく障害のある個人をとりまく社会的障壁との相互作用に見出し，社会的障壁の除去を重視する見方（社会モデル）への転換がなされたのだ（菊地馨実・中川純・川島聡編著『障害法』成文

堂，2015年，第1章）。

　2005年に国連総会で採択され，2007年9月に日本政府が署名した障害者権利条約第1条は，「障害者には，長期的な身体的，精神的，知的又は感覚的な機能障害であって，様々な障壁との相互作用により他の者との平等を基礎として社会に完全かつ効果的に参加することを妨げ得るものを有する者を含む」と障害についての「社会モデル」を採用し，さらに同条約2条で「『障害に基づく差別』とは，障害に基づくあらゆる区別，排除又は制限であって，政治的，経済的，社会的，文化的，市民的その他のあらゆる分野において，他の者との平等を基礎として全ての人権及び基本的自由を認識し，享有し，又は行使することを害し，又は妨げる目的又は効果を有するものをいう。障害に基づく差別には，あらゆる形態の差別（合理的配慮の否定を含む。）を含む。／『合理的配慮』とは，障害者が他の者との平等を基礎として全ての人権及び基本的自由を享有し，又は行使することを確保するための必要かつ適当な変更及び調整であって，特定の場合において必要とされるものであり，かつ，均衡を失した又は過度の負担を課さないものをいう」として，障害にもとづく差別を禁止するが，そこに「合理的配慮の否定」を含めている。

　「合理的配慮」とは，「特定の場面で障害者が障害のない人と同じように活動ができるようにするための物理的環境や時間・場所の変更や調整あるいは人的支援など」であり「機会の平等を確保するためのもの」である（DPI日本会議編『合理的配慮，差別的取扱いとは何か』解放出版社，2016年，33頁。「合理的配慮」の具体例についても本書を参照されたい）。

　この障害者差別禁止条約を批准するために，2004年に障害者基本法が改正され差別禁止条項（4条）が追加され，2013年には，障害者差別解消法（2013〔平成25年〕）が制定され，障害者雇用促進法（1960〔昭和35年〕）に差別禁止条項（第2章の2）が追加された。

　たとえば，障害者差別解消法7条2項は，「行政機関等は，その事務又は事業を行うに当たり，障害者から現に社会的障壁の除去を必要としている旨の意思の表明があった場合において，その実施に伴う負担が過重でないときは，障害者の権利利益を侵害することとならないよう，当該障害者の性別，年齢及び

障害の状態に応じて，社会的障壁の除去の実施について必要かつ合理的な配慮をしなければならない」と規定し，同8条2項で，同法2条7項で「商業その他の事業を行う者」と定義された「事業者」にも同様の義務を課している。

つまり，今日では，行政機関や事業者の「負担が過重でない」限りでの合理的配慮の否定も含む障害者差別の禁止が，日本でも法制化されているのだ。

### 4 まとめ——障害者差別解消と憲法

前記の諸法律では，障害者差別の禁止が事業者（すなわち私人）にも求められている。これらの法律は，障害者権利条約だけではなく，憲法14条1項を具体化したものともいえる。憲法学でも，条約や外国の法制の研究，合理的配慮の否定についての違憲審査基準のあり方等についての研究が蓄積されてきている（菊地馨実・中川純・川島聡編著・前掲書の第4章［緒方健執筆］およびそこで示されている研究業績を参照）。それらの研究では，合理的配慮がなされていないがゆえに障害者がこうむる不利益を，障害者の移動の自由や学習権などについての平等な取扱いに違反しうるという知見が示されている。たとえばスロープがないがゆえに車椅子ではレストランを利用できないのは，レストラン側の合理的配慮がないために車椅子を利用する障害者が他の者と比べて不平等に扱われていると考えるのである。

障害者権利条約や前記の諸法律と相まって，こうした研究は，健常者の利便やものの見方によってつくられてきた社会のあり方を問い直すものである。

［石埼　学］

---

## 4　塀の中の選挙権——成年者による普通選挙の番外地

- 関係法令：公職選挙法11条1項2号・3号
- 憲法条文：15条3項 → 第1部Ⅱ章 **7**

**［事　例］** 選挙権がなくなる場合

いわゆる塀の中のことは，刑事収容施設及び被収容者等の処遇に関する法律に定

められている。この法律には，刑法や刑事訴訟法に登場しない「受刑者」の定義があり，ごく簡潔に「懲役受刑者，禁錮受刑者又は拘留受刑者をいう」（2条4号）と規定されている。「死刑確定者」は，「死刑の言渡しを受けて拘置されている者をいう」（2条11号）のであり，すでに「受刑者」のはずがないから，その定義には含まれない。

各種の刑罰は，もちろん刑法に規定されている。「死刑は，刑事施設内において，絞首して執行する」（11条1項）が，「死刑の言渡しを受けた者は，その執行に至るまで刑事施設に拘置する」（11条2項）。「懲役は，刑事施設に拘置して所定の作業を行わせる」（12条2項）。「禁錮は，刑事施設に拘置する」（13条2項）が，刑務作業を強制しない。これら2種類の自由刑には無期と有期があり，有期の原則は1か月以上20年以下である（12条1項，13条1項）が，毎年数人が実際に宣告されている「拘留」の刑期は，1日以上30日未満である（16条）。

公職選挙法には，「禁錮以上の刑に処せられその執行を終わるまでの者」や「禁錮以上の刑に処せられその執行を受けることがなくなるまでの者（刑の執行猶予中の者を除く。）」が，「選挙権及び被選挙権を有しない」と規定されている（11条1項2・3号）。これらの欠格条項に該当するのは，「禁錮受刑者」と「懲役受刑者」と「死刑確定者」である。「禁錮受刑者」と「懲役受刑者」は，仮釈放により塀の外に出ても刑期が満了するまで欠格のままであるが，もとより仮釈放の可能性のない「拘留受刑者」は，そもそも欠格ではない。刑務所内という特殊環境が決定的に不都合ではないということは，おそらく推して知るべきなのだろう。

おりあしく「刑事施設……に収容されていること」が「見込まれる選挙人の投票については……期日前投票所において，行わせることができる」（48条の2第1項3号）という規定もある。さらには，「不在者投票管理者に提出する方法」（49条1項）もある。日本国憲法の改正手続に関する法律に規定されている「国民投票の投票権」（3条）は，「拘留受刑者」以外の「受刑者」や「死刑確定者」からも剥奪されないが，もちろん「投票権」を行使することもできないような場所に収容しているわけではないという前提があるのだろう。

もっぱら刑罰の軽重により「選挙権」がなくなる場合を選別している現行法のシステムは，すなわち犯罪の種類を不問にしている。公職選挙法違反の選挙犯罪の場合に限定されているわけではないから，当該種目のルール違反が重大であったり累積したりすると退場や出場停止になるような競技の世界とも似て非なる。

## 1 選挙権がなくなる理由

(1) **合憲性判定基準** 最高裁判所の2005年9月14日の大法廷判決（民集59巻7号2087頁）によると，「憲法は，国民主権の原理に基づき，両議院の議員の選

挙において投票をすることによって国の政治に参加することができる権利を国民に対して固有の権利として保障しており，その趣旨を確たるものとするため，国民に対して投票をする機会を平等に保障している」。そして，「憲法の以上の趣旨にかんがみれば，自ら選挙の公正を害する行為をした者等の選挙権について一定の制限をすることは別として，国民の選挙権又はその行使を制限することは原則として許されず，国民の選挙権又はその行使を制限するためには，そのような制限をすることがやむを得ないと認められる事由がなければならない」。

　この判決により違憲と判定されたのは，国外に居住すると「投票をする機会」を完全に喪失したり，大幅に限定されたりした当時の公職選挙法の規定であるが，引用部分に「選挙権又はその行使」と記されているのを素直に読むと，欠格条項に基づく「選挙権」自体の「制限」にも関係する内容の判決である。海外にいても「行使」できるように保障すべきという要旨の先例として，それ以外は想定外という狭い読み方をするのは，「自ら選挙の公正を害する行為をした者等」が国内の番外地にいるかもしれないことを忘れていたり，彼女たち彼らの「選挙権について一定の制限をすることは別として」という例外が明示されているのを読み飛ばしたりすることにもなるから，どうにも無理筋の後知恵である。

　(2) **違憲判決の論理**　最高裁判決に提示されている厳格な基準を適用して，大阪高等裁判所の2013年9月27日の判決（判時2234号29頁）は，仮釈放中の「懲役受刑者」の訴えに耳を傾け，「公職選挙法11条1項2号が受刑者の選挙権を一律に制限していることについてやむを得ない事由があるということはできず，同号は，憲法15条1項及び3項，43条1項並びに44条ただし書に違反するものといわざるを得ない」と判定している。この違憲判決によると，「受刑者の中には，過失犯により受刑するに至った者も含まれ，その刑の根拠となった犯罪行為の内容もさまざまで，選挙権の行使とは無関係な犯罪が大多数であると考えられる。そうすると，単に受刑者であるということのみから，直ちにその者が著しく遵法精神に欠け，公正な選挙権の行使を期待できないとすることはできない」。そして，「受刑者について不在者投票等の方法により選挙権を行使させることが技術的に困難であるということはできず，この点が選挙権を制

限すべきやむを得ない事由に該当するということはできない」。

そもそも「受刑者を刑事施設に収容するのは，犯した罪に対する応報として自由を剥奪するとの趣旨と，矯正処遇により改善更生を促し，再犯を防止するという目的に基づくものと考えられる」が，最高裁判決を参照してみても，「犯罪を犯して実刑に処せられたということにより，一律に公民権をも剥奪されなければならないとする合理的根拠はなく……受刑者であることそれ自体により選挙権を制限することは許されないというべきである」。また，「受刑者に選挙公報を届けることは，在外国民に対する場合と比較して容易であるから，この点にかんがみても，受刑者が外部の情報取得について一定の制約を受けていることを選挙権制限の根拠とすることはできないというべきである」が，とりわけ「仮釈放中の受刑者は，刑事施設に収容されておらず，情報取得については一般の国民と同様の立場にあるから，情報取得の困難性を理由として一律に受刑者の選挙権を制限することは，少なくとも仮釈放中の受刑者についてはその前提を欠き，根拠がない」。いくつか要所と思しき箇所を選んで引用してみたが，現行法の「一律」の「制限」も「やむを得ないと認められる事由」は，まるで見当たらないと結論されている。

(3) **合憲判決の論理**　大阪高裁の判決は，「やむを得ない」とはいえない「一律」の「制限」を理由に賠償請求を認容したわけではなく，違憲の判定を勝ち取った控訴人（原告）が上告せず，勝訴の国側が上告することはできなかったから，最高裁に破棄されることも支持されることもなかった。同じ年の暮れ，東京高等裁判所の2013年12月9日の合憲判決（判例集未登載）は，ごく簡略に，「禁錮以上の刑を科せられた者については，選挙権及び被選挙権を与えることが適当でないとして，いわば制裁の一つとして，欠格事由を定めたものであり，一応の合理的理由がある」と結論している。けれども，上告を受けた最高裁の2014年7月9日の第2小法廷判決（判時2241号20頁）は，「受刑者」が訴えた事件ではないことを捉えて，「選挙無効訴訟において選挙人らが他者の選挙権の制限に係る当該規定の違憲を主張してこれを争うことは法律上予定されていない」という理由により，下級審の勇み足をとがめている。

ことさら入念に不要の判定を無用と説明している千葉勝美裁判官の補足意見

に，「受刑者の選挙権の問題に関しては，諸外国の法制度が区々に分かれ，特に英国など欧州において様々な議論が行われており，近年，諸外国における制度の見直しを含む法制上の対応や議論の動向は極めて流動的な状況にある」という指摘が含まれている。最高裁の態度は，このように慎重な様子見である。

広島高等裁判所の2017年12月20日の合憲判決（LEX/DB 25549213）は，すでに刑期を満了していた元「懲役受刑者」の訴えを退けている。その理由の目新しい部分によると，「犯罪等の不正が社会に蔓延しないように法秩序を維持し，選挙を含む社会の制度が安定的に運営できるように社会秩序が安定することが，選挙を公明かつ適正に行うための不可欠の基盤であるところ，受刑者は，法秩序を著しく侵害し，もって上記の基盤を少なからず損なったものであり，選挙制度の維持ないし公明，適正な公職選挙の実施の観点からも看過できないものとして，受刑を終了するまで制裁として選挙権の行使を制限することに一定の正当性，合理性が認められる」。

もちろん，公職選挙法は，「選挙が選挙人の自由に表明せる意思によって公明且つ適正に行われることを確保し，もつて民主政治の健全な発達を期することを目的とする」（1条）。けれども，高度に抽象的な「不可欠の基盤」を見定めて，それを「受刑者」が「少なからず損なった」と説明してしまうと，皮肉にも，およそ犯罪のなくならない現実の世の中には大きな瑕疵，欠陥のない「公明，適正な公職選挙の実施」など期待できないという諦めを表明してしまうことにもなるから，このような理由も論理的には苦しそうである。

**2 成年者による普通選挙**

最高裁が「選挙権」の「制限」について採用した「やむを得ないと認められる事由がなければならない」という厳格な基準を実直に適用すると，そもそも東京高裁が認めた「一応の合理的理由」や広島高裁が認めた「一定の正当性，合理性」では現行法の合憲性を確保するのに不十分である。第1審の記録にも目配りすると，大阪地方裁判所の2013年2月6日の判決（判時2234号35頁）や広島地方裁判所の2016年7月20日の判決（判時2329号68頁）も同じと知れるが，これらの合憲判決は，いずれも厳格な基準を適用してない。

その根拠として，広島高裁判決は，「公務適格性等という，選挙権に内在する制約」に着目している。大阪地裁判決や広島地裁判決も異口同音であるが，そもそも自由権とは異質な「選挙権」の行使が「公務」の遂行でもあり，それゆえ本来的に「適格性」の有無が問題になるという理解が前提にあるのだろう。憲法にもとづいて「成年者による普通選挙を保障する」（15条3項）のに，原則として番外地があってはならないという要旨の最高裁判決に見落としがあるかのごとく，まるでいさめているかのような下級審判決になっているが，それだけの問題でもない。

そもそも「選挙権」が「国民固有の権利である」（15条1項）のと同時に「公務」でもあるのだとすると，いわゆる棄権が「公務」の懈怠，不履行になる。典型的な「公務」として素朴に「納税の義務」（30条）のようなものを連想すると，遂行してもしなくてもよい「公務」は不可解であるが，どうして「懲役受刑者」らが最優先に免除されるべきなのかも不思議である。

オーストラリアやベルギーやブラジルなどのように「選挙権」の行使を強制する制度が採用されている諸国もあるが，自由選挙を当然の前提にしながら「制限」の場合のみを「公務」の免除として説明せざるをえないような論理は，どうもいびつである。かつて財産と教養に恵まれた人々が「選挙権」を特権として寡占していたのではなく「公務」として負担していたというのは，制限選挙を正当化していた基本的な弁明である。それとは対照的な「成年者による普通選挙」に番外地を認め，そこだけ局所的に古式ゆかしき発想をするのには，やはり難があるだろう。　　　　　　　　　　　　　　　　　［倉田　玲］

## 5　日の丸君が代

- 関係法令：国旗国歌法
- 憲法条文：19条　→　第1部Ⅱ章 *3*

［事　例］　入学式で「国歌斉唱」を拒否できる？

1999年に国旗国歌法が制定された。この法律は，国旗を日章旗（1条），国歌を

君が代（2条）と規定するだけのたった2条の法律である。国会での審議の際に，政府は，子どもたちに強制することはしないという趣旨の答弁をした。しかし，2003年10月23日，東京都教育委員会は，入学式，卒業式において教員が国旗に向かって起立し，国歌を斉唱することを内容とする通達を発した。東京都の公立中学校教諭であるXは，日本国憲法下の教員として，戦前において天皇と大日本帝国への無条件の忠誠を学校で教えこみ，日本のアジア侵略を支えた国旗と国歌に対して敬意を表することは自己の信条としてできないし，また，自分の教える子どもたちにそれを強制してはならないと考えていた。Xには，所属する中学校の校長から起立斉唱の職務命令が出ていた。しかし，Xは，入学式において，司会者が「国歌斉唱。全員起立。」と述べたにもかかわらず，席に着席したままであった。東京都教育委員会は，Xを戒告処分にした。

## *1* 日の丸君が代と戦後日本社会

日本人であれば，日の丸と君が代に敬意を払うのは当然だといわれることがある。しかし，それは，ひとつの意見にすぎないのであって，そう考えない人も多く存在している。国家や社会は，日の丸と君が代に敬意を表することがどうしても受け入れられないという人を，無理やり立たせたり歌わせることができるのだろうか。これが，本問で問われていることである。

日本の歴史をふまえるならば，日の丸と君が代にはどうしても敬意を払えないという人は，一定数必ず存在すると思われる。日章旗が国旗で君が代が国歌であると法律で定められたのは，1999年のことである。それほど昔の話ではない。どうして，1999年まで正式に国旗・国歌と決められなかったかといえば，日の丸と君が代は，大日本帝国の象徴であり，したがって，日本の行ったアジア侵略とも密接に結びついているのであって，戦後の民主体制を示す国旗国歌としてはふさわしくないと考える人たちが数多く存在していたからである。

## *2* 基本的人権としての思想・良心の自由

日本国憲法19条は，思想・良心の自由を規定している。日本国憲法において，基本的人権としての思想良心の自由が規定されたのは，治安維持法等によって，個人の思想の自由を徹底的に否定した大日本帝国の歴史をふまえてのことである。アメリカ合衆国憲法においては，思想良心の自由は，表現の自由

を保障する修正1条で保障されると考えられている。しかし，表現の自由が，他者とコミュニケーションをする権利であるのに対し，思想良心の自由は，その前提としての個人の内心を守るための人権である。日本国憲法のように，両者を区別して規定する意義は大きい。

思想良心の自由を考えるときにもっとも重要なことは，思想良心は，内心にとどまる限り絶対的に保障されなければならないということである。絶対的に保障するということは，国家権力は内心を侵害する行為を絶対にしてはならないということである。具体的には，国家権力は，①特定の思想の強制，②思想の開示の要求，③思想による差別を絶対に行ってはならないと考えられている。

人々が内心において自由でなければ，自由な思考も生まれないし，真の意味で自由な表現も存在しない。したがって，民主政のプロセスも適正な帰結をもたらさない。このように，思想良心の自由は，精神の自由の中核であって，立憲民主政を成り立たしめる前提条件として位置づけられるのである。

## 3　内心の自由と外的行為

しかし，本問において問題になるのは，日の丸君が代強制は，絶対的保障のカテゴリーにあてはまらないということである。絶対的保障というからには，その射程距離を狭くしなければ社会生活は成り立たなくなる。国家は先に述べた3つのことがらを絶対的にしてはならないというのが，絶対的保障の意味である。卒業式，入学式での国旗国歌への起立斉唱は，特定の思想の強制にも思想の開示にも思想による差別にもずばり当てはまるものではない。

それでは，本問を，思想良心の自由の問題ではないとして処理するべきだろうか。この論点を明確にし，思想良心の自由論を一歩前に進めたのが，憲法学者の西原博史である（代表的な著作は『良心の自由と子どもたち』岩波新書，2006年）。彼によると，日の丸君が代強制は，それまでの思想良心の自由論とは異なるところに存在していたのである。すなわち，個人の人格の中核を占める思想信条と世俗の義務が衝突したときに，その義務を拒否する権利が日本国憲法において保障されているのか否かが，この問題において問われていたのである。

その人がその人であることを形づくる個人の思想信条と社会での義務が正面から衝突し，どうしてもその義務に従うことができないような状況において，当該義務を消極的に拒否することに憲法上の権利がまったく及ばないとすれば，私たちの正義感覚に反するだろう。人権とは，まさに，このような場面において主張されうる権利でなければならない。

重要なことは，この問題と絶対的保障論とを区別することである。すなわち，本件のような思想にもとづく義務の拒否は，絶対的に保護される行為ではないが，憲法上の保障は及ぶと考えるべきである。

これと似た問題に，エホバの証人の信者である市立高専の生徒が，信仰を理由に体育の剣道の授業を拒否した結果，退学処分を受けたという有名な事件がある。この事件で問題となったのは信仰の自由であったが，思想良心の自由と信仰の自由は，内心の自由という点で同じ性質をもつ。この事件において，最高裁判所は，裁量権の逸脱濫用という行政法理論によって処分を取り消した（最判1996年3月8日民集50巻3号469頁）。本来であれば代替措置を準備すべきところ，それをせずに退学処分を行った校長の行為が，裁量権の逸脱濫用にあたる，という判決である。

憲法学的に考えるならば，信仰の自由という重要な人権を制約するほどの重要な価値が剣道の授業の履修にあるかが問題の核心である。そして，信仰の自由が精神の自由の中核部分に存在することを考えるならば，信仰を理由とする処分については厳格審査で対処すべきであろう。信仰を理由に剣道の履修を拒否する生徒に対し，たとえばレポートで対応することによって，他の生徒の人権に対する明白かつ現在の危険が存在するかどうかを考えればよい。

この事件における高裁判決は，「信教の自由を制約することによって得られる公共的利益とそれによって失われる信仰者の利益」とを比較衡量するという手法をとった（大阪高判1994年12月22日民集50巻3号517頁）。信仰を貫くことによって停学および退学という重大な不利益をこうむることと，代替措置をとらないことによって得られる利益とを比較したわけである。この考え方に基づいて，処分は違法と判断された。この考え方は憲法論であるといってよい。

判断手法はともかくとして，ここでは，エホバの証人剣道拒否事件と本問と

の構図が同じであることが重要である。エホバの証人剣道拒否事件最高裁判決を支持できるのであれば、本問でも教員の側に立つべきであろう。

## 4 判　　決

　しかし、本問の事例について、2011年5月から6月にかけて、最高裁は合憲判断を下した。日本全体が東日本大震災によるショックから立ち直っていない困難な時期に出されたということ、しかも、大法廷判決ではなく3つの小法廷が、それぞれ判決を出したという点においてもきわめて異様な対応であった（5月30日〔第2小法廷〕、6月6日〔第1小法廷〕、6月14日〔第3小法廷〕）。

　3つの判決の論理はほとんど同じである。まず、教員を立たせ歌わせることは、教員に対する思想良心の自由の間接的な制約にあたる。しかし、思想良心の自由の制約ではあるが、間接的な制約であるから、侵害の程度は高くないのであり、したがって、緩やかに審査するというのである。このやり口は、公務員の政治的行為を禁止する国家公務員法102条1項の合憲性が問われた猿払事件（最[大]判1974年11月6日刑集28巻9号393頁）において最高裁が使用した法理とよく似ている。

　そして、「教育上の行事にふさわしい秩序を確保して式典の円滑な進行を図ること」が、「住民全体の奉仕者として法令等及び上司の職務上の命令に従って職務を遂行すべきこととされる地方公務員」たる教員には課せられており、そのような「式典における慣例上の儀礼的な所作」として、教員に起立斉唱を求めても思想良心の自由に反しないというのである。

　しかし、起立斉唱の強制が間接的にしか思想良心を制約していないというのは、どう考えても無理があるのではないだろうか。自分がどうしても受け入れられないものに敬意を払うことは、自分が自分であるための中核部分を失うことである。それを命ずる国家行為を最高裁判所が承認することは、人が誇りをもって生きるという人権の核心を揺るがせるだろう。したがって、起立斉唱を求める通達およびそれにもとづく職務命令は、思想良心の自由を直接に侵害すると考えなければならない。そして、思想良心の自由が絶対的保障として語られてきたことにかんがみるならば、本件は厳格審査で対応すべきであって、通

達および職務命令は違憲と判断されるべきであろう（6月6日判決における宮川裁判官による少数意見を参照）。

## 5　その後の判決

ピアノ伴奏事件（最判2007年2月27日民集61巻1号291頁）では、ピアノ伴奏を命じる職務命令が思想良心の自由の制約にあたるとは認められなかったわけであるから、不起立事件が間接的であっても思想良心の自由の制約を認めたことは、法理としては進歩だったのかもしれない（ピアノ伴奏の命令よりも起立斉唱の命令のほうが、思想良心の自由を害する程度が大きいと判断されたともいえる）。

そして、この法理は、その後のさらなる処分に対する処分取消につながった。東京都では、不起立を繰り返すことによって、処分が加重されていくという手法をとっていたが、そうしてなされた重い処分が取り消されたのである（最判2012年1月16日判時2147号127頁）。

これは、2011年判決が、間接的制約を認めたことによる理論的帰結である。すなわち、国歌斉唱時に不起立を選択する教員は、その思想良心の自由を間接的に制約されている。そして、教員に起立斉唱させる目的は、「行事にふさわしい秩序」および「式典の円滑な進行」である。しかし、教員が起立斉唱しなかったとして、秩序がどの程度乱れ、式典の円滑な進行がどの程度害されるのであろうか。「反対」と叫ぶわけではなく、ただ、黙って座っているだけである。しかも、それは、「間接的」ではあれ、正真正銘の思想良心の自由の制約なのである。とすれば、不起立を選択したからといって、そんなに厳しい処分を科すことはできないであろう。最高裁判所は、単に国旗国歌への敬意を拒否することだけでは、たとえそれが繰り返されたとしても、戒告までしか処分をしてはならず、減給以上の処分は、裁量権の範囲を超えるがゆえに違法であると認めたのである。

ただし、同日になされた別の最高裁判決は、過去に不起立以外に三度の懲戒処分歴があった教員に対する3か月の停職処分を肯定した（最判2012年1月16日判時2147号139頁）。要するに、最高裁は、不起立だけでは減給以上の厳しい処分をしてはならないといっているが、不起立と他の処分歴をあわせてより重い

処分をすること自体は，認めてしまっているのである。

　2012年に下された2つの判決は，良くも悪くも現在の日本の最高裁判所の状況を示している。　　　　　　　　　　　　　　　　　　　　　　　　[成澤孝人]

## 6　学問の自由と軍事研究

- 関係指針・決定：2014年防衛計画大綱「防衛研究における大学との連携」および2015年度防衛省概算要求「安全保障技術研究推進制度」，2015年4月27日の「日米防衛協力のための指針」（教育・研究交流）および2015年12月17日の閣議決定「国家安全保障戦略」（高等教育機関における安全保障研究の実施等）
- 憲法条文：23条

[事　例]　近年の大学における軍事研究に関する2つの事件

　大学における軍事研究が問題になっている。まず，2つの事件を検討しよう。第1には，近年東京大学で起きた事件である。第2には，最近岐阜大学で起きた事件である。最初の東京大学で起きた問題というのは，東京大学のある研究者がアメリカ軍の軍事研究（人型ロボット研究）に参加していたことが発覚して，1969年の東京大学確認書「軍事研究をしない」への違反だとして問題にされたとき，産経新聞などが「学問の自由への侵害だ」と大学を批判したことである。それは果たして大学による学問の自由への侵害なのであろうか。つぎに後者の岐阜大学の事件とは，2015年に防衛省の軍事研究補助金（「安全保障技術研究推進制度」）3億円が公募されたとき，岐阜大学では教職員組合が，「軍事研究費への応募には慎重な態度で臨む」という大会方針を可決したが，これに対し工学部の研究者組合員が「このような過激な組合には同調できない」と数名が脱退する動きをしたという事件である。（結局その後も，工学部の教員たちは防衛省研究補助金公募に応募したが採択されていない。）これらの国立大学の組合は憲法上この問題にどのように対処するべきなのか。かくして大学と軍事研究は憲法上どのように規律されるべきなのであろうか。

### 1　問題の背景と論点

① 　軍事研究の問題はとくに国立大学で問題となる。国立大学は大半が理系であり，ビッグサイエンスを必要とする軍事技術開発は主として理系の問題であるからである。それに対して私学は大半が文系で，軍事研究にかかわることは

少ない。文学部で行われる戦国時代の歴史研究はここで問題にする軍事研究の範疇には入らない。金もうけにならないし、防衛省の当面の軍事研究の目的は、兵器が技術革新され、軍需産業が発展することだからである。

②　かくして防衛省の軍事研究補助金には地方国立大学に応募が多く、旧七帝大に少ない。ひとつは、日本学術会議の中心を担う東京大学や名古屋大学には軍事研究を戒める誓いが日本学術会議からも三度決議され、各大学の内規にも定められ、実効的に機能していることと、旧七帝大のノーベル賞を狙う研究者からすれば、先端研究のために経産省や文科省の出す億単位の科学研究費を獲得できれば予算的にはまず十分なのであって、研究の制約が多くて自由度の低い軍事研究に手を出すのは無能の証明になってしまうからである。

③　しかし、地方国立大学の理系研究者は、研究予算激減の中で軍事研究補助金に手を出さざるを得ない。部下の教員学生など、「兵隊たちを食わせていく」ことができないからである。貧すれば鈍すで、家族を食わすためにサラ金に手を出す貧乏人のようなものである。そんな時に組合に軍事研究までやるなといわれては、研究生活にとどめを刺されてしまうのである。勿論組合が悪いわけではないが、地方国立大学の研究者は、軍事研究に手を出さねば生きていけないほど研究予算が減らされていることが問題なのである。

④　次に東京大学の研究者が学内規則違反を問われて「学問の自由の侵害だ」と主張することはどう考えるべきか。これは学問の自由を考える上で基本的な問題を提起している。戦後憲法23条に保障された学問の自由とはそもそも森戸事件や河上事件、滝川事件や美濃部事件のように政府・軍部の学問弾圧からの大学の自由である。戦前は731部隊に協力しなかった医学者は最前線に送られ殺された。大学が軍事研究を禁止する規則を定めたのは、むしろ弱い個々の研究者が「規則があるので協力できません」と言い訳できるようにしてあるのである。確かに、もし大学が、政府から軍事研究に協力せよと圧力をかけられたために、非協力者が大学によって追放されるなら、大学による個人の研究の自由の侵害ともなろう。しかし、逆にそもそも軍事研究は憲法9条の趣旨に反することは自明であろう。まして核兵器開発や生体実験はそもそも国際法（核不拡散条約、生物化学兵器禁止条約）上も許されていない。まして国立大学教員は憲

法9条への忠誠を誓って就任している。公務員や教員は憲法擁護義務があり，本来，ヒトラーのような権力者の不正な法律や命令から国民の憲法上の自由と権利を守るために，違憲・不当な法律や命令を拒否しなくてはならない。勿論どんな民生研究も軍事に利用できるというデュアルユース問題があり，軍事につながるから違憲だとは一概にいえないのは当然であるが，少なくとも研究発表に民事・刑事・行政法的制裁を課すような公開の自由のない防衛省管理の極秘研究は，本来，戦後平和日本の国立大学や公教育施設での研究にはそぐわない。そもそも産学共同ですら，特許権が絡み，本来公開原則に反するので制限が必要であるが，まして本質的に非公開を原則とする軍学共同などもってのほかである。大学がヒト・クローン研究禁止や軍事研究禁止の研究内規を定めることは，学問の自由すなわち大学の自治の当然の帰結である。どうしても日本で米軍と軍事研究がやりたいなら，たとえばアメリカの官民の研究所に行くべきなのである。

⑤ 地方国立大学の教職員組合も全員国立大学教職員から構成されているので憲法擁護義務がある。したがって，組合が「軍事研究の応募には慎重な態度で臨む」という大会方針は当然である。「過激に過ぎる」というならその大会方針が違憲といえるのか，論証すべきである。勿論，労働組合なのだから，研究費を削られて困っている個々の研究者の心情を理解してくれといいたいのであろうが，言い訳にすぎない。ただし，研究者にひもじい思いをさせている国にも責任があることは明らかである。

⑥ 国立大学は2004年に国立大学法人になって市場原理が導入され，政府は国立大研究者に稼げと要求し，そのために研究費を激減させた（細井克彦ほか編『新自由主義大学改革』東信堂，2014年）。国立大学の非常勤は減らせ，授業は増やせ，論文は増やせ，特許を取って稼げ，教室を貸して稼げ，何が何でも稼げといい，国立大学予算は，2003年度予算を基準に，2031年までに，毎年1％ずつ減らし，27％の予算削減を命じている。これではどんな国立大学でも学部のひとつや2つつぶれてもおかしくない。現在法人化から14年たって，実際上，経営破綻した国立大学はすでに33大学におよび，北海道大学，新潟大学，岐阜大学等の大学では2年間の人事凍結が行われており，岐阜大学は名古屋大学との経営統合を余儀なくされた。すべての国立大学は，いずれ旧七帝大に全て統合

されることになろう。また地方国立文系廃止論や教育学部縮小統廃合論も噴き出している。そして政府は国立大学授業料を今の54万円から2031年には93万円にするように要求している。これは，政府が教育費無償を掲げて憲法改正を主張することと矛盾する。

### 2　現代の学問の自由とは

かつての国立大学協会のアンケート調査では，国立大学教員が求める年間の最低研究費は，文系で100万円，理系で250万であった。30年前まではそれに近い研究費があったが，今日ではその半額にも満たないせいぜい4割程度である。そのため，国立大学の研究者の研究論文は激減している。2005年までは毎年増えていき，年間6万本の論文が出ていたが，2015年には4万本に減少した（豊田長康・元三重大学学長ブログ）。理系論文数が激減しているという。研究論文の減少など，世界に例がない。基盤的研究費の増大に比例して研究論文数が増大するのは全世界共通である。日本の学術文化はこのままでは発展途上国レベルになる。実質的な自由としての現代の学問の自由とは，第1に，学生への無償大学教育の保障（教育を受ける権利），第2に，研究者にとっては研究の自由や給与・身分保障，学外参与の半数未満への部外者の理事の縮小，学長・学部長・理事他すべての重要役職の公選制，学生代表の理事会への参加権（大学の自治），第3に，大学の財政自治権と研究者への最低研究予算の保障（学問の自由とくに基礎研究の自由）である（高柳信一『学問の自由』岩波書店，1983年）。

［近　藤　　真］

## 7　規制緩和——財産権，営業の自由

- ■ 関係法令：国家戦略特区法
- ■ 憲法条文：22条，29条 → 第1部Ⅰ章**2**・Ⅱ章**3**

［事　例］　安倍政権の「成長戦略」

「規制改革は安倍内閣の一丁目一番地であります。「成長戦略」の一丁目一番地で

もあります」。2013年1月24日第1回規制改革会議にて安倍首相が述べたように，2012年12月に発足した第二次安倍政権の「成長戦略」(「アベノミクス第三の矢」)の本丸は，規制緩和，規制改革である。「成長戦略」の方針文書である，「日本再興戦略―JAPAN is BACK―」(2013年)において，外国からの企業呼び込みなどを目指し企業活動の「足かせ」となっている規制や制約を政府が積極的に省く「規制省国」という考えが打ち出された。

　「成長戦略」の柱として，2013年12月に国家戦略特区法が成立した。これは，一定の区域を「国家戦略特別区域」に指定し，特定区域での規制緩和や税制優遇を通じて，「世界で一番ビジネスがしやすい環境」を創出し，企業や外資の積極的誘致を狙いとするものである。規制改革のメニューには，都市再生，創業，外国人材，観光，医療，介護，保育，雇用，教育，農林巣産業など幅広い分野が挙げられており，2014年5月から認定がはじまり，全国で10区域が指定され，規制改革メニューの活用数は50，認定事業数は264にのぼっている(2018年5月時点)。

　国家戦略特区は，安倍政権が「岩盤規制」と呼ぶ，医療・農業・教育・雇用などこれまで規制緩和が実現できなかった分野の規制を撤廃する突破口とされている。病床規制の緩和，混合診療の解禁，農業委員会の見直し，公設民営学校の解禁，労働時間規制の適用除外，解雇規制の緩和など，法改正によっては実現困難な規制改革を，特区認定という手法によってまずは地域的に実現し，やがて全国化させることが狙われている。

## *1* 規制緩和の何が問題か

　1970年代以降の世界的に台頭した新自由主義にもとづく規制緩和をめぐる問題は，経済政策を考える上で現在もっとも重要なテーマといえる。新自由主義とは，規制緩和や金融の自由化，減税政策などによって，経済活動への政府の介入を限りなく縮小させ(小さな政府，民営化論)，市場原理主義を徹底させる経済政策理念をいう。中曽根政権(1982-87年)が，国鉄の分割民営化や大企業・高所得層の減税などを行ったことから新自由主義の走りといわれているが，新自由主義にもとづく構造改革が本格化するのはバブル崩壊後の90年代に入ってからのことである。細川政権下の規制緩和政策に端を発し，橋本政権下の「六大改革」によって新たな局面が開かれ，小泉政権下でひとつのピークを迎えたといわれている。安倍政権は，このような新自由主義路線を従来の政権よりもいっそう強力に推し進めるものといえる。

　国全体に先行して規制緩和の行う特区制度は，2003年の小泉政権下に導入さ

れた構造改革特区，2011年菅民主党政権下で導入された総合特区が存在するが，国家戦略特区は，政府が規制緩和のメニューをあらかじめ用意し，それに見合った事業提案をした区域を指定するというトップダウン方式であり，規制緩和の決定権を国会や地方議会ではなく，内閣総理大臣主導の国家戦略特別区域会議に委ねているところに大きな特徴ある。

そもそも歴代政権を通じて規制緩和が追求されつづけるのはなぜであろうか。規制緩和推進派は，「規制緩和によって企業には新しいビジネスチャンスが与えられ，雇用も拡大し，消費者には多様な商品・サービスの選択の幅を拡げる。内外価格差の縮小にも役立つ。同時に，それは内外を通じた自由競争を促進し，我が国経済社会の透明性を高め，国際的に調和のとれたものとするであろう」（経済改革研究会「規制緩和について」〔中間報告〕1994年11月8日）などと説明してきた。

たしかに，既得権益を不当に優遇する過剰な規制は撤廃されるべきであるが，問題は撤廃すべき過剰な規制とは何かというところにある。安倍首相は「既得権益の岩盤を打ち破る」「いかなる既得権益といえども，私の『ドリルの刃』から，無傷でいられません」（2014年1月22日世界経済フォーラム年次会議）と述べるが，労働規制，医療規制，環境規制，教育規制，税制といった「岩盤規制」が保護する「既得権益」とは，社会的公正が実現される下で普通に働く国民生活の利益にほかならない。したがって，これらの「岩盤規制」を企業の利潤追求を阻害するという理由だけで撤廃するということが，はたして憲法上許されるのかは慎重な検討を必要とする。

それでは新自由主義にもとづく規制改革に対して，憲法学からどのような検討が可能であろうか。

## 2 経済活動の自由に対する向き合い方

経済活動の自由の保障のあり方を考える際，近代憲法から現代憲法へという流れを押さえることがまず重要となる。近代憲法の下で神聖不可侵とされた財産権は，現代憲法に至って社会権の保障と表裏をなす形で，当然に制約を受ける権利と理解されている。日本国憲法も生存権（25条），教育を受ける権利（26

条），勤労権（27条），労働基本権（28条）を規定する一方，職業の自由（22条1項）および財産権（29条2項）に対する「公共の福祉」にもとづく制約を明記し，社会的不公平に積極的に介入する福祉国家をあるべき国家像としている。

最高裁判決も，職業の自由に対する規制立法につき，「国は，積極的に，国民経済の健全な発達と国民生活の安定を期し，もつて社会経済全体の均衡のとれた調和的発展を図るために，立法により，個人の経済活動に対し，一定の規制措置を講ずることも，それが右目的達成のために必要かつ合理的な範囲にとどまる限り，許される」として，精神的自由とは異なる「積極的目的」にもとづく規制が許容されることを認めている（最［大］判1972年11月22日刑集26巻9号586頁〔小売市場判決〕）。財産権についても「財産権に対し規制を要求する社会的理由ないし目的も，社会公共の便宜の促進，経済的弱者の保護等の社会政策及び経済政策上の積極的なものから，社会生活における安全の保障や秩序の維持等の消極的なものに至るまで多岐にわたるため，種々様々でありうる」と判示し，「積極的」規制を許容している（最［大］判1987年4月22日民集41巻3号408頁〔森林法判決〕）。

規制緩和が政治課題となる以前の時代状況にも規定されて，判例上問題となってきたのは，もっぱら「規制」の許容性に関するものであった。学説における経済的自由の論じ方も，最高裁を後追いする形で，職業の自由については規制目的二分論，財産権については比較衡量論という枠組みが80年代のうちに一定の確立をみた。いずれも経済政策の問題は基本的に立法裁量に委ね，裁判所は立ち入った審査を行わないという点で現在もおおむね一致している。最高裁の設定する「積極規制」が非常に広範な射程を有するにもかかわらず，多くの学説がこれを立法裁量の判断に委ねることを是としたのは，それが最終的には社会的弱者保護の目的を達成しうると受け止めていたということと，22条1項や29条2項はそのような規制を要請していると理解してきたからであろう。端的にいえば，現在のように積極規制が大幅に緩和される事態を想定していなかったのである。規制緩和が経済的自由の主題とならなかった背景には，このような積極的な福祉国家という国家像の措定があったといえよう（中島徹『財産権の領分』日本評論社，2007年，3～6頁）。

また従来の判断枠組みが,「規制」の許容性を問うという視点から構築されたものである以上,規制「緩和」それ自体の是非を問うということも想定されていなかったといえる。判断枠組みをあえて適用すれば,緩和された後の「規制」そのものの合理性が審査対象となるにとどまり,それは「社会経済の均衡のとれた調和的発展を企図」する積極規制と把握され,広範な立法裁量にもとづき合憲と判断されることになろう。このように積極規制の存在を前提にしていた時代の立法裁量論によっては,規制緩和という動態そのものに歯止めをかけることは難しいのである。

### 3　対抗理論としての福祉国家

　新自由主義にもとづく規制緩和に対しては,これまで曲がりなりにも築き上げられてきた福祉国家体制を解体するものであるという批判が向けられている。そうである以上,対抗理論として提示すべきは,日本国憲法が国家原理として採用する福祉国家理念というほかない(多田一路「憲法学と新自由主義(対抗理論の模索)」法の科学39号,2008年,21頁)。やはり経済的自由に対しては「公共の福祉」にもとづく制約——福祉国家理念にもとづく制約が要請されているのである。最高裁も小売市場判決において「経済的劣位に立つ者に対する適切な保護政策を要請している」と判示し,薬事法判決(最[大]判1975年4月30日民集29巻4号572頁)において「殊にいわゆる精神的自由に比較して,公権力による規制の要請がつよく,憲法22条1項が『公共の福祉に反しない限り』という留保のもとに職業選択の自由を認めたのも,特にこの点を強調する趣旨」であると判示している。

　最高裁も認めるように経済的自由に規制を課すことが国家権力に要請されているのであれば,その要請に背く規制の緩和は「公共の福祉」に反するものとして違憲無効ということになろう。いくら「公共の福祉」が融通無碍(ゆうずうむげ)な概念だとしても,現代憲法に至る歴史的経緯に照らせば,市場原理を最大化させ近代的な自由放任へ回帰させるかのごとき新自由主義政策を許容しているとは考えにくい。かくして福祉国家理念にもとづく制約を要請していることの論理的帰結として,22条1項および29条2項の「公共の福祉」は,福祉国家理念を掘り

崩すような規制緩和を禁止する規範命題としてとらえなければならない。

たとえば,労働者の人間らしい生活を守るための雇用規制,教育の機会均等を守るための学校の運営主体に関する規制,医療の質を確保するための混合診療の規制,医師資格の規制,あるいは薬価に関する規制,安全で適正な福祉サービスを確保するための介護や保育の実施主体に関する規制など,いずれも憲法27条,26条,25条を根拠に憲法上要請される制約である。このように社会権保障(社会国家的・福祉国家的公共の福祉)を根拠とする制約が憲法上の要請であるとすれば,これを緩和することは原則として禁止されており,例外的にやむをえないと認められる特別の事情を立法事実の裏付けをもって説明できる場合に限り許されるものと解すべきではないだろうか。

もっとも積極規制の要請を社会権保障や弱者保護に根拠づける場合,社会権保障とは関連しない規制を正当化できず,結果として構造改革論の主張と径庭ない規制緩和路線に陥ってしまうということが批判される(棟居快行「規制緩和の憲法論」法律時報68巻6号,1996年,141頁)。これに対しては,さしあたり2つの反論が考えられる。第1は,生存権の内実は単なる所得保障にとどまらず,いわば福祉権(welfare rights)とも呼ぶべき,より広く市民の生活の質を確保するために承認されるべき権利を包摂するものとしてとらえるべきであるという点である。生存権をこのように包括的にとらえる場合,その反面として経済的自由に要請される規制も相当の範囲に及ぶことになろう。第2に,積極規制を社会権保障によって根拠づけたとしても,それ以外の規制を課すことが必ずしも憲法上禁止されるわけではないという点である。最高裁が「積極規制」の射程を社会権保障を超えて広く把握する部分は,憲法上の要請ではなく許容されている部分に対応するといえよう。

以上のとおり,社会権保障に根拠を置く「公共の福祉」にもとづく制約が緩和される場合,その合憲性は経済政策一般の審査とは異なる仕方で行われなければならない。安倍政権が敵視する医療,農業,教育,雇用における「岩盤規制」が守ってきたのは,憲法によって保護されるべき「既得権益」である。このような「既得権益」を犠牲にして実現される「成長戦略」とは,一体何であ

るかが，より深刻に問われなければならない。　　　　　　　［坂田隆介］

## *8*　健康で文化的な最低限度の生活とは——生活保護基準の切り下げ

- 関係法令：生活保護法8条1項
- 憲法条文：25条　→　第1部Ⅱ章*4*

[事　例]　生活保護法における老齢加算の廃止

　失業や病気，高齢などのために自ら十分な生活費を稼ぐことができなくなったとき，健康で文化的な最低限度の生活を送るのに必要な金額との差額を国が支給する制度が生活保護である。支給される金額は，基準生活費と加算とに大別される。居宅で生活する者の基準生活費は，食費・被服費等の個人単位の経費に，光熱水費・家具什器費等の世帯単位の経費を加えた額となる。これに加えて，特別の需要に対して一定の加算（妊産婦加算，老齢加算，母子加算，障害者加算等）が認められていた。

　本件で問題となった老齢加算は，被保護者（現に生活保護法による保護を受けている者）のうち70歳以上の者並びに68歳および69歳の病弱者について基準生活費に加算されて支給されるものであった。高齢者の特別な需要として，たとえば観劇，雑誌，通信費等の教養費，下衣，毛布，老眼鏡等の被服・身回り品費，炭，湯たんぽ，入浴料等の保健衛生費および茶，菓子，果物等のし好品費が積算されていた（本件の原告の居住地の北九州市では，単身世帯の基準生活費は月額7万2740円，2人世帯で10万8360円であり，老齢加算は月額1万7930円であった）。

　老齢加算は1960年度に創設されて以降，社会の変化に応じて金額は改定されていったが，2003年に社会保障審議会に設置された「生活保護制度のあり方に関する専門委員会」が，70歳以上の高齢者に現行の老齢加算に相当するだけの特別な需要があるとは認められず，老齢加算は段階的に廃止の方向で検討すべき旨を提言した（「生活保護の制度のあり方についての中間取りまとめ」）。厚生労働大臣は，これを受けて老齢加算を2004年度から3年かけて段階的に減額し，2006年度には保護基準の改定により老齢加算を完全に廃止した。

　この改定に従って所轄の福祉事務所長は，従前から老齢加算を受給していた被保護者に対して，支給額を減額する保護変更決定を行ったため，これを不服として取消しを求める訴えが提起された。1審の福岡地裁は訴えを退けたが，2審の福岡高裁が逆転勝訴判決を下したところ，国が上告した。

## 1 制度後退禁止原則とは

　この事件は、いわゆる制度後退禁止原則との関係で注目を集めたものである。制度後退禁止原則とは、「ある制度の設立は憲法上の具体的義務ではなく国の裁量が広く認められるが、いったん設立された制度を廃止・後退させる場合には広い裁量は認められず、しかるべき代替措置のない制度の廃止・後退は、合理的理由のない場合には憲法上許されない」という考えをいう。老齢加算の廃止は、まさに生活保護制度の後退にあたるのである。

　制度後退禁止原則が議論されるようになったのは、それほど古いことではない。高度成長期から「福祉元年」といわれた1970年代までには、高い成長率に裏付けられた再配分がある程度まで実現されており、生存権保障の水準が低すぎると争われることはあっても、切り下げが争われるということはなかった。ところが、右肩上がりの成長時代が終わり、国家が恒常的な財政難に陥る中で、新自由主義政策が台頭し、社会保障支出に対する削減圧力が強まった。その結果、制度後退という事態が現実問題として生じるに至ったのである。その意味で、制度後退はすぐれて現代的な問題であり、これに対する憲法学からのひとつの応答が、制度後退禁止原則なのである。

　学説上、制度後退禁止原則をめぐって否定説と肯定説とに分かれている。肯定説は以下のように主張する。通説の抽象的権利説によれば、憲法25条の趣旨を実現する法律が制定された場合、その社会保障法上の給付請求権は「具体化された生存権」として憲法上の権利となる（憲法と法律との一体化）。したがって、いったん成立した権利を法改正などによって切り下げることは、「具体化された生存権」の侵害となるため、説得的に説明できる合理的な理由がなければ制度後退は認められないということになる（市川正人『基本講義　憲法』新世社、2014年、215頁）。

　これに対し否定説は、憲法25条が保障するのはあくまで「健康で文化的な最低限度の生活を営む権利」であり、法律によって権利が付与されたからといって、それが既得権として特別の保護を受けるものはないと主張する。一度決定された給付水準をその後も受給しつづける権利が憲法上保障されるというのは、強すぎる現状保障であるというわけである。したがって、権利の縮減・廃

止が問題となるのは「健康で文化的な最低限度の生活」を割り込む変更がなされた場合に限られるのであって，縮減・廃止そのものがつねに問題となるわけではないという（小山剛「生存権の『制度後退禁止』？」慶應法学19号，2011年，97頁）。

## 2 最高裁と制度後退禁止原則

(1) **最高裁の判断** 冒頭の事案の主たる争点は，老齢加算を廃止する保護基準の改定が，「最低限度の生活」の保障を規定する生活保護法3条，8条2項に違反するかどうかである。

最高裁（最判2012年2月28日民集66巻3号1240頁）は，「制度後退禁止原則」という問題に言及することなく，広範な立法裁量を認めた堀木訴訟判決（最［大］判1982年7月7日民集36巻7号1235頁）に依拠して，保護基準の改定について厚生労働大臣に専門技術的かつ政策的な見地からの行政裁量が認められるとした。

ただし，行政裁量の逸脱またはその濫用を審査する際に，「判断の過程及び手続における過誤，欠落等の観点から」審査するという，判断過程統制の手法を用いて審査を行っている点が注目される。判断過程統制とは，行政裁量が広く認められる場合でも，行政機関が結論に至る過程において，考慮すべき事情を考慮していないか（考慮不尽），考慮すべきでない事情を考慮したか（他事考慮）を検討することで，行政裁量に統制を及ぼす審査手法である。結論として最高裁は，本件改定が生活保護法3条，8条2項に違反しないと判断した。

この判決は制度後退禁止原則との関係でどのように評価すべきであろうか。制度後退禁止原則にいっさい言及されていないことからすれば，否定説のようにも思える。もっとも，制度後退には合理的な理由が必要であるという肯定説からしても，判断過程統制の手法を用いて老齢加算廃止の合理性を検討している点をとらえて，制度後退禁止原則を事実上肯定したものといえなくもない。ただ，最高裁のように広い行政裁量を前提とする検討では，合理的な理由の検証として不十分であるとすれば，やはり否定説であるということもできよう。

結局のところ問題は，高齢者の特別の需要をめぐる判断の合理性の検証の仕方に尽きるのであって，両説には見かけほど大きな径庭はないといえそうであ

る。

(2) **狭義の生存権と広義の生存権**　では制度後退の合理性は、どのように検証すべきであろうか。たしかに特別の需要をめぐる判断には、統計資料をふまえた専門的知見にもとづく検証を要するため、厚生労働大臣の裁量を否定することはできない。しかし、朝日訴訟第１審判決（東京地判1960年10月19日行集11巻10号2921頁）がいうように、「健康で文化的な」とは、国民が単に辛うじて生物としての生存を維持できるという程度のものであるはずがなく、必ずや国民に「人間に値する生存」あるいは「人間としての生活」といいうるものを可能ならしめるような程度のものでなければならない。そして「健康で文化的な生活水準」は、それが人間としての生活の最低限度という一線を有する以上理論的には特定の国における特定の時点においては一応客観的に決定すべきものであり、またしうるものである。

そうであれば、生活保護基準を策定する厚生労働大臣の裁量はきわめて狭いものといわなければならず、裁判所は保護基準の適法性について提出された資料にもとづき、立ち入った審査をしなければならない。学説上も朝日訴訟第１審判決を受けて、生存権の内容を、狭義の生存権（文字どおり「健康で文化的な最低限度の生活」を営む権利）と広義の生存権（より健康でより文化的な生活を営む権利）に区分し、前者には厳しい司法審査を、後者には緩やかな司法審査を及ぼすべきとする見解が有力に主張されている（前掲・市川、214頁）。

区分論において注意すべきなのは、狭義の生存権は生活保護に限定されないということである。堀木訴訟高裁判決（大阪高判1975年11月10日行集26巻10・11号1268頁）は生存権を救貧施策（憲法25条１項）と防貧施策（憲法25条２項）とに分類した上で、救貧施策は生活保護に限定し、その他の社会保障制度をすべて防貧施策に位置づけた。生存権の内容を区分する発想は学説と共鳴するが、救貧施策の範囲が狭すぎることが厳しく批判されている。

このように憲法25条の理念からすれば、制度後退禁止の原則を持ち出すまでもなく制度後退の合理性を厳格に審査すべきという帰結を導き出せる。制度後退禁止原則は、生存権の領域に広範な裁量を認める最高裁に対して、後退という局面に着目して何とか歯止めをかけようとする試みであったが、根本的な問

題は，生存権の不確定性を根拠に広範な裁量を認め続ける態度そのものにあることを曖昧にすべきではない。

### 3 最高裁と狭義の生存権

(1) **狭義の生存権と生活外的要素**　最高裁は，朝日訴訟判決（最［大］判1967年5月24日民集21巻5号1043頁）以来「健康で文化的な最低限度の生活」の確定可能性を否定し，学説のような生存権の区分論を採用することなく，社会保障法全般を立法裁量論および行政裁量論の問題と扱っている。最高裁が広い裁量を導くのは，保護基準の設定にあたって生活外的要素を考慮することを認めるからである。生活外的要素とは，「当時の国民所得ないしその反映である国の財政状態，国民の一般的生活水準，都市と農村における生活の格差，低所得者の生活程度とこの層に属する者の全人口において占める割合，生活保護を受けている者の生活が保護を受けていない多数貧困者の生活より優遇されているのは不当であるとの一部の国民感情および予算配分の事情」である。

しかし，少なくとも生活保護法のような狭義の生存権の具体化（立法）については，生活保障にかかわらない生活外的要素を給付基準の設定において考慮することは，立法裁量の行使における他事考慮であって許されないというべきであろう。かような生活外要素の考慮を根拠に一律に広い裁量に委ね，事実上違憲審査を放棄するかのごとき最高裁の立場は早晩変更されなければならない。

(2) **財政・予算に対する憲法的統制**　最後に，財政事情は裁量を導く説明とならないということを強調しておく必要がある。憲法が「健康で文化的な最低限度の生活」をすべての国民に保障している以上，生存権保障のありようが財政事情に左右されるというのは主客転倒だからである。朝日訴訟第１審判決がいうように，生存権保障は「その時々の国の予算の配分によつて左右さるべきものではない」のであるし，「最低限度の水準は決して予算の有無によつて決定されるものではなく，むしろこれを指導支配すべきもの」である。つまり，国家は，生存権保障を実現するための財源を確保すべく，歳出・歳入を含めた財政・予算構造全体を構築する責務を負うということである。

予算構造を生存権が指導支配すべきという観点は，深刻な財政難を背景に新自由主義的政策が推し進められる今日において，きわめて重要な意義を有している。安倍政権の下では，社会保障費の伸びを「年平均5000億円」に抑えるという方針にもとづき社会保障費を大幅に切り下げる一方，防衛費は年々増加の一途を辿っている。さらに消費税が増税された裏側で，大企業の優遇税制，法人税の減税が進められている。

このような財政・予算のありようは，日本国憲法の福祉国家理念に適合的といえるであろうか。朝日訴訟第1審判決の言明の意義を，いま改めて考えなければならない。

[坂田隆介]

## 9 「貧困の連鎖」の解消のために——教育の機会均等

- 関係法令：子どもの貧困対策の推進に関する法律，子どもの権利条約
- 憲法条文：13条，25条，26条 → 第1部Ⅱ章 *1*・Ⅱ章 *4*

[事　例]　全国で開設される「子ども食堂」

2016年の「国民生活基礎調査」によれば，子どもがいる現役世帯の相対的貧困率は13.9％であった。この数値は，12年ぶりに改善したとはいえ，子どもの7人に1人が貧困状態にあることを示す。親の経済的困難は，子どもにとって不十分な衣食住や文化的資源の不足，低学力・低学歴につながる可能性があるとともに，周囲からの孤立や排除，それによる低い自己評価を連鎖的に生み出すとされる。

こうした「貧困の世代間連鎖」を断ち切るために，「子どもの貧困対策の推進に関する法律」（2013〔平成25〕年）が成立した。地域の子どもたちに，無料もしくは低料金で食事を提供する「子ども食堂」も，全国で2286か所を数える（2018年4月3日「子ども食堂安全・安心向上委員会」発表）。「子ども食堂」は，子どもの交流や居場所づくりの役割を果たしているが，経済的困窮を周囲に知られたくないという子どもの気持ちに配慮し，誰でも利用可能とする場合が多い。

### 1 子どもの貧困

必要最低限の生活水準が満たされず，心身の維持が困難な状態を「絶対的貧困」という。これに対して，その国の「貧困線」（等価可処分所得の中央値の半

分）に満たない所得で暮らす人々の存在および生活状況を「相対的貧困」という。日本の子どもの相対的貧困率は，7人に1人（13.9％）。OECDの平均13.2％（2013年）を下回っている。

　子どもの相対的貧困が増える背景には，親の収入，労働環境，生活保護の受給等との関係が指摘される。子育て世帯はおおむね就労世帯であるが，現在，労働者の約4割が非正規労働である。そのことが，かつて「関西以西と東北以北で恒常的に高かった」とされる子どもの貧困率が，いまや「地域間格差が急速に高位平準化の方向で縮小している」（戸室健作「都道府県別の貧困率，ワーキングプア率，子どもの貧困率，補足率の検討」山形大学人文学部研究年報13号，2016年3月）という現象を生み出すと考えられよう。

　子どもが「貧困の世代間連鎖」から抜け出して，将来を自由に思い描き，職業を選択しそれを遂行する途を閉ざされることがないよう，「教育を受ける権利」は十分に享受される必要がある。日本国憲法26条は，教育を受ける権利を保障し，これを受けた教育基本法4条は，教育の機会均等を保障する。

　教育を受ける権利は，自由権と社会権の2つの側面を有していると考えられるが，子どもの貧困の問題を考えるとき，社会権としての性格が強調される。その有力な根拠が，子どもの学習権であろう。旭川学力テスト事件最高裁判決（最［大］判1976年5月21日刑集30巻5号615頁）が述べる以下の一節は，今日改めて読み直される必要がある。「国民各自が，一個の人間として，また，一市民として，成長，発達し，自己の人格を完成，実現するために必要な学習をする固有の権利を有すること，特に，<u>みずから学習することが出来ない子どもは，その学習要求を充足するための教育を自己に施すことを大人一般に対して要求する権利を有すること</u>の観念が存在している」（下線部は筆者）。

## 2　義務教育の無償

　日本も批准する「子どもの権利条約」（1989年採択）は，2か条で教育の保障を明記している。28条は，初等教育の義務と無償化，中等教育への無償化の導入，高等教育を利用する機会，教育や職業への情報アクセスの機会，個人の尊厳に適合した学校ルールの運用を定める。また，29条では，子どもの人格や能

力を最大限に発達させることを保障している。条約の4つの柱である「生きる権利」「守られる権利」「育つ権利」「参加する権利」からとらえ直すと、これらの条項は、子どもが個人として尊重されることに基礎を置きながら、教育を受ける権利を行使することで、経済的に自立し、社会や政治に参加する力を得ていくことを保障する内容だと考えられる。

日本国憲法26条2項が定める義務教育の無償については、授業料不徴収の範囲内だとする「授業料無償説」と、義務教育に関するすべての費用を無償と考える「就学必需費無償説」に大きく分かれる。現在、前者が通説であるが、親の教育の自由、「親子関係の常識的な感覚」を理由に、教育に要する費用の一部を親の負担とすることは不合理ではないとされている。なお、「義務教育諸学校の教科用図書の無償措置に関する法律」（1963年4月1日施行）にもとづき、国立私立を通じた義務教育段階で教科書が無償配布されている。

しかし、現に、子どもの学習権の履行義務を果たせない親が存在する。義務教育課程であっても、制服や補助教材、給食、研修内容にかかわる費用（たとえば、スキー、登山、卒業旅行など）として相当額が必要となる。文科省の調査によれば、2017（平成29）年度1740自治体のうち、小中学校の給食費無償化の実施は76自治体（4.4%）にすぎない。

学習塾や通信教育などにかける費用も、親の経済力に左右される。「平成25年度全国学力・学習状況調査」の結果を分析したお茶の水女子大学の研究グループによると、とくに小学生では「世帯収入が高くなるにつれ学校外教育支出も多くなる傾向がある」「学校外教育支出と学力との関係は強く、概ね学校外支出が多い家庭ほど子どもの学力も高い」とされる（2014年3月28日「平成25年度全国学力・学習状況調査（きめ細かい調査）の結果を活用した学力に影響を与える要因分析に関する調査研究」17頁）。

全体的にみれば、就学援助の対象者は4年連続で減少しているが、抜本的解決策が見出されない限り義務教育を修了し、高等教育に進学してもなお、「貧困の世代間連鎖」はなくならないだろう。これは、学生の奨学金貸与割合は2.6人に1人、また、もっとも高額の第2種（貸与月額12万円）では借入総額576万円（2015年度実績：日本学生支援機構）という数字からもうかがえる。奨学金の

返済実績が銀行やクレジットカード会社など信用情報機関へ登録されるとともに，返済には強制力も働くため，卒業後に返済が滞ることは，その後の市民生活に大きな影響を及ぼすことを意味する。

**3 子どもの貧困を解消するために**

2013年6月26日，「子どもの貧困対策の推進に関する法律」が公布された。同法1条は，「子どもの将来がその生まれ育った環境によって左右されることのないよう，貧困の状況にある子どもが健やかに育成される環境を整備するとともに，教育の機会均等を図るため，子どもの貧困対策に関し，基本理念を定め，国等の責務を明らかにし，及び子どもの貧困対策の基本となる事項を定めることにより，子どもの貧困対策を総合的に推進すること」を目的とする。

また，同法8条にもとづき，政府は「子供の貧困対策に関する大綱」を定めている（2014年8月29日閣議決定）。「大綱」には，関係する施策の実施状況や対策の効果を検証・評価するため，子どもの貧困率，生活保護世帯に属する子どもの高等学校等進学率，スクールソーシャルワーカーの配置人数，スクールカウンセラーの配置率を含め25の指標が設定された。そして，これらの指標の改善に向けて，教育支援，生活支援，保護者への就労支援，経済的支援，子どもの貧困に関する調査研究，施策の推進体制等の事項ごとに当面取り組むべき重点施策が掲げられている。

「大綱」の中で，学校は，「子供の貧困対策のプラットホーム」として位置づけられている。学力の保障，福祉関連機関との連携，経済的支援を通じた福祉的支援が，学校を通して行われることになる。しかしその一方，現代の日本の学校（教員）は多忙を極めている。どのように学外の専門家や地域住民と連携し，教員が，子ども一人ひとりと向き合う時間をより多く確保できるか。また，そのニーズを見極め，いかなる具体策を講じる必要があるか。「大綱」には，改善のための数値目標が示されていないことから，行政に対して，改善課題と目標数値を明らかにし，それに向けた政策形成が求められるという指摘は重要である（浅井春夫「子供の貧困に抗する政策づくりのために」住民と自治，2016年8月号）。食だけでなく居場所をも提供する地域の「子ども食堂」は，本来，

行政に期待される役割を担っている側面がある。

なお，近年，家庭的に不利な生徒がその状況を乗り越える回復力・忍耐力・柔軟性を表す「レジリエンス」(Resilience) という概念が注目されている。貧困の克服との関係でも活用が期待されるが，貧困に対する自己責任論と結びつくことがないよう留意しなければならない。今後は，自ら判断し行動することが困難な，とくに「エアポケットにある」(浅井春夫) 乳幼時期の子どもへの支援のあり方についても検討する必要があるだろう。　　　　　　　　[彼谷　環]

## 10　広がる同性パートナーシップ——家庭生活における両性の平等

- 関係法令：性同一性障害者性別取扱特例法，渋谷区パートナーシップ条例
- 憲法条文：13条，14条，24条　→　第1部Ⅱ章 **2**

[事　例]　同性パートナーシップを導入する自治体

　2015年11月に東京都渋谷区パートナーシップ条例が施行されてから，2018年5月までに，全国で6自治体が，同性カップルに対して「結婚に相当する関係」を証明する公文書発行の制度を導入している。民間事業所の中でも，とくに大手IT企業では，同性パートナーを配偶者として定義し直したり，社内規程や制度を改正する動きがある。

　一方，諸外国の状況をみると，同性婚や同性パートナーシップに対する法制度上の保障を認める国が増えている。アジアでは，2017年5月，台湾司法院大法官会議が同性婚を認める見解を示した。

### *1*　家族と日本国憲法

　日本国憲法24条は，家庭生活における個人の尊厳と男女平等を定めている。同条の誕生には，GHQ民生局で通訳を務めていたベアテ・シロタの草案が影響を与えている。多感な少女期に戦前の日本で過ごし，当時の日本女性の著しく低い地位を目の当たりにしていたベアテは，当初，家族保護について詳細な規定を準備していた。しかし，その後のGHQと日本政府との交渉，帝国議会での審議において，大日本帝国憲法における天皇制と「家制度」を廃棄する宣言へと集約されていく。「差別アル平等ト云フ意味デス，……本質ハ平等デア

ルガ，生理的，心理的相違ハ認メル，斯ウ云フ意味ナンデス」(下線部は筆者)(鈴木義男議員，第90回帝国議会衆議院帝国憲法改正案委員小委員会速記録201〜202頁)。この発言からは，憲法24条2項の「両性の本質的平等」をめぐって，夫婦の間に依然差があるとする当時の議員の意識が伝わってくる。

　日本国憲法が否定する「家族」は，「言うまでもなく」「大日本帝国憲法時代の『家』制度のもとでの家族である」(横田耕一「日本国憲法から見る家族」『これからの家族』法学セミナー増刊総合特集シリーズ31，1985年，86頁)。そのうえで，憲法24条は「婚姻の自由を中心とする家族形成に関する個人の自己決定権や，夫婦同権を定めた条文として重要な意味をもつ」(辻村みよ子『憲法〔第6版〕』日本評論社，2018年，170頁)。

　憲法13条の個人の尊重と14条の平等原則・平等権を，家族について反映させたものが24条だとすれば，それを根拠に，「婚姻する／しない自由」「子どもを産む／産まない自由」(リプロダクティヴ・ヘルス／ライツ)等が認められることになる。では，婚姻が当事者の合意のみで成立するとすれば，婚姻の相手方に同性を選択する自由も含まれると考えられるだろうか。憲法制定当時，異性婚を前提とした通説は同性婚は容認されないとした。現在，「国家からの自由」を強調する説をはじめ，同性婚は否定されているわけではないとする説，「人間の尊厳」を重視した親密圏としての家族論等が登場し，議論が活発化している(参照，辻村みよ子『憲法と家族』日本加除出版，2016年，129〜130頁)。

　婚姻によって生じる効果は多い。このことは，婚姻関係が認められない同性カップルにとってさまざまな障壁となる。配偶者相続権(民法890条)に加え税制上の優遇措置(配偶者控除，配偶者特別控除，医療費控除，社会保険料控除ほか)，社会保障上の利益(健康保険の家族療養費，家族出産育児一時金，介護休業・介護給付，公営住宅の入居資格ほか)などが挙げられる。また，「家族」であることで認められる病院における看護や緊急時の面会，後見人の選定等でも不利に扱われる。

### 2　世界の同性婚

　2018年1月現在，世界で同性婚および同性カップルの権利保障を制度化する国・地域は，世界の約20％に及ぶとされる(NPO法人EMA日本のサイト)。ま

た，アジアでは，台湾で，「同性愛者同士の婚姻を制限してきた現行の民法は違憲だ」とする2017年5月24日の司法院大法官会議（日本の最高裁にあたる）の判断により，2019年までには同性婚が認められる予定だという。

　同性婚や同性カップルの権利保障等を認める国・地域のうち，スペインの事例は，今後日本の制度を考えていく上で参考になるだろう（以下，参照，佐久間悠太「同性婚をめぐる諸外国の動向」人間文化研究20号，2014年，137～138頁）。世界で3番目に同性婚を認めたスペインは，もともと憲法32条で，「男女は，法律上完全に平等に，婚姻する権利を有する」（1項），「婚姻の形式，婚姻の年齢および能力，夫婦の権利および義務，別居および離婚の事由，ならびにその効果については，法律でこれを定める」（2項）とする。だが，2005年に同性婚が認められたことを受け，婚姻要件を定める民法に，「婚姻の資格及び効果は，将来の配偶者が同性，両性にかかわらず，同等である」という規定が新設された。婚姻の定義も「性別によらない二者間の結合」だとされる。2012年，スペイン憲法裁判所は，同性カップルが憲法を根拠に婚姻する権利を求めることは認められないが，法律では承認できると判断した。

## 3　地方から変わる家族のあり方

　日本ではじめて同性カップルに「婚姻に相当する関係」を認めたのは，東京都渋谷区である。2015年4月1日に施行された「渋谷区男女平等及び多様性を尊重する社会を推進する条例」2条8号は，「パートナーシップ」について，「男女の婚姻関係と異ならない程度の実質を備える戸籍上の性別が同一である二者間の社会生活関係」と定義する。パートナーシップは，民法が認める婚姻とは異なる契約行為であるため，婚姻による権利や義務が生じることはない。しかし，条例であることによる効力は発生する。同条例15条によれば，区長は，区民や事業者から相談や苦情申立てがあった場合，必要に応じて調査を行うとともに，「関係者」に適切な助言や指導を行う（2項）。また，「関係者」が，条例の目的や趣旨に反する行為を継続するような場合には，その「行為の是非について勧告を行うことができ」る（3項）。それでもなお勧告に従わないときは，関係者名その他の事項を公表することができる（4項）。

東京都渋谷区につづき同様の制度を導入したのが，東京都世田谷区，伊賀市，宝塚市，那覇市，札幌市である（2018年1月現在）。だが，渋谷区以外は，いずれも議会の議決を必要としない「要綱」という形態をとっている。要綱は，条例と異なり，自治体の長が定められる点で容易に実現可能ではあるが，法的拘束力がない。

日本における婚姻制度が特定のセクシュアリティを前提とするのに対し，文部科学省が，子どもの性的志向や性自認に配慮しはじめたことは注目に値する。2015年4月30日，「性同一性障害に係る児童生徒に対するきめ細かな対応の実施等について」（通知）が，そのきっかけである。性的マイノリティの子どもの存在をありのままに学校が受け入れることは，自由で多様な社会を形成するためには重要な一歩だといえる。しかし，そうした子どもが成長するにつれ，多くの制約の中で生きていかねばならない現実がある。そのひとつが，2004年に施行された性同一性障害特例法であろう。この法律は，心の性と身体の性が不一致である当事者が戸籍上の性別を変更する場合，その要件として性別適合手術を求める。だが，身体の特徴を性別の判断基準とし，ありのままの身体を変更することは諸外国では違憲とされている。世界保健機関（WHO）も2014年，性別適合手術を性別変更の要件とはしないとする声明を出している。

真に多様な社会を実現するためにも，カップルや家族のあり方を国家レベルで議論する必要があるだろう。なぜなら，いくつかの自治体が実施する同性パートナーシップ制度に頼っている状態は，同性カップルの間で新たに地域格差を生み出してしまうからである。　　　　　　　　　　　　　［彼谷　環］

## 11　インターネット時代の実名報道——無罪推定原則と憲法

- 関係法令：刑法230条の2第2項
- 憲法条文：31条　→　第1部Ⅱ章**3**・Ⅱ章**5**

［事　例］　実名報道の一例

2018年3月9日午後11時半ごろから翌日10日の午前3時半ごろの間，集合住宅の

一室のクローゼット内に1歳の次女を毛布にくるんだ状態で遺棄した保護責任者遺棄の疑いで，10日，大阪市内在住のタクシー運転手の24歳の男性が大阪府警に逮捕された。警察によると男性は，「寝かしつけようとしたが泣いて寝なかったので，防音のために毛布でくるんだ。閉じ込めたのではない」と容疑を否認しているという。なお次女の死因は窒息死だった。また男性は10日午前3時半ごろ「子どもが息をしていない」と119番通報した（京都新聞2018年3月11日付朝刊）。

## 1　近代刑法の大原則

　この事件については，報道各社によって男性の氏名や住所等の個人情報とあわせて報道がなされた。本節では，この事件の報道において男性の氏名等の個人情報等まで報道するにことが憲法上許されるか否かを考える。まずこの男性には無罪推定が働くからそこから説明する。

　何人も裁判で有罪が確定するまでは無罪であるとの推定のもとで処遇されねばならない。この無罪推定の原則は，近代刑法の大原則などといわれ，憲法上も刑事事件の被疑者・被告人には令状主義（33条，35条），裁判を受ける権利（32条），拷問の禁止（36条），自白の強要の禁止（38条）といった権利が手厚く保障されている。これらの権利は捜査機関や裁判所を拘束する。これらの権利は，適正な捜査や公平な裁判の実現のためだけではなく，被疑者・被告人には，裁判所の判決で有罪が確定するまでは無罪の推定を働かせるべきことを前提としたものと考えられる。さて，近代刑法の大原則である無罪推定の原則だが，憲法には明文の定めはなく，また憲法の基本書等にも一部の例外を除き記述はない。この原則は憲法上の原則といえるのだろうか。憲法31条以下の権利保障の趣旨を総合的に考えれば，無罪推定原則を当然に憲法上の原則であると考えてよいだろう。少なくともそれは国家機関を拘束する原理であり，被疑者・被告人にとっては憲法上の権利である（無罪推定の下に処遇される権利）。

## 2　実名報道

　ところで，日本では，刑事事件の認知の段階から事件の被疑者・被告人の実名や住所まで報道されることが多い。報道された事件の中には，被疑者が犯人ではなかった，嫌疑不十分で不起訴となった，裁判の結果被告人の無罪が確定

した等のケースが少なからずある。

　刑事事件の被疑者・被告人についての実名での報道や論評は憲法上本当に許されるのであろうか。さらには裁判で有罪判決が確定した真犯人についての報道や論評であっても，それが国会議員などの公人による犯罪である等の事情がない場合にまで，実名での，時には犯人の家族等へも被害を及ぼしてしまうものまで「垂れ流す」必要性があるのだろうか。冒頭の記事は，男性の逮捕直後の被疑者段階での報道であるが，報道内容をみる限り，1歳の女児がなくなるという痛ましい出来事ではあるが犯罪に該当しない可能性も十分にありうるものである。

### 3　犯罪報道と名誉毀損

　犯罪報道は，実は，形式的には名誉毀損（刑法230条）に該当する。ある人が犯罪を行ったという事実またはその嫌疑をかけられているという事実が報道等によって公然と摘示されることは，その人の名誉（社会的評価）を著しく低下させるからである。しかし，報道等の内容が公共の利害にかかわりがあり，もっぱら公共目的であり，真実の証明がある場合には名誉毀損罪は成立しない（刑法230条の2第1項）。刑法は，たとえば国会議員の犯罪の嫌疑についての報道等が刑事罰の対象となるような事態が生じないようにしているのだ。ゆえに，報道機関等による犯罪報道であっても，報道内容が公共の利害に関することがらであり，もっぱら公共目的であり，かつ真実の証明があるという3つの要件のうちのひとつでも欠ければ名誉毀損罪が成立する。なお冒頭の事件の報道は，「警察は，〜と発表した」という形になっており，その警察発表の内容が真実であるとの前提で書かれたものではない。

　ところで国会議員等の公務員でもなく，構成員の多い団体（たとえば宗教団体）の指導者といった社会的影響力のある人物でもない私人にかけられた犯罪の嫌疑は公共の利害にかかわるのであろうか。

　罪の軽重，事件の性質等のさまざまの事情によるであろうが，公共の利害にかかわらないといえそうなものも多くあるだろう。しかし，刑法230条の2第2項は，同1項の適用については「公訴が提起されるに至っていない人の犯罪

行為に関する事実は，公共の利害に関する事実とみなす」と定めている。つまり，罪の軽重，事件の性質等を区別せず，犯罪行為に関する事実は，公共の利害に関する事実と「みなす」としているのだ。

法律用語で「みなす」とは，「本来異なるものを法令上，一定の法律関係について同一のものとして扱うこと」（道垣内弘人『プレップ法学を学ぶ前に』弘文堂，2010年，24頁）である。つまり，犯罪行為に関する事実は，もともとすべてが公共の利害にかかわるとは限らず，刑法のこの規定により「公共の利害」にかかわると「みなす」こととなっているのだ。

犯罪行為に関する事実がつねに公共の利害にかかわるとは限らないからこそ，刑法230条の2第2項は「みなす」という規定をしているのだ。

かりにこの刑法の規定に憲法上問題が無いとしても，被疑者・被告人の氏名等までが「公共の利害」にかかわる事実なのだろうか。被告人・被疑者が国会議員等の公務員や社会的影響力の大きい著名人等（公人という）であった場合は，それらの公人の行為は，刑法230条の2第1項の「公共の利害」に該当する。そうではない，いわば社会的には無名の個人の氏名等の個人情報までが「犯罪行為に関する事実」として「公共の利害」にただちに該当するのだろうか。疑問の余地が大いにある。

なお刑法230条2第2項の「公訴が提起されるに至っていない人の」との文言は，公訴の提起（検察官による起訴）後については，裁判の公開原則（憲法82条）があるため公開の公判で被告人の氏名等の個人情報や「公訴事実」などが明らかにされるために置かれた文言だろう。

しかし，憲法82条の裁判の公開原則は，裁判所の公正さおよび司法に対する国民の信頼を確保するための原則であり，刑事事件の被告人等を公衆に「さらす」ためのものではない。公判を傍聴した者等が被告人の氏名等を知ることと，それが報道等によって広く国民に知れ渡ることの間には大きな違いがある。「公訴事実」，それに対する被告人（および弁護人）および検察官の主張内容はともかくとして，被告人の氏名等を広く国民が知りうる状態にすることに何の意義があるのだろうか。

## 4　ノンフィクション「逆転」事件

　ところで，犯罪に関する事実について氏名の公表が不法行為に該当するかが問題となった事件がある。「ノンフクション『逆転』事件」だ。

　アメリカ統治下の沖縄で，1964年8月，米兵らとけんかとなり，「アメリカ合衆国琉球列島民政府高等裁判所」の起訴陪審の結果，傷害罪で有罪となり，懲役3年の実刑判決を受けた男性Xがいた。Xは1966年10月に仮出獄したあと，東京に転居し，バスの運転手として平穏な社会生活を営んでいた。Xは，自らの前科について会社にも妻にも秘匿していた。ところが沖縄では当時陪審裁判がなされていたのだが，その陪審員として裁判にかかわった著名な作家Yが，1977年8月，沖縄でのXの事件等をXの実名で「逆転」という小説にし，出版した。事件から13年，仮出獄から11年後のことであった。なおXらの傷害事件は沖縄では新聞報道がなされたが本土では報道はなかった。XはYの小説の刊行により，刑事事件で被告人となり有罪判決を受けて服役したという前科にかかわる事実が公表され，精神的苦痛をこうむったとしてYに対して慰謝料の支払いを求める訴訟を提起したのである。

　この事件の最高裁判決（最判1994年2月8日民集48巻2号149頁）はつぎのように判断した。

　　「その者が有罪判決を受けた後あるいは服役を終えた後においては，一市民として社会に復帰することが期待されるのであるから，その者は，前科等にかかわる事実の公表によって，新しく形成している社会生活の平穏を害されその更生を妨げられない利益を有する」。

　　「前科等にかかわる事実については，これを公表されない利益が法的保護に値する場合があると同時に，その公表が許されるべき場合もあるのであって，ある者の前科等にかかわる事実を実名を使用して著作物で公表したことが不法行為を構成するか否かは，その者のその後の生活状況のみならず，事件それ自体の歴史的又は社会的な意義，その当事者の重要性，その者の社会的活動及びその影響力について，その著作物の目的，性格等に照らした実名使用の意義及び必要性をも併せて判断すべきもので，その結果，前科等にかかわる事実を公表されない法的利益が優越するとされる場合には，その公表によって被った精神的苦痛の賠償を求めることができるものといわなければならない」。

この判決は，Xの請求を認めた。

## 5 ま と め

この判決は，前科に関するものであるが，被疑者・被告人段階での実名報道の意義を考えるためにも参考になるであろう。この事件のように作家が実名で前科を公表せずとも，報道された「犯罪に関する事実」を完全に消去することは困難だからである。ましてやインターネットが発達した今日，報道等によってひとたび公表された「犯罪に関する事実」は一瞬にして拡散し，半永久的に残る。それゆえに，「忘れられる権利」の主張もなされている。このような時代に，前記の最高裁判決の趣旨に照らせば，そもそも無名の私人の「犯罪に関する事実」を実名とともに報道することが当人の名誉権や有罪が確定した者の刑期を終えた後に平穏に社会生活を営む利益に対する侵害の程度は以前とは比べものにならないほど大きい。

地方紙の報道もインターネットを通じて，瞬時に日本全国だけではなく，世界中で閲読可能なのである。その一事をもってしても，実名での犯罪報道のあり方を見直す必要があるといえるだろう。　　　　　　　　　　　［石埼　学］

# 第Ⅲ章　統治のかたち

## 1　天　皇　制

- 関係法令：天皇の退位等に関する皇室典範特例法
- 憲法条文：1条～8条　→　第1部Ⅰ章 4

[事　例]　天皇の代替わり

　2016年8月8日，天皇は国民に向かって，生前退位の意向を示すビデオメッセージを発した。その後，異例のスピードで，現天皇に限り退位を認める特別法が成立した。その手続に従って，2019年4月30日に現天皇が退位し，5月1日に現皇太子が天皇となることが決まっている。

### 1　日本国憲法における象徴天皇制

　まず，日本国憲法における象徴天皇制について，大日本帝国憲法の天皇制と比較しながら確認しておこう。

　大日本帝国憲法は，欽定憲法である。国家権力の源泉は「万世一系の天皇」にあって（1条），それを憲法によって統制することによって，立法権，行政権，司法権を創設するという仕組みになっていた。すなわち，「天皇ハ帝国議会ノ協賛ヲ以テ立法権ヲ行フ」（5条），「司法権ハ天皇ノ名ニ於テ法律ニ依リ裁判所之ヲ行フ」（57条1項）とし，立法権と司法権を，実質的に帝国議会と裁判所に配分した。行政権については，「天皇ハ国ノ元首ニシテ統治権ヲ総攬シ此ノ憲法ノ条規ニ依リ之ヲ行フ」（4条），「天皇ハ法律ヲ裁可シ其ノ公布及執行ヲ命ス」（6条）とされていたが，「国務各大臣ハ天皇ヲ輔弼シ其ノ責ニ任ス」（55条1項）として国務大臣の職を創設し，「凡テ法律勅令其ノ他国務ニ関ル詔勅ハ国務大臣ノ副署ヲ要ス」（55条2項）として，国務大臣が法律執行の責任を有することを明示していた。

この構造は，典型的な立憲君主型の憲法だといってよい。すなわち，君主が，議会や大臣によって補佐されながら，統治を行うという体制である。ただ，イギリスでは，この構造の中から，国務大臣の集団である「内閣」が，国会議員からリクルートされ，国王に代わって行政権を担うようになる。これが議院内閣制である。議院内閣制においては，内閣は国会に，国会議員は国民に責任を負うのであり，実質的には国民主権が成立しているといってよい。

大日本帝国憲法においても，同様の歴史的展開があった。すなわち，大正デモクラシーの結果，衆議院で過半数を獲得した政党が内閣を組織して行政権を担うという憲法慣行が成立した時代がわずかながらあったのである。このようなイギリス型の統治が成立するためには，学説が提起した天皇機関説に立つことが前提であった。天皇を国家機関とみなすことによってはじめて，国務大臣が天皇の権能を代行することが可能になるのである。

政党内閣の慣行が確立したのは，1924年から1932年までのごく短い期間であった。1931年は満州事変，1932年は5・15事件である。その後は，軍部が「統帥権の独立」によって，憲法上の制約を逃れ，独走していく過程である。この歴史の決定的転換点に，天皇機関説事件（1935年）があったのは，この学説が大正デモクラシーを支える憲法理論であったことと密接に関連している。このように，大日本帝国憲法は，天皇主権の憲法を国民主権に変容させることができなかったばかりか，立憲主義の要素を否定して神権天皇制と結びついた軍事独裁へと転化してしまった。

日本国憲法は，前文で，「ここに主権が国民に存する」と宣言したが，同時に天皇制を維持した。しかし，大日本帝国憲法の歴史をふまえ，天皇から一切の政治権力をはく奪したのである。これが，日本国憲法の象徴天皇制である。

まず，憲法4条1項は，「天皇は，この憲法の定める国事に関する行為のみを行ひ，国政に関する権能を有しない」と規定した。その国事行為について，3条は，「内閣の助言と承認を必要とし，内閣が，その責任を負ふ」とした。国事行為は，6条で定められている内閣総理大臣と最高裁判所長官の任命，および憲法7条に列挙されている歴史的に国王に認められてきた国政の重要事項である。4条で「国政に関する権能を有しない」としながら，6条，7条の国

事行為は，国政の根本にかかわる権限である。このような国事行為が，「国政に関」しないためには，論理的には，2つの解釈がありうる。まず，国事行為は政治的な事項であるが，その実質的決定は他の国家機関が行うのであり，その結果，国事行為は国政に関する権能ではなくなるという解釈である。この立場に立った場合，他の機関が決定したことについては，内閣の助言と承認なしに，天皇は国事行為を行うことができる。もうひとつは，国事行為は，本質的に形式的儀礼的な権限であるから，最初から「国政に関する権能」ではないという解釈である。この点において，圧倒的に多くの学説は，他の機関が実質的に決定した行為であっても，改めて内閣の助言と承認が必要だと考えており，後者の説に立つ。大日本帝国憲法をイギリス型立憲主義に変換できなかった歴史をふまえて，4条1項が存在していることにかんがみるならば，天皇の政治的権限は最初からはく奪されていると理解すべきであろう。

### 2 象徴天皇の退位とは

以上のように，日本の象徴天皇制は立憲君主制ではない。その特徴は，生前退位の可否についての議論にも影響を及ぼすはずである。

現代に残る典型的な立憲君主国イギリスには，成文の憲法がない。成文の憲法がないということは，国家そのものの存在も文書で確認されていないということである。それにもかかわらず，イギリスに国家と憲法があるといえるのは，国王の存在が国家を体現し，国王権力を統制する仕組みが憲法であると考えられているからである。

国王が国家を体現することがどうやって可能なのか。カント-ロヴィチは，中世の政治思想に「王の二つの身体」という概念があったことを示し，この仕組みを説明した（『王の二つの身体（上・下）』ちくま学芸文庫，2003年）。それによると，国王は，自然的体と政治的体をもっており，個々の国王が死去すると同時に王国は次の王に相続され，こうして国王の自然的体の連続性が確保されるとともに，政治的体としての国王（すなわち国家）も死ぬことはないのである。こうして，王国それ自体は存続するのである。

このように，典型的な立憲君主国イギリスにおいては，国王の体は，国家を

体現している。とすれば、基本的には、生前退位はありえない。なぜならば、生前退位は、自然的体が政治的体から分離するということであり、それは、ひいては国家の存続の危機を意味するからである。

ところが、日本国憲法の象徴天皇制は、天皇から政治的権力を完全に奪ったところに特徴があるのであって、したがって、天皇の自然的体に政治的体はまったく付着していないのである。とするならば、生前の退位は、立憲君主国イギリスと異なり、国家の存続の危機という深刻な問題を惹起しない。

そのイギリスにおいて、国王が退位した例がある。1936年、エドワード8世が、離婚歴のある女性と婚姻をするために、退位したのである。この事件は、イギリスでは、国家存続の危機として認識されている。立憲君主国イギリスで国王の自由意思による退位が可能なのであるから、日本の象徴天皇制の下においてはなおさら可能であるというべきだろう。

この点、日本の右翼は、天皇の退位に反対する。彼らの理想は、大日本帝国憲法であり、立憲君主制であるのだろう。しかしながら、圧倒的多くの日本国民は、今回の天皇の退位を認めているのである。日本において、象徴天皇制は定着したといってよいと思われる。

### 3 天皇の問題提起

問題のビデオ・メッセージにおいて、天皇は、国民に対し、今後の天皇制のあり方についての自分自身の考え方を伝えた。天皇は、ここで退位を匂わせたのである。

この発言が憲法上許されるのかどうか。それを明らかにするためには、象徴天皇の行為について検討しなければならない。

すでに述べたように、日本国憲法において天皇が行うのは、国事行為である。日本国憲法上、天皇はそれ以外の行為をすることはできないという学説がある。もちろん私的行為を否定するわけにはいかないので、天皇は国事行為と私的行為のみを行うことになる。この立場を二行為説という。

この考え方に対して、国事行為のほかに、天皇としての公的行為を認める学説がある。国事行為以外にも、国会の開会式の「おことば」であるとか、日本

各地や外国への訪問などの行為については,「象徴としての行為」や「公人としての行為」として,内閣の補佐と責任の下で,活動を認めるべきだとの立場である。この立場を三行為説という。

　学説が,日本国憲法の明文で認められていない三番目の行為を認めようとすることには理由がある。君主の象徴性は,君主が歴史的に有していた権力の裏付けがあってはじめて発揮されうる。イギリス国王は,現在でも,建前の上では政治的権力を有しており,それを内閣が代わりに使用することによって非政治化される。こうして,イギリス国王は象徴となるのである。ところが,象徴天皇には,政治権力の裏付けがない。憲法で規定している国事行為だけで,象徴機能を発揮することは難しいように思われる。三行為説は,このギャップを埋めようとするものであると考えられる。

　このような認識に立つならば,今回の天皇の決断は,天皇が高齢となり,象徴としての行為をすることが不可能になると,天皇が象徴機能を果たすことができなくなるという問題に対処しようとするものであると理解することができる。すなわち,象徴としての行為こそが象徴天皇制の中核だという,天皇自身による問題提起である。

　天皇が,このような問題提起をすることは,憲法上許されるのだろうか。問題あるとの見方は,天皇自身が象徴天皇制のあり方という政治的な見解を示したことが,「国政に関」与したことになるという。

　しかし,そういい切れるかどうかは疑問である。平成時代の天皇は,日本国憲法下において象徴天皇として即位したはじめての人物である。そういう意味で,平成の代替わりは,真の意味において,はじめての象徴天皇の代替わりであるといえる。日本国憲法の象徴天皇制における代替わりは,立憲君主制の大日本帝国憲法とは異なってしかるべきではないか。これが,天皇からの問題提起である。本来であれば,国民や政治家からこのような提案がなされるべきであった。天皇のビデオメッセージは,それがついになされなかったというやむをえない状況での発言であり,三行為説に立つ限り,憲法上正当化できないことはないように思われる。政治的発言を禁じられている天皇であろうとも,内閣の責任の下でなら,自己の憲法上の権能をよりよく行使しようという問題提

起をすることも許されるだろう。

　象徴としての行為を否定する二行為説からは，天皇がそのような発言をすることは，基本的には認められない。しかし，天皇自身が退位をするという場合は話が別であるという解釈は成り立つ。天皇がその特別な身分から退出して，通常の市民になることは，憲法上認められるだろう。そのためには，自らが退位の意思を述べなければならない。今回の発言は，そのような退位ではなく，象徴天皇制を維持強化するための退位の提案であったことに憲法上の問題があった。

　そうだとしても，天皇の生前退位自体は，二行為説からも望ましいものといえる。天皇が死去することによる代替わりは，前回の代替わりがそうであったように，天皇の死が日本国民の時を決定することになり，天皇制の権威を否応なく高めるだろう。二行為説が，天皇の権威を可能な限り認めないことを意図した解釈なのであれば，生前退位そのものに反対する理由は存在しないように思われる。

## 4　退位特例法

　象徴天皇制における象徴機能を発揮するために退位するという天皇の意図は実現したのだろうか。天皇のビデオメッセージの後，与野党が同意して制定したのが，現天皇に限って退位を認める皇室典範特例法であった。天皇退位の制度を定着させるかどうかは，今後の天皇の意向次第ということになった。

　天皇による問題提起は，国民が象徴天皇制について，広く議論をする絶好の機会であった。しかし，天皇が国民に投げたボールは，「静かな環境で議論しなければならない」とした諸政党が密室で処理した結果，国民に直接届くことはなかった。このことは，非常に残念であるといわなければならない。天皇からの問題提起は，この国の国民主権のあり方にかかわる重大問題であったことを忘れてはならない。

［成澤孝人］

## *2* 「女性議員を増やす」という政策——「全国民の代表」と「男女平等」

- 関係法令：男女共同参画社会基本法，女性差別撤廃条約，政治分野における男女共同参画推進法
- 憲法条文：21条1項，43条1項，44条 → 第1部Ⅱ章*3*・Ⅱ章*7*

**[事 例]**「政治分野における男女共同参画推進法」が成立

　2017年10月の衆議院議員選挙（定数465人）の結果，47人の女性候補者が当選し，衆議院議員の女性割合は10.1％となった。しかし，列国議会同盟（IPU）が2018年3月1日に発表した女性議員割合をみると，日本は193か国中159位と低い。

　男女の議員数に大きな差があるのは，国会だけでなく，地方議会も同様である。そこで，政府は男女共同参画社会基本法に基づく「第4次男女共同参画基本計画」（2015年12月25日閣議決定）で，政党に対し，「候補者の一定割合を女性に割り当てるクオータ制等ポジティブ・アクション導入」の自主的な導入に向けた検討を求めてきた。

　そしてついに，「政治分野における男女共同参画推進法案」が民進・共産・生活・社民4党から，また，自民・公明・日本維新の会3党からそれぞれ提案されたのち，与野党の統一案が2018年5月23日に公布・施行された。

### *1* 女性参政権の獲得

　女性参政権は，1893年ニュージーランドを皮切りに世界的に拡大されていった。イギリスが舞台の映画「未来を花束にして」（サラ・ガヴロン監督，2015年イギリス）は，女性運動家らが国家権力に抑圧されながら，参政権を獲得するまでの実話を描いている。日本では，第二次世界大戦後の1945年12月，衆議院議員選挙法が改正され，翌1946年4月にはじめて女性に投票権が認められた。また，日本国憲法44条において，衆参両院の議員とその選挙人の資格は「法律でこれを定める」こと，「性別」等によって差別してはならないことが要請された。

　しかし，実際には，日本国憲法施行から70年以上が経過しても，公職における女性候補者は少なく，それゆえ，女性議員の数も少ない。その背景には，女性の社会進出を阻んできたさまざまな要因がある。まず，家事・育児・看護・

介護等のケア労働は女性が負うべきだ、とする性別役割分業の意識である。また、そうした意識が、政治は男性のものだとする社会通念を支えてきたとされる。こうした状況を改善しようと、2011年、男女共同参画会議の基本問題・計画専門調査会のワーキンググループが、実質的な「『機会の平等』の実現のための取組（プロセス）」として、ポジティブ・アクションを正当化しようと試みた。

## 2 ポジティブ・アクション

ポジティブ・アクション（もしくはアファーマティブ・アクション）は、積極的格差是正措置（ほかにも暫定的特別措置など）といわれる。歴史的に形成されてきた人種差別や性差別を認識し、その根底にある原因を是正するために欧米で理論化されたものである。女性差別撤廃条約4条1項にも「差別とならない特別措置」として明記されている。この措置の適用は、「差別禁止と平等規範への例外というよりもむしろ女性の事実上あるいは実質的な平等を実現するための手段のひとつ」（女性差別撤廃委員会・一般的勧告№25、パラグラフ14）だと考えられる。つまり、同条約が求めているのは男女の実質的平等であり、それを達成するためには、「歴史的につくられてきた男性による権力構造や制度を変換するための措置」が必要（パラグラフ8）なのである。その際、男女に「同一の待遇を保障するだけでは不十分で、「生物学的及び社会的及び、文化的に形作られた女性と男性の違いを考慮」した上で、女性にとって均等な機会が保障されることが重要となる。2018年現在、法律で議席や候補者のクォータ（割当制）を義務づける国は49か国。また53か国で政党による自主的クォータが採用されているという。

成立した「政治分野における男女共同参画推進法」は、「多様な国民の意見が的確に反映されるため」には「政治分野における男女共同参画」がいっそう重要であり、政党や政治団体への働きかけを通じて、「男女が共同して参画する民主政治の発展に寄与すること」を目指す（1条）。具体的には、社会の対等な構成員である男女が、公選による公職または内閣総理大臣その他の国務大臣、内閣官房副長官、内閣総理大臣補佐官、副大臣、大臣政務官、大臣補佐官、副知事、副市長村長の職にある者として、国または地方公共団体における

政策の立案および決定に協働して参画する機会が確保されることを目的とする。

同法は、3つの基本原則を置いている。第1に、国政選挙及び地方選挙で、「政党その他の政治団体の候補者の選定の自由、候補者の立候補の自由その他の政治活動の自由を確保しながら、<u>男女の候補者の数ができる限り均等となること</u>」（1条1項）。第2に、「男女が<u>その性別に関わりなく</u>」、「その個性と能力を十分に発揮できるようにすること」（同条2項）。第3に、男女が「<u>公選による公職等としての活動と家庭生活との円滑かつ継続的な両立が可能となること</u>」（同条3項）（いずれも下線部は筆者）、である。政党や政治団体に対して男女の候補者数を「できる限り均等」にするよう求めている点では、ポジティブ・アクション立法としての性格を有する。どちらかの性に対して強制的にクオータを求めるものでないことから、ポジティブ・アクションの議論でよく聞かれる「実力・能力ある男性に対する逆差別」が生じるという批判は、ここでは通用しないだろう。また、多忙を極める公職に就きながら、私生活では、家事・育児・看護・介護の重要な部分を担うことが多い女性労働者にとって、とくにワーク・ライフ・バランスの実現を強調した3項は、現実を反省して設けられた規定であろう。さらにいえば、2項については、性的マイノリティの人々の権利が注目されるなか、性差を超えた個人としての活躍の場を保障しようとするものと、積極的に解することはできないだろうか。

### 3　「政党の自由」との関係

「政治分野における男女共同参画推進法」は、政党・政治団体に対して、候補者数を男女「できる限り均等」にするよう要請している。このことが、自由な政治結社に対する内部自治の侵害にならないかが問われる。同法4条は、「政党や政治団体に対する<u>自発的な</u>政治分野における男女共同参画の推進に関し、当該政党その他の政治団体に所属する男女のそれぞれの公職の候補者の数について目標を定める等、<u>自主的に取り組むよう努めるものとする</u>」（下線部は筆者）と定めている。すなわち、どのような具体的目標を立て、それをいかなる手続で実現するか、政党や政治団体の「自主性」に委ねられている。その点で、日本国憲法21条から導かれる政党の結社の自由とその内部自治に対する保

障を侵害することにはならないだろう。その反面，法的強制力がないことから，同法の実効性を疑問視する声もある。

### 4 「全国民の代表」との関係

それでは，日本国憲法43条の「全国民の代表」との関係では，どのように考えられるだろうか。つまり，政党・政治団体の候補者擁立手続において「男女」の数にこだわることで，当選した議員の行動が選出母体の「性」に拘束されるのか，という問題である。憲法43条1項は，衆議院および参議院が「全国民を代表する選挙された議員」からなることを定める。この規定は，当選後の議員の行為は，選挙区の意思に拘束されず，法的に独立して行動できるという根拠を与えた。しかし，この条項を「命令的委任の禁止」と解するならば，議員は選挙民に法的責任を負わなくなるという批判を生み，「代表者と被代表者の意思の一致」を求める，積極的立場が登場するようになった。一方，「政治分野における男女共同参画推進法」は，政党・政治団体の候補者擁立手続という投票前の段階にかかわり選挙制度を直接変更するものではないため，選挙民の意思を左右しない。選挙制度の変更を伴うクオータを導入する場合，「性別」による差別を禁じた44条との関係が問題となる。しかし，有権者の男女比がほぼ半数であるという現状を考えると，「半代表制」論や女性差別撤廃条約4条1項を根拠に正当性を主張する余地もあるのではないだろうか。

［彼谷　環］

## 3　2つの県でも1つの選挙区——全国民を代表する参議院議員

- 関係法令：公職選挙法14条1項，別表3
- 憲法条文：43条1項 → 第1部Ⅲ章*1*

［事　例］　合区の導入

日本国憲法に，「国会は，国権の最高機関であつて，国の唯一の立法機関である」

（41条）と規定されているが，もちろん国民の代表機関でもある。「国会は，衆議院及び参議院の両議院でこれを構成する」（42条）が，「両議院は，全国民を代表する選挙された議員でこれを組織する」（43条1項）からである。「両議院の議員の定数」（43条2項）や「両議院の議員及びその選挙人の資格」（44条）や「選挙区，投票の方法その他両議院の議員の選挙に関する事項」（47条）についても，当の国会議員たちが「唯一の立法機関」であり，要するに自分たちの選ばれ方も自分たちで話し合って定めることになっている。

　公職選挙法に，参議院議員の定数が248人，内訳として「比例代表選出議員」が100人，「選挙区選出議員」が148人と定められている（4条2項）。後者については「選挙区及び各選挙区において選挙すべき議員の数」（14条1項）のリスト（別表3）があり，都道府県が並んでいるが，2015年7月28日に成立した改正により「鳥取県及び島根県」と「徳島県及び高知県」という名称の合同選挙区が新設され，これら2組の合区により現在は全45区が並んでいる。

　もとより憲法に規定されている3年ごと半数改選（46条）の前提があるから，参議院議員の通常選挙において当選するのは各回124人であり，そのうち「選挙区選出議員」は74人である。この人数を45で割る単純計算の商でも2人未満になるが，もちろん均等割りではなく，複数を選出する大選挙区には各回6人が当選する東京都や4人が当選する埼玉県，神奈川県，愛知県，大阪府もあるから，大都市圏を外れて人口規模の小さな県には通称1人区の実質的な小選挙区が多い。憲法に明記されている「成年者による普通選挙」（15条3項）の延長線上には，衆議院議員の総選挙ばかりでなく参院選における議席あたりの投票の比重についても「法の下に平等」（14条1項）の保障を目指して，いわゆる議員定数不均衡を是正するという積年の課題があり，いまでは全体の3分の2を超える32もの1人区のうち2つが，とりわけ人が少なく隣り合う県を組み合わせた合同選挙区である。

　この合区案を採用した改正法の末尾には，2019年の夏に予定されている「通常選挙に向けて，参議院の在り方を踏まえて，選挙区間における議員一人当たりの人口の較差の是正等を考慮しつつ選挙制度の抜本的な見直しについて引き続き検討を行い，必ず結論を得るものとする」（附則7条）という決意も表明されている。参議院の付帯決議ではなく，両議院が一致して可決した法律案の一部である。

## 1　判例の動向

　最高裁判所は，2017年9月27日の大法廷判決（民集71巻7号1139頁）において，2016年7月10日の通常選挙を合憲だと判定している。理由の主要な部分において，この参院選に初適用の前年の改正が「従前の改正のように単に一部の

選挙区の定数を増減するにとどまらず，人口の少ない選挙区について，参議院の創設以来初めての合区を行うことにより，都道府県を各選挙区の単位とする選挙制度の仕組みを見直すことをも内容とするものであり，これによって……数十年間にもわたり5倍前後で推移してきた選挙区間の最大較差は2.97倍（本件選挙当時は3.08倍）にまで縮小するに至ったのである」と評価している。

　国会議員たちが重い腰を上げ，ようやく自分たちの選ばれ方を変える合区の導入に踏み切ったのは，2014年11月26日の大法廷判決（民集68巻9号1363頁）の翌年である。この判決では，2013年7月21日の選挙時の最大較差4.77倍が「違憲の問題が生ずる程度の著しい不平等状態」だと判定されている。元凶が特定されており，「人口の都市部への集中による都道府県間の人口較差の拡大が続き，総定数を増やす方法を採ることにも制約がある中で，半数改選という憲法上の要請を踏まえて定められた偶数配分を前提に……都道府県を各選挙区の単位とする仕組みを維持しながら投票価値の平等の実現を図るという要求に応えていくことは，もはや著しく困難な状況に至っている」と指摘されている。

　2012年10月17日の大法廷判決（民集66巻10号3357頁）においては，2010年7月11日の選挙時の最大較差5.00倍が「違憲の問題が生ずる程度の著しい不平等状態」だと判定され，この時点から，「都道府県を各選挙区の単位とする仕組みを維持しながら投票価値の平等の実現を図るという要求に応えていくことは，もはや著しく困難な状況に至っている」と指摘されている。この2012年判決を起点にして整理すると，業を煮やして同じ宿題を繰り返し出しているのが2014年判決であり，まずは2組のみでも合区という新手法の採用に以後の進展も期待しながら一転して態度を軟化させているのが2017年判決である。

## 2　解消の主張

　公職選挙法の改正案が参議院に提出された2015年7月24日に，全国知事会の会長と総合戦略・政権評価特別委員会委員長が連名により「参議院選挙制度改革（合区案）に関する懸念表明（緊急アピール）」を発表している。各州を代表している「ドイツ連邦共和国の連邦参議院やアメリカ合衆国の上院」を引き合いに出しながら，「日本の民主主義において都道府県の果たしてきた重要な役

割を尊重し，人口の多寡にかかわらず，都道府県単位の代表が国政に参加する仕組みを検討することを求めるものである」。

全国知事会としては，通常選挙の実施直後の2016年7月29日に採択した「参議院選挙における合区の解消に関する決議」において，「都道府県ごとに集約された意思が参議院を通じて国政に届けられなくなるのは非常に問題である」と主張している。2017年7月28日に採択した「国民主権に基づく真の地方自治の確立に関する決議」においては，「憲政史上初の合区選挙が実施され，『投票率の低下』や『自らの県を代表する議員が選出されない』という国民の参政権にも影響を及ぼしかねない状況が発生したことを受け，全国知事会をはじめ，『地方六団体』の全てにおいて，『合区解消』や『参議院選挙制度改革』に関する決議が行われた」ということを強調している。

他の5団体のうち，全国都道府県議会議長会の2017年1月20日の「参議院議員選挙制度の抜本的見直しを求める決議」と全国市議会議長会の2017年7月7日の「参議院選挙における合区の解消について」は，ほぼ共通の文言により合区の理由を直撃して，「人口のみにより単純に区割りを決定することは，地方の人口減少に歯止めをかけ……地方自治体の活性化を目指した地方創生の流れにも反する」と主張している。また，2016年11月9日に町村議会議長全国大会において採択された「参議院選挙における合区の解消に関する特別決議」も，「人口によって単純に区割りを決定する合区は，人口の少ない地方の切り捨てにつながり，地方創生にも逆行するものである」と批判している。

2016年11月16日の全国町村長大会において採択された「参議院の合区の早期解消に関する特別決議」によると，「広範囲における選挙活動の困難さ，有権者が直接候補者の政権に接する機会の減少，合区された選挙区では投票率が過去最低を記録するなど，あらためて多くの問題点が明らかとなった」。全国市長会の2017年6月7日の「参議院選挙制度改革に関する決議」は，このうち投票率の変動に着目して，前回の「参院選と比較すると，全国平均が2％伸びている中で，合区が実施された4県の合計では2％の減少となっており，国政への関心の低下が懸念される」と指摘している。

異口同音に合区の解消を主張している6団体は，地方自治確立対策協議会を

結成して，そこに地方分権改革推進本部を設置するなど，さまざまに連携している。そして，それぞれが地方自治法にもとづき，「地方自治に影響を及ぼす法律又は政令その他の事項に関し，総務大臣を経由して内閣に対し意見を申し出，又は国会に意見書を提出することができる」（263条の3第2項）。

## 3　改憲の企図

2012年4月27日に「日本国憲法改正草案」を打ち出した自由民主党の憲法改正推進本部は，地方団体の拒絶反応に呼応して，合区の解消を改憲のテーマのひとつに据え，「選挙区」（47条）や「地方公共団体」（92条）の規定を改変しようとしてきた。都道府県が市町村を包括する広域地方公共団体として一体性を保障され，具体的には毎回の参院選において各1議席以上を保障されるように規定を設ける企図であるらしい。

最高裁に強く促された法改正を覆して，議員定数不均衡の是正に歯止めをかけようとする改憲案である。どこに住んでいても「法の下に平等」の保障を，いまの到達点から後退させるのには，やはり無理があるだろう。

与党議員が少数派であった時期の参議院は，両議院の同意が必要な人事案を否決するなど，政権に対峙して衆議院と拮抗したことがあった。ねじれ現象により両院制の運用面にも可視化された抑制と均衡の権力分立の構造は，参議院議員も衆議院議員と同じく「全国民を代表する」という根本において同等の役割を前提に成立している。

昔を振り返ると，1983年4月27日の大法廷判決（民集37巻3号345頁）に，「両議院の議員は，その選出方法がどのようなものであるかにかかわらず特定の階級，党派，地域住民など一部の国民を代表するものではなく全国民を代表するものであつて，選挙人の指図に拘束されることなく独立して全国民のために行動すべき使命を有するものであるということ」からすると，「事実上都道府県代表的な意義ないし機能を有する要素を加味したからといつて，これによつて選出された議員が全国民の代表であるという性格と矛盾抵触することになるものということもできない」という解釈が提示され，この解釈を前提に，「投票価値の平等の要求は，人口比例主義を基本とする選挙制度の場合と比較して一

定の譲歩、後退を免れないと解せざるをえない」と説明されていた。

　もはや通用する分別ではなく、国会議員たちが自分たちの選ばれ方を自分たちで話し合って定めるのに、いまや「人口比例主義を基本とする選挙制度」以外の選択肢はない。かつて「事実上都道府県代表的な意義ないし機能」があってもよいと明言されていた裏側には、なくてもよいという意味が論理的に伏在していた。それが顕在化され、具体化されたのが合区である。導入にあたり「必ず結論を得るものとする」と誓われていたのは、もはや「選挙制度の抜本的な見直し」を諦める朝令暮改ではなく、それを許すための改憲でもない。

　なお、2018年7月18日に定数が増員され、政党は「比例代表選出議員」のほうに「優先的に当選人となるべき候補者」を立てられるようになった。合区からあふれる現職を救済しようとする露骨な党利党略が、各方面から批判されている。

［倉田　玲］

## 4　53条要求の無視──国会と内閣

- 関係法令：国会法3条
- 憲法条文：53条　→　第1部Ⅲ章 *1*

［事　例］　国会はいつ開かれる？

　2015年1月に開会された通常国会において、憲法9条に明確に違反していると専門家から指摘され、国民からも大きな反対があった安全保障関連法は、衆議院でも参議院でも強行的に採決され、制定された。9月27日、国会は会期末を迎えた。その後、野党に所属する国会議員125人が、憲法53条に基づいて臨時会の召集を求めたが、内閣は、それを無視し、臨時会を召集しなかった。この内閣の行為は憲法上許されるのだろうか。

### *1*　憲法53条の規範の意味

　憲法53条は、「内閣は、国会の臨時会の召集を決定することができる。いづれかの議院の総議員の四分の一以上の要求があれば、内閣は、その召集を決定しなければならない。」と規定する。

このように、臨時会は、内閣に召集権がある。この規定を根拠に、臨時会だけでなく、国会召集の実質的決定権は内閣にあると考えられている。内閣が国会の召集を決定した後、天皇に助言と承認を行い、形の上では、天皇が国会を召集するのである（7条2号）。天皇に国会召集権があって、それを内閣が代行するわけではないことに注意する必要がある。

　ところで、臨時会とは何だろうか。日本の国会は、通年開催されているわけではなく、特定の日に「会期」がはじまり、一定の期間審議をしたのちに終了する。これを「会期制」という。憲法上、会期には3種類あり、そのうちのひとつが臨時会なのである。

　まず、年に1回召集されるのが通常国会（常会）である（憲法52条）。常会は、1月に召集され、会期は150日と国会法で定められている（10条）。年に1回しか開かれない常会は、半年しか開かれないが、残りの半年の間に開かれるのが臨時会である。衆議院の解散の後、内閣総理大臣の指名のために開かれるのが特別会（54条）である。戦後日本では、年の前半に常会、休みを経て、後半には臨時会がほぼ必ず開かれてきた。

　上述したように、臨時会は内閣が召集する。しかし、万が一、内閣が臨時会を開かないかもしれない。そのような場合に備えて、憲法53条は、いずれかの議院の総議員の4分の1が要求する場合には、臨時会が開かれなければならないことを明文で規定した。具体的にいつ召集するかの判断は内閣の決定に任されているとしても、合理的な期間内に召集しなければならない。臨時会を召集しなかった内閣の行為は、明らかに憲法53条に違反している。

## 2　議院内閣制と政党政治

　憲法53条は、国会と内閣の関係について、もう一度考えさせてくれる。

　憲法41条は、国会は国権の最高機関であり、唯一の立法機関であると規定している。この規定は、イギリス憲法の国会主権を思い起こさせる。イギリスにおいては、国会が最高の立法権であることが、国会が国の最高機関であることを導いており、その法的効果として議院内閣制が成立している。すなわち、国会議員の中から首相と国務大臣という内閣の構成員が選出され、内閣は国会が

信任している限りにおいて存続し，行政権の行使について国会のチェックを受けるのである。そう考えると日本の憲法学の通説である政治的美称説には疑問がある。国会の最高機関性は，行政権に対する立法権の優位を前提とした権力分立制（議院内閣制）であることを示し，また，司法権に対しては，抽象的違憲審査制の否定を意味していると解するべきである。

立法権の行政権に対する優位を保障するのが，内閣総理大臣は国会議員の中から国会が指名するという憲法67条1項および内閣が国会に対して連帯して責任を負うという憲法66条3項である。これらの規定は，議院内閣制の中核を占める規範である。

ただ，イギリスにおいても，国会が内閣を統制できたのは，政党が未発達で，個々の議員の独立が確保されていた時代のことである。現代国家における全国規模の組織政党の成長は，国会議員を政党に従属させ，その独立性を失わせた。その結果，与党が行政権を握るようになり，国会の行政府監視権は野党の役割となった。このような現代における政党国家および行政国家という現象にかんがみるならば，国会のもつ立憲的作用を維持するためには，国会運営について，野党が一定の権限をもつような制度を構築する必要がある。憲法53条は，そのための規定と理解することができる。

### 3 会期をめぐるせめぎあい

ここにおいて，国会には，法律の制定と行政権のチェックという2つの役割があることを確認しておくべきである。この2つの役割を政党政治の現実と重ね合わせてみると，法律の制定は政府・与党にとっての利益であり，行政権のチェックは野党にとっての利益であることがわかる。

政権交代がなかった日本の55年体制において，会期不継続の原則が立憲的な機能を果していた。55年体制とは，1955年に成立した日本の政治体制である。政権は自由民主党が担いながら，日本社会党を中心とする野党が3分の1以上の議席を確保するようになったので，自由民主党はその悲願である憲法改正の発議ができなくなった。この絶妙なバランスの中で，政権担当政党の自由民主党は，万年野党の社会党にそれなりに配慮しながら政権を担っていた。会期不

継続の原則とは，その会期で行われた審議は，基本的には，つぎの会期に継続せず，提出された法案は廃案になるというルールである（国会法68条）。野党は，憲法上問題がある法案など，野党にとってどうしても受け入れることのできない法案については，会期末まで審議を引き延ばして廃案にすることを目指した。要するに，会期不継続の原則は，立法過程を支配する与党に対する抑制力として機能したのである。

90年代政治改革（小選挙区制の導入）によって55年体制が崩壊した後は，内閣がどうしても通過させたい重要法案については，国会法にある「継続審査」の手続がとられるようになり，会期不継続の原則の立憲的な運用はほとんどみられなくなった（国会法68条但書）。会期不継続の原則の変容は，55年体制において国会が果たしていた立憲的な役割が，改革によって弱められたことを示している。

国会の立憲的機能の弱体化と同時に，首相中心の議院内閣制が出現した。その嚆矢は2001年に成立した小泉内閣である。決定的だったのは，小泉内閣が行った2005年の「郵政解散」だった。小泉内閣は，郵政民営化法案が参議院で否決されるとすぐに衆議院を解散し，総選挙においては，郵政法案に反対した候補者に自民党の公認を与えず，「刺客」として対立候補を立てるという暴挙を行った。こうして，自民党の議員は首相に反対できなくなった。その後，2009年に初の本格的政権交代が起こり民主党政権が成立したが，民主党は2010年の参議院選挙で敗北したことで，政権運営に深刻な支障をきたし自滅した。「二大政党」の一方が国民の信頼を失った後に出現したのが，安倍一強内閣である。安倍政権は，戦後60年にわたって維持されてきた憲法9条に関する政府解釈の変更を，内閣法制局の人事に介入することによってなしとげ，集団的自衛権の行使を認める新安保法制を制定した。このようにコントロールなき強力な行政権が憲法を無視するようになったのが，現代の日本政治なのである。

本節の事例に関して重要なことは，この年までは，春には通常国会，休みを挟んで，秋には臨時会または特別会という2つの会期が開催されてきたということである。年に一度しか国会が開かれなかったのは，戦後はじめてのことである。

安全保障関連法の制定に対しては，国民の幅広い批判があった。内閣の憲法53条無視は，この流れの中で起きた。安倍内閣は，安全保障関連法について，国民と野党からさらなる審議を求められていたのを拒否したのである。野党に臨時会召集の要求権を認める憲法53条は，与党が国会による行政監視から逃れようとすることを阻止するための規定であり，安倍内閣がやったことは，明確に違憲である。

### 4 政権交代と憲法

90年代改革は，強力な内閣と二大政党制を目指していた。しかし，当時も今も，政権交代の憲法的意味についてまだしっかりとした検討が行われていないのではないか。

わたしは，政権交代の論理は，単に多数を獲得して政策を実現するというだけでは足りないと思う。政権交代は，現在の野党が将来において，有権者の信頼を得て政権を獲得することである。そのためには，野党は議会を基盤にして，政府の政策を批判し，失政を断罪し，説得力のあるオルタナティブを示さなければならない。国会におけるルールは，野党の活動を十分に確保するものでなければならない。内閣は，国会の立憲的機能を体現する野党に対し，行政執行について十分な説明責任を果たさなければならない。与党が，野党にそのような機会を与えなければならないのは，自分たちが野党になったときに，同じことをされては，有効な活動ができないからである。

そう考えるならば，野党の要求にもかかわらず臨時会を開かないなどという暴挙は，二大政党制が未だ確立していないという状況につけ込んで，国会からのチェック（それは，国民からのチェックでもある）から逃れようとする，立憲民主政における内閣としてはあるまじき対応である。自分たちが野党のときに同じことをされる危険性があるのである。政権交代が当たり前になっていれば，このようなことが起きるはずはないのである。

このような惨状は，政権交代を政権獲得として論じてきたことに原因の一端があるのではないだろうか。勝てばなんでもできるという考え方は，立憲民主政とは相いれない。自分たちが多数を占めているときこそ，少数派に十分な機

会を与えなければならない。それは，自分たちが少数派になったときに，十分な機会を与えられるべきことを主張するためである。

そうすると，政権交代は，政権掌握ではなく，権力抑制の仕組みとして理解されなければならない。小選挙区制，二大政党制，マニフェスト，政権選択選挙，強力な行政という政治改革の論理は，改革をすれば政権交代は自然と起きると想定していたように思われる。しかし，政権交代を望むかどうかは，有権者次第である。政権交代がないからといって，立憲主義の規範が無視されるようなことがあってはならない。政権交代を，野党のもつ行政監視活動の延長線上にあると想定することによって，立憲主義の観点から整合的にとらえ直すことが必要であろう。

政権の憲法53条の無視は，コントロールなき強力な行政権という現代日本政治が直面している問題を如実にあらわしている。それは，60年間維持されてきた憲法9条に関する政府見解を閣議決定で覆すという暴挙と明確に関連している。「立憲主義の回復」は，憲法9条だけでなく，憲法53条についてもなされなければならない。　　　　　　　　　　　　　　　　　　　　[成澤孝人]


## 5 「強行採決」——司法審査の限界？

- 関係法令：参議院議院規則
- 憲法条文：81条 → 第1部Ⅲ章*4*

[事　例] 2015年9月17日参議院特別委員会での「強行採決」

　2015年7月27日以降，すでに衆議院を同月16日に通過していた。いわゆる「安全保障関連法」（以下，「安保法制」）の審議が参議院本会議で始まり，「我が国及び国際社会の平和安全法制に関する特別員会」（以下，「特別委」）が設置され，およそ2か月にわたり審議されていた。3か月近くにも及ぶ異例の国会延長の中で，法案反対の広範な国民世論を背景に，採決を急ぐ与党と廃案に向けて審議継続を求める野党との間で激しい攻防が行われていた。

　9月17日午前，特別委の鴻池祥肇委員長が突如職権で審議を終了させる締めくくり総括質疑を決めたため，野党側が反発し，鴻池委員長に対する不信任動議を提出

し，審議はいったん休憩に入った。午後に審議が再開され，不信任動議が与党多数で否決されたのを受けて鴻池委員長が委員長席に復席した直後，20名以上の与党議員がにわかに委員長席を取り囲む動きを見せた。「強行採決」を察知した野党議員が，委員長の発言を阻止すべく駆け寄ったが，委員長を囲む与野党議員らの「かまくら」と激しい揉み合いとなり，議場は一気に騒然となった。委員長の発言は怒号の渦に埋もれ，広く伝わらず，会議録も聴取不能に陥る中，16時30分過ぎ，審議再開も議事も宣言されることなく混乱のまま特別委は終了した。直後に公表された未定稿の会議録（参議院規則156条）にも，「委員長（鴻池祥肇君）……（発言する者多く，議場騒然，聴取不能）〔委員長退席〕午後四時三十六分」としか記載されていなかった。それにもかかわらず，安全保障関連法案は特別委において「採決」されたこととされ，同月19日未明，国会周辺に集まった数万人の人々が廃案を叫ぶ中，参議院本会議で可決され，成立に至った。

その後，参議院ホームページには，「本日の本委員会における委員長（鴻池祥肇君）復席の後の議事経過は，つぎのとおりである。」として，法案の「質疑を終局した後，いずれも可決すべきものと決定した。」と加筆された会議録が掲載されている。

## 1 民主主義と強行採決

国会はこれまでも，1949年の定員法案をめぐる参議院の混乱以来，警職法改正案，新安保条約，日韓条約，大学運営臨時措置法などの可決，会期延長などをめぐって，しばしば本会議と委員会において混乱を繰り返してきた。それらは，おおむね多数党による国会法・議院規則等を無視する国会運営，強行採決と，それに対抗する野党議員の抵抗をもたらし，「乱闘国会」と呼ばれてきた。強行採決とは，各議院において過半数を占めている与党が，野党が審議継続を求めて法案の採決に反対しているにもかかわらず，審議を一方的に打ち切って採決を断行する議事手続のことをいう。

民主主義における多数決による決定は，少数派を含めて議論を尽くし，少数派の意見を最大限尊重する形で行われなければならず，単に過半数をもって結論を決するだけの手続ではない。たしかに与党は国民代表の多数派には違いないが，少なくとも国会外の圧倒的な民意が野党の反対意見に共鳴している場合に，強行採決によって成立した法律には，民主的正統性に大きな疑問が向けられることになる。とくに小選挙区制度が，大量の死票の犠牲の上に多数政党を

人為的に形成する仕組みであることを考えれば、国会や衆議院の多数派に支えられた内閣は、日々国会外の動態的な民意に敏感に反応し、これを真摯に受け止め国政に反映させる政治的責務を負うということが強調されなければならない（中川律「なぜ、強行採決はいけないのか？　2015年夏新安保法案の国会審議の問題点」時の法令1984号、2015年、54頁）。

2012年12月に発足した第二次安倍政権下において、強行採決によって成立した法律は、2013年の特定秘密保護法を皮切りに、社会保障改革プログラム法、2015年安保法制、労働者派遣法改正、2016年TPP承認及び関連法、2017年共謀罪法など、枚挙に暇がない。このような強行採決の常態化は、単に国会の不正常というだけでなく、議会制民主主義全体を形骸化させるものであり、日本の民主主義的立憲主義の深刻な危機といわざるをえない。

本来、民主主義の機能不全の回復は、民主主義の過程をもって実現しなければならないのだが、議院自身の自浄作用には必ずしも十分期待できないため、裁判所を通じた統制に期待が向けられることになる。それでは、立法手続の適法性を裁判所は審査することができるであろうか。冒頭の例に照らしていえば、特別委の立法手続に違法があったことを理由に、すでに公布された安保法制の無効判決を裁判所が下すことできるのかが問題となる。

## 2　立法手続と司法審査

(1)　問題の所在　　まず前提として、上記の特別委の立法手続には、法的にいかなる問題があるであろうか。憲法58条2項は、「両議院は、各々その会議その他の手続及び内部の規律に関する規則」を定めると規定しており、この規定を受けて参議院規則が制定されている。参議院規則は「表決」に関して、「議長は、表決を採ろうとするときは、表決に付する問題を宣告する」（136条）、「議長は、表決を採ろうとするときは、問題を可とする者を起立させ、その起立者の多少を認定して、その可否の結果を宣告する」（137条前段）、「投票が終つたときは、議長は、その結果を宣告する」（141条）と規定している。未定稿の会議録が示していたように、上記の特別委の議決手続において、このような手続は、明確な形でとられておらず、議決手続に違法があるとみるのが自

然である。

　他方，憲法は国会の各議院に議院規則制定権を認めており（憲法58条2項），会議の定足数や議事手続等を各議院の自律権（議院自律権）に委ねている。そのため，議事手続が憲法，法律，議院規則に従って正当に行われたか否かは各議院が判断すべき問題であって，裁判所による審査を認めることは議院の自律権に対する不当な干渉となり許されないのではないかが問題となる。ここに議院自律権と司法審査とをいかに調整すべきか，という司法審査の限界をめぐる問題が生じるのである。

　(2) **立法手続に司法審査が及ぶのか**　　学説は，議院の自律的運営権を絶対視して，各議院における議事手続には裁判所の審査権は及ばないとみる否定説と，法令の実質的審査権が認められることを理由に裁判所の審査権を認める肯定説とに大別できる。この点，最高裁は，1954年の警察法改正法案の審議中になされた会期延長の議決が違法であり，その会期延長中に成立した新警察法は無効であると争われた事件において，「両院において議決を経たものとされ適法な手続によつて公布されている以上，裁判所は両院の自主性を尊重すべく同法制定の議事手続に関する所論のような事実を審理してその有効無効を判断すべきでない。」として，議事手続に対する裁判所の審査権限を否定している（最［大］判1962年3月7日民集16巻3号445頁〔警察法改正無効事件〕）。

　たしかに議院の自律性は尊重されなければならないが，肯定説がいうように裁判所は法律内容の違憲性について審査しうるのであるから，議事手続の違憲性について一切判断できないとするのは疑問である。また，法律制定などにつながる議事手続は，国民の権利・義務に直接関係してくることからも，国会運営としてあまりに不正常な手続をすべて自律権の名目で国会の聖域に預けるべきではなかろう。そこで，議院の自律性を尊重して，原則として裁判所による審査権が及ばないとした上で，一定の例外的な場合においては議事手続にも司法審査が及ぶとする見解が学説上有力に提唱されている。例外的場合としては，議事手続に明白に違法が認められる場合，憲法違反の場合，議事手続に明白な憲法違反が認められる場合等さまざまに主張されている。

　(3) **立法手続の認定方法**　　いずれにせよ議院の自律性を前提にしても，立法

手続に明白な瑕疵が存在する場合に法律を有効とみなしつづける必要はなく，議院の自浄作用を促すという観点からも，例外的場合に裁判所の審査権を否定すべきではない。このように議事手続の司法審査を認める場合，つぎに問題となるのは，議事手続の事実審理の方法である。というのは，通常の裁判のように裁判所が証拠や証言にもとづき議事手続の事実審理を立ち入って行うことになれば，議院の自律権を侵害するおそれがあるためである。

そこで，議事手続の事実認定は，議院の自律権を配慮する趣旨から，議院が作成した議事録の内容を所与の前提として行うべきという見解（議事録掲載主義）が有力である（大石眞『議会法』2001年，185～186頁）。たしかに，議員を証人喚問するなどして裁判所が議事録の記載内容について微に入り細に入り検証することは避けるべきであるということは一般論としてはそのとおりであろう。もっとも，写真やテレビの映像などによって議事手続の状況を客観的に認定できる場合であれば，議事手続への不当な介入となる危険がなく，それらを事実認定の資料に用いることは問題とはならないはずである（浦部法穂『憲法学教室〔全訂第 2 版〕』日本評論社，2016 年，577～578 頁参照）。また議事録掲載主義を形式的に貫けば，実際の議事手続とおよそ合致しない議事録が作成された場合でも，その記載内容を確定的な事実と認定しなければならないといことになり，不合理であろう。

したがって議事録掲載主義は，一般的な態度として支持されるべきだとしても，議院の自律権を侵害するおそれのない客観的な資料までをも事実認定の証拠から排除する理由はないし，また立法手続に司法審査を及ぼす趣旨からしても排除すべきはない。

## 3 特別委の「強行採決」は有効か

以上をふまえて，特別委の強行採決はいかに考えるべきであろうか。議事録掲載主義を貫徹すれば，作成の経過が何であれ議事録の最終版の記載をもって事実認定することになる。参議院ホームページ掲載の特別委の会議録を前提とする限り，議決は整然と行われ可決されたと認めるほかない。しかし，実際の議事手続の様子はビデオ撮影されており，一般市民ですらインターネットを通

じてその模様を確認できる以上，特別委の採決手続は客観的な記録にもとづいて検証可能な状態にある。その映像を見る限り，議事録最終版のような「可決すべきものと決定した」と記録できる状況であったかどうか大いに疑問をもたざるをえない。参議院特別委員会での「採決」が，議事手続をまったく無視するものであり，そもそも存在すら疑わしいものであれば，重大な瑕疵の存在は否定できず，少なくとも明白な法令違反が認められるというべきであろう。

　もっとも，この「強行採決」は特別委で行われたものであって，法案の採決それ自体は9月19日の参議院本会議に行われているため，安保法制手続自体には明白な瑕疵があったとはいえないのではないかが問題となりうる。たしかに本会議における採決によって，特別委の強行採決の瑕疵が治癒されたとの見方もありえなくはないが，法案審議の実質が委員会において行われる委員会中心主義という実態をふまえれば，特別委における採決手続の瑕疵が本会議の採決によって安易に治癒されると解すべきではない。そうでなければ，司法審査を立法手続に及ぼすことを認めた意義がほとんど失われることになる。少なくとも，委員会審議における法案採決手続の重大明白な瑕疵は，その治癒を認めるべき例外的な事情がない限り，原則として本会議の議事手続に承継されると解すべきであろう。

　このように解した場合，最後に訴訟の出口の問題として，安保法制を全部無効とすべきかどうか問題となる。一般論としては，いったん成立した法律を全面的に覆すことになれば法的安定性が害されることになるため，結論の具体的妥当性に考慮しつつ何らかの手立てが必要となろう。参考となりうるのが，将来効判決や事情判決といった類の手法であろう。しかし，それ自体違憲の疑いが強い安保法制について，維持すべき法的安定性というものがはたして認められるのであろうか。

[坂田隆介]

## 6　森友公文書改ざん事件——内閣の対国会説明責任

- 関係法令：財政法9条1項，公文書管理法1条
- 憲法条文：83条，66条3項 → 第1部Ⅲ章*2*・Ⅲ章*3*

［事　例］　改ざんされた公文書

　大阪府豊中市の国有地が鑑定価格である9億5600万円より8億円以上も安い1億3400万円で学校法人「森友学園」に売却されたのは2016年6月のことであった。この売却価格が「適正な対価」（財政法9条1項）といえるのか，8億円を超える「値引き」に根拠があるのか等が問題となっているのが森友学園問題である。この「値引き」等に安倍首相夫人の安倍昭恵氏の何らかの関与があったかどうかが重要な争点となっている。昭恵氏が同学園が設立しようとした小学校の名誉校長となっていた（問題発覚後の2017年2月に辞任）等の事情があるからだ。

　この問題は，2018年3月2日に，驚くべき問題へと発展した。上記の国有地の取引の際に財務省が作成した決裁文書が書き換えられ，書き換えられたものが国会議員らに配布された疑いがあると同日の朝日新聞朝刊が報じたのである。この報道内容は真実であった。財務省は，3月12日，朝日新聞が報道した公文書を含めて14もの決裁文書が改ざんされていたことを認めたのだ。改ざん前の決裁文書にあった財務省から森友学園側への事前の価格提示や安倍明恵氏の氏名等が改ざん後の文書にはなかったのだ。

　2017年2月に森友学園への格安での国有地売却問題が明らかになり，その後，この問題について，1年以上にわたり，断続的に国会審議がなされてきたが，その国会での審議の基礎となる公文書が改ざんされたものであった。これは，内閣による国会軽視どころか，国会に対する愚弄であり，国会での審議の基礎となる公文書の信頼性が揺らぐという議会制にとって非常に深刻な事態である。

### *1*　議会制民主主義と公文書の意義

　議会制民主主義にとって，内閣の指揮監督下にある行政機関から提出される文書や資料等は審議の基礎である。もちろん議員が独自に調査し作成した資料等も重要である。しかし，日々の統治は憲法および法律にもとづいて行政機関が遂行しているのであり，その記録となる文書や政策遂行のための資料等は，すべて終局的には議会に対して行政活動について説明をするためにも不可欠なものである。その行政機関の作成した文書や資料が虚偽の事実を含むもので

あったり，改ざんされたものであった場合には，行政活動について行政機関が議会への説明をなしたとはいえず，議会での審議は無意味なものとなる。

憲法に公文書についての定めはないが，内閣の国会に対する連帯責任（憲法66条3項）についての条項等は，当然に，行政機関が国会に提出する文書等が，その内容も含めて真正なものであることを前提としている。

公文書管理法（2009〔平成21〕年）という法律がある。同法1条は「国及び独立行政法人等の諸活動や歴史的事実の記録である公文書等が，健全な民主主義の根幹を支える国民共有の知的資源として，主権者である国民が主体的に利用し得るものである」と公文書の民主主義や国民にとっての意義を明記している。この条文の文言からも明かなとおり，公文書は，国家の統治の記録であり，民主主義の根幹を支えるものである。

以上で分かるとおり，森友文書改ざん事件は，日本の議会制民主主義の存立基盤にかかわるきわめて重大な出来事である。

### 2　財政議会主義

森友学園問題は，そもそも財政議会主義（憲法83条）にかかかわる事件である。

森友学園への国有地の売却については，すでに憲法90条にもとづき設置されている会計検査院が，2017年11月22日，この「値引き」について，①財務省による売却価格決定手続が「適正を欠いていた」，②「値引き」の根拠となった地中のゴミの算出方法には「十分な根拠が確認できない」，そして③土地売却の適正さを裏付ける資料が残されておらず「会計経理の妥当性について検証を十分に行えない状況だった」などとする検査報告書を参議院に提出し，また公表した（読売新聞2017年11月23日付朝刊1面）。

つまり，国有地の森友学園への格安での売却については，すでに会計検査院が手続，実態および根拠資料について適正さを欠くものであったと判断しているのである。現時点（2018年6月1日）で，この判断を覆す資料や説明は政府からなされていない。

法的にみれば，もし当該国有地の売却が「法律に基づく場合」にあたらず，かつ「適正な対価」のないものであるならば，当該国有地の売却は，「国の財

産は，法律に基く場合を除く外，これを交換しその他支払手段として使用し，又は適正な対価なくしてこれを譲渡し若しくは貸し付けてはならない」と規定する財政法9条1項違反である。ひいては，憲法83条の定める財政議会主義の趣旨を没却するものである。同条は「国の財政を処理する権限は，国会の議決に基いて，これを行使しなければならない」としており，国有財産の管理や処分も含む「国の財政を処理する権限」を国会のコントロール下に置いているのである。

森友学園問題は，国有地の売却そのものが，国民代表機関（憲法43条）であり，「国権の最高機関」（憲法41条）である国会に付与された「国の財政を処理する権限」を無視するものである疑いが濃厚であり，かつ売却の手続，実態および根拠資料について，政府が国会に対してきわめて不誠実な説明しかしてこなかった疑いも濃厚な事件である。さらに国会議員らに対して財務省から配布された公文書が改ざんされていたことが分かったのだ。

森友学園問題は，財政議会主義の趣旨を没却した国有地の「適正な対価」のない譲渡の疑い，国会に対する政府の不誠実な答弁，国会議員に改ざんされた公文書が配布されていたなど，憲法の定める議会制民主主義の根幹を揺るがす重大な憲法問題なのだ。

### 3 内閣の対国会責任

国民代表機関（憲法43条）であり，「国権の最高機関」（憲法41条）として国政の中心に位置する国会に対して内閣は連帯して責任を負う（憲法66条3項）。

そもそも行政権の担い手である内閣の首長（憲法66条1項）である内閣総理大臣は国会によって指名され（憲法67条1項），内閣総理大臣が他の国務大臣を任命する（憲法68条1項）。つまり内閣の民主的正当性は，普通選挙によって選出される全国民代表機関である国会からの信任によって与えられるものである。それゆえに内閣がその職務執行について国会に対して説明責任等を負うのは当然である。

## 4　国政調査権——証人喚問

　憲法62条は，「両議院は，各々国政に関する調査を行ひ，これに関して，証人の出頭及証言並びに記録の提出を要求することができる」と規定している。衆参両議員に国政調査権を付与しているのである。この憲法の規定を具体化した法律のひとつが議院証言法（1947〔昭和22〕年）である。

　2018年3月27日，衆参両議院の予算委員会で，森友公文書改ざん事件について，改ざん事件当時の財務省理財局長であり，2017年2月の森友問題発覚後たびたび国会の場で答弁してきた佐川宣寿氏の証人喚問がなされた。この証人喚問も憲法62条を具体化した議院証言法にもとづくものである。

　この証人喚問では，佐川氏が，自らが「刑事訴追を受けるおそれがある」との理由で証言を拒む場面が40回以上もあった（朝日新聞2018年3月28日付朝刊）。この証言拒否は，「証人は，自己……が刑事訴追を受け，又は有罪判決を受けるおそれのあるときは，宣誓，証言又は書類の提出を拒むことができる」と規定した議院証言法4条にもとづくものである。

　佐川氏の証言拒否の結果，森友文書改ざん事件の真相究明はなかなか進まない事態となっている。自らが「刑事訴追を受けるおそれ」がある場合に証言を拒否することは議院証言法4条により保障された証人の権利ではあるが，佐川氏は，ほかならぬ国会議員に対して改ざんされた文書を配布した部署の責任者である。また佐川氏自身の国会での答弁の根拠資料はなんであったのかも疑われているのである。この公文書改ざんの被害者は，国会議員であり，国会である。1年余にわたり，全国民の代表である国会議員を，そして国権の最高機関である国会の審議を混乱させた責任を感じさせる証言ではなかったのが残念である。

## 5　ま と め

　森友学園問題では，憲法上内閣に要請されている行政権の行使についての国会に対する説明責任がまったく果たされていないといわざるをえない。それどころか，その説明の基礎となる公文書が改ざんされていたという前代未聞の事件でもある。国会審議の基礎となる資料の提出や安倍明恵氏らの証人としての

出頭要請を拒みつづける安倍内閣や与党の姿勢は，憲法の予定する議会制民主主義を機能不全に陥らせかねない。

日本国憲法の統治機構の中心である国会が，いま，安倍内閣や与党の不誠実な姿勢によって機能不全に陥っている。　　　　　　　　　　　［石埼　学］

## 7　京都市宿泊税条例──地方公共団体の課税権の意義と限界

- 関係法令：地方税法669条〜670条の2
- 憲法条文：92条，94条　→　第1部Ⅲ章**3**

［事　例］　京都市が宿泊税を導入

　京都市議会は2017年11月2日に開催された「9月定例会本会議」で，市内の宿泊施設すべての利用者に宿泊税を課す条例案を賛成多数で可決した。宿泊税はすでに東京都と大阪府で導入されているが，市町村での導入は全国初である。また京都市の宿泊税は，宿泊料金に応じて，1人1泊200円（2万円未満の宿泊），500円（2万円以上5万円未満の宿泊，1000円（5万円以上の宿泊）とされているところにも特色がある。なお修学旅行生やその引率者は宿泊税を免除される。本条例は，2018年2月9日に総務大臣から同意を得て，同年10月1日から条例が施行される（京都新聞2017年11月2日等参照）。

### *1*　地方公共団体の課税権

地方公共団体にも課税権があることは最高裁も認めている。すなわち「普通地方公共団体は，地方自治の本旨に従い，その財産を管理し，事務を処理し，及び行政を執行する権能を有するものであり（憲法92条，94条），その本旨に従ってこれらを行うためにはその財源を自ら調達する権能を有することが必要であることからすると，普通地方公共団体は，地方自治の不可欠の要素として，その区域内における当該普通地方公共団体の役務の提供等を受ける個人又は法人に対して国とは別途に課税権の主体となることが憲法上予定されているものと解される」。もっとも地方公共団体の条例による課税は，国の法令の範囲内（憲法94条，地方自治法14条1項）でのみ許され，また「普通地方公共団体

が課することができる租税の税目，課税客体，課税標準，税率その他の事項については，憲法上，租税法律主義（84条）の原則の下で，法律において地方自治の本旨を踏まえてその準則を定めることが予定されており，これらの事項について法律において準則が定められた場合には，普通地方公共団体の課税権は，これに従ってその範囲内で行使されなければならない」（最判2013年3月21日民集67巻3号438頁〔神奈川県臨時特例企業税事件〕）。

## 2 法定外税

地方公共団体が，独自の課税客体を見出し，課税をする余地は，憲法の定める条例制定権の限界や租税法律主義との関係で，それほど大きくはない。そもそも税目，課税客体等は，地方税についても地方税法で多く定められており（法定税），そこにない課税客体が存在する地方公共団体はそう多くはないであろう。京都市の宿泊税もそのひとつであるが，地方公共団体の独自課税は，地方税法上の「法定外税」（法定外普通税と法定外目的税とがあるがここでは区別しない）に該当する。「法定外税」の新設等の手続は都道府県については地方税法259条から261条，市町村については669条から670条の2で定められている。

「法定外税」は，地方公共団体の自主的な課税権の拡大のために，2000年4月施行の地方分権一括法による地方税法改正により，「法定外普通税」が自治大臣の許可制から協議制へと変更され，「法定外目的税」が新設されたことをきっかけに，同法施行後に多くの地方公共団体で導入が検討された。「法定外税ブーム」といわれるほどであった（法定外税について，東京都荒川区の「自転車税」構想など頓挫した構想等も含めて，外川伸一『地方分権と法定外税』公人の友社，2002年を参照）。

そして2018年4月現時点で存在する「法定外税」の多くは原子力発電所関連施設（福井県等の「核燃料税」，茨城県等の「核燃料等取扱税」，鹿児島県薩摩川内市の「使用済核燃料税」），産業廃棄物処理施設（三重県等の「産業廃棄物税」等）の「迷惑施設」にかかわる物を課税対象としているものである。それ以外のものとしては，宿泊税（東京都，大阪府，京都市）のほか，福岡県太宰府市の「歴史と文化の環境税」，大阪府泉佐野市の「空港連絡橋利用税」，静岡県熱海市の「別荘

等所有税」、岐阜県の「乗鞍環境保全税」、山梨県富士河口湖町の「遊漁税」があるくらいだ。いずれも全国的に著名な観光地等で観光客等からの徴収を前提にしたものである。

つまり各地方公共団体は、その課税権にもとづき、「法定外税」として何らかの課税対象を見出し、税を課することが憲法上も法律上も可能であるが、観光客やビジネス客の多い大都市や観光客の多い地方公共団体以外には、「迷惑施設」くらいしか課税対象がないというのが現実だ。

そもそも、法定外税によって地方公共団体の財源の自主性を強めることはきわめて困難である。地方公共団体の自主的な課税に期待しても、地方公共団体間の格差が広がるばかりだという側面もあろう。

## 3 地方交付税

地方公共団体間の財源の格差を是正するために地方交付税の制度がある。地方交付税は、地方公共団体間の財源の格差を是正し、必要な行政サービスの格差が団体間でなるべく生じないように、本来は地方公共団体の税収入となるべきものを国が国税として徴収し、一定の基準により、地方公共団体に再配分（地方交付税交付金）する仕組みである。地方交付税法1条は、その目的を「この法律は、地方団体が自主的にその財産を管理し、事務を処理し、及び行政を執行する権能をそこなわずに、その財源の均衡化を図り、及び地方交付税の交付の基準の設定を通じて地方行政の計画的な運営を保障することによって、地方自治の本旨の実現に資するとともに、地方団体の独立性を強化することを目的とする」としている。

このような制度は、地方公共団体の自主性を確保しつつ、全国のどこに住んでいようが一定の水準の行政サービスをすべての住民が受けられるために必要不可決である。地方公共団体が、法定外税の導入に象徴されるように、自主的に財源を確保するのは非常に困難であるので、このような再配分の仕組みは今後とも重要な意義を有しつづけるだろう。

## 4 「地方消滅」

　ところで，今日，かつての農村部から都市部への人口移動という社会的要因だけでは説明のつかない地方公共団体の困難が顕在化しつつある。少子化による人口の自然減や都市部の住民の不安定雇用による低賃金などである。「日本国民としてどこに住んでいても一定以上のサービスの提供を受けることは，憲法で守られた私たちの権利だ。しかし，この当たり前のことが実現困難になってきている」のだ（NHKスペシャル取材班『縮小ニッポンの衝撃』講談社現代新書，2017年，9頁）。市営住宅，橋梁，水道管，道路などのインフラの維持すらままならい自治体（北海道夕張市），地域社会の維持から行政が撤退し，それを住民組織に委ねる自治体（島根県雲南市）といった現象があるのだ。「地方消滅」という表現は大げさかもしれないが，憲法93条の「地方自治の本旨」にもとづきつつ，全国どこに住んでいても，誰もが憲法上の権利を享受しつつ，安心して生活のできる仕組みを強化することが求められている。

## 5　ま と め

　京都市の宿泊税のような取り組みは，大きく報道され，注目を集める。しかし，憲法第8章の定める地方自治は，いま，従来からの課題に加え，急速な人口減少という新たな課題に直面している。より充実した人権保障と民主主義のために憲法が定めた地方自治制度のために，法定外税も含め，さまざまな検討をする必要があるだろう。

[石埼　学]

---

# 8　憲 法 改 正

- 関係法令：憲法改正手続法
- 憲法条文：96条，97条，98条　→　第1部Ⅲ章 6

[事　例]　憲法改正のルールの改正？

　日本国憲法の改正提案の中に，憲法96条の憲法改正手続を改正しようという提案がある。憲法改正のルールを改正しようというものだ。たとえば，2012年の自民党

の「日本国憲法改正草案」では，国会の発議について現行憲法の各議院の総議員の「三分の二以上の賛成で」との要件を「過半数の賛成で」と緩める提案となっている。

　安倍晋三首相は，憲法96条の改正について，たとえば，2014年2月4日の衆議院予算委員会で「たった3分の1の国会議員が反対することで国民投票の機会を奪っている」などと同条改正の理由を説明した（毎日新聞2014年2月4日夕刊）。安倍首相の憲法96条改正の主張は，他の条項の改正に先行させて，まず憲法96条の改正をしようというところに従来とは異なる特徴がある。

　衆参両院の総議員の「3分の2以上の賛成」で憲法改正案を国会が国民に発議し，さらに国民投票で過半数の同意を得るという現行の憲法96条の手続は，他国と比べても，厳しい手続であることは確かだ。安倍首相のいうとおり――より正確にいえば――衆議院か参議院かいずれか一方の議院の総議員の3分の1以上が反対すれば，憲法改正案の発議すらできないのだ。

　しかし，だからといって，この要件を総議員の「過半数の賛成で」と緩めてしまってよいのであろうか。

## 1　最高法規――実質的最高法規性

　なぜ憲法という法規範は，その改正手続が通常の立法より厳格となっているのか（井口秀作「憲法改正をめぐる政治と理論」全国憲法研究会編『憲法問題27』三省堂，2016年がそのような検討のためにも有益である）。

　憲法学では，憲法改正手続の厳格さは，憲法が人権保障を目的とした法規範であって他の法規範と実質的に異なること（実質的最高法規性）から説明される。日本国憲法では，「第10章　最高法規」の章の冒頭の97条に基本的人権の本質についての規定があり，それに続いて98条1項に憲法の最高法規性についての規定があるが，この条文の並びは，まさに憲法は人権保障を目的とした法規範だから最高法規なのだという説明に適合的である。そしてこのように実質的に最高法規であるから，形式的にもその改正手続が厳格（96条）となっている（形式的最高法規性）のだと説明される。

　このように憲法は人権保障を目的とした実質的な最高法規であるからその改正手続が厳格であるという説明からすれば，自民党の憲法改正草案のようにその手続を緩和する提案は憲法という法規範の最高法規という特質を失わせかねないものと評価できよう。「総議員」の意味について法定議員数とする説また

は現在議員数とする説のいずれの立場に立っても，その「過半数の賛成」で憲法改正の発議ができるとすることは，結局，国民投票における承認も含めて単純多数決で憲法改正の是非を決することになるから，日本国憲法の硬性度を著しく緩めることになる。

### 2　最高法規——形式的最高法規性

ところで，憲法の実質的最高法規性という説明は，その形式的最高法規性の意義についての説明である。少なくともこの説明だけでは，憲法の最高法規性の説明としては不十分であると筆者は考える。

憲法がある国の国法秩序の中で最高の地位にある法規範であることは，形式的最高法規性の観点からも説明されねばならない。

ある国の法秩序における法規範の階層構造の頂点に位置する憲法は，他の存在形式の諸法規範よりも改正が困難であるがゆえに，最高法規なのである。議会の制定する法律や行政機関の制定する命令と同じ手続で改正が可能な憲法は最高法規とはいえない。なぜならそのような憲法は立法機関も行政機関も法的に拘束できないからである。

法律等の法規範よりも厳格化された手続によってしか改正ができないという硬性性こそが最高法規としての憲法の存在の有無のメルクマールである。

ハンス・ケルゼンは，形式的意味の憲法とは，「『憲法』という名の付いた文書で，成文憲法である。それは一般法規範の創造，すなわち立法を規律するのみならず，政治的に重要な事項に関わる他の規範を含んでいる。その他に，『この文書（憲法典）に含まれた規範の廃止や変更は，単純な法律ではなく，加重された条件下で，特別な手続によってのみ可能である』旨の条項を含んでいる」ものであるとしている（ハンス・ケルゼン，長尾龍一訳『純粋法学〔第 2 版〕』岩波書店，2014年，215頁）。

### 3　法の階層構造と憲法の最高法規性

憲法は，国法秩序の階層構造の最上位に位置し，さまざまな法の存在形式およびその定立の手続等ルールを定めている。

日本国憲法では，法律は国会が制定する（41条）。議院規則は各議院が制定する（58条2項）。最高裁判所規則は最高裁が制定する（77条1項）。政令は内閣が制定する（73条6号）。条約は，内閣が締結し（73条3号），国会が承認する（61条）。予算は，内閣が作成し（73条5号，86条），国会が承認する（60条，86条）。地方公共団体は，「法律の範囲内で」条例を制定する（94条）。
　この階層構造の下では，内閣（行政機関）が新たな政策を実施する場合には，国会に対してその根拠となる法律の制定を要求することになる。法律の根拠なくして内閣（行政機関）は行動できないからだ。国会が制定しようとする法律案が憲法の条項のどこかに抵触する場合は，国会は憲法の改正を発議し，国民の同意を求めることになる。
　法の階層構造は，法律の制定・改廃や憲法改正についての諸国家機関の間の権限関係にもかかわる。
　このことを考慮すれば，憲法改正手続が，衆参両院の総議員の「過半数」の賛成での発議および国民投票における過半数の賛成のように著しく緩やかな場合は，法律制定の必要性のために容易に憲法改正がなされうるなど，憲法の最高法規性（形式的意味の最高法規性）が著しく弱まることになる（毛利透『統治構造の憲法論』岩波書店，2014年の第1章・第2章も参照）。
　日本国憲法は，議院内閣制を採用しており，議会の多数派と内閣とが，通常は，一致しているため，内閣（行政機関）が必要と考える立法を国会がなすことはそれほど困難ではなく，またその立法のために憲法改正を発議することも，その要件が緩やかな場合は，実際上は，それほど難しくはない。ということは，最高法規である憲法が立法機関である国会や行政機関である内閣を拘束する程度は弱まる。国民投票が憲法改正の要件となっているため，ともすれば，冒頭の安倍首相の物言いからもうかがわれるように，「国民に決めてもらいましょう」といった具合に国会での憲法改正論議がないがしろにされ，与党による強引な議事運営がなされることも懸念されるだろう。

## 4　まとめ

　憲法改正手続の硬性度は，憲法の最高法規性の程度と事実上関係している。

もっともどの程度の硬性度が望ましいのかは，一概にいえないだろう。また日本国憲法のように，憲法改正の発議に2つの議院の総議員の3分の2以上の賛成が必要な場合でも，選挙区制度が多数派に有利な小選挙区制度となっている場合には，実際には，その要件ほどには憲法改正は困難ではない。

　冒頭に引用した「国民投票の機会を奪っている」という安倍首相の発言についていえば，筋違いというほかはない。そもそも諸国の憲法の中で憲法改正にあらゆる場合に国民投票を要件としている憲法は稀であり，またドイツの憲法のように2つの議院の3分の2以上の賛成（ドイツ連邦共和国基本法79条2項）を憲法改正の要件としている国でも憲法改正は何度か行われている。

　日本国憲法の改正が今日まで一度もなされなかったのは，広く国民に支持されるような憲法改正の提案がなかったからである。また歴代政権による強引な憲法解釈（による「解釈改憲」）についての不信感（このような政権の下で憲法改正をした場合，強引な憲法解釈がさらになされるのではないかという不信感）もあったであろう。いま，憲法を学習するものに求められるのは，最高法規である憲法の改正の意義をより深く理解することである。　　　　　　　　　［石埼　学］

# 第3部
# 権利実現の現場と日本国憲法
―― 実務家との対話 ――

◇

　この国でもっとも基本的なルールである日本国憲法は，日々の生活のあちこちに息づいているはずである。第3部では，すぐそこの現場で，理想と現実，あるいは人権と制度のせめぎ合いの中で，憲法を実践する専門家からの素朴な疑問とレポートを受けて，憲法の息遣いがその背景を含めて描かれている。第1部，第2部へと実感をもって学習を進める出発点として，またいつもの生活の中で憲法問題を見つけ，考えるヒントにしてもらえればと思う。

## *1* 一人ひとりの子どもを大切にすること——特別支援教育と憲法
[現場：竹村直人，憲法：上出　浩]

### A　現場からの素直な疑問——出発点として

　義務教育ということばは誰しも耳にしたことがあるだろう。誰の義務かということは後で触れられるが，「義務」である以上，すべての子どもたちが学校教育を受けることになる。もちろんみなさんも受けてきただろうし，たとえば，不登校といわれる子どもたちも，近年はフリースクールなどが認められつつあるとはいえ，その周りの大人たちも含めて「本来は学校に行くべき」という意識の中で過ごしているだろう。

　障害のある子どもたちも学校教育を受ける。どこで学ぶかというと，障害の程度などに応じて，小中学校の通常学級あるいは特別支援学級，または特別支援学校で学ぶ。その教育の内容は，一口に障害といってもその種類や程度はさまざまだから，その子どもに応じた教育内容や支援が求められることになる。たとえば重度の知的障害があることで，教科書を使って学習することが難しい子どもたちもいる。そういった子どもたちに対しては，その子の成長発達にとって必要なことを学校教育の中で行うことになる。いわゆる「勉強」ではなく遊びを通して学ぶということもある。また，一日の学校生活を通して，教員は学習のことだけでなく，生活面の支援も行う。食事やトイレがまだ自立していない子どもたちもいるからである。

　このように，「教育」といっても，障害のある子どもたちへのそれは，多くの人が受けてきた教育や支援とは異なったイメージをもたれたことと思う。先に述べたように，障害といってもさまざまで，また，同じ種類の障害であっても一人ひとりに応じた教育や支援が必要になる。いずれ社会に出て行く子どもたちに対し，生活年齢も考慮しながら，どのような教育や支援をすればよいのか，模索しながらの日々だ。

　そこで，憲法あるいは憲法的価値の中に，障害のある子どもたちが学校生活

を送る上でどのような教育や支援を受けることが適切なのか，指針やヒントになるような手がかりはないだろうか？これは，一人ひとりに応じた教育という点で障害が有ろうが無かろうが，みんなの問題につながると考えるからだ。

## B 憲法が備えているもの——基礎となる知識と方向性

### (1) 個人の尊厳

Aの問に答えるためにも，まずは，日本国憲法が，個人をどのような存在としてみているか，どのように扱うべきと考えているかをみてみたい。

日本国憲法は個人主義を採っているとされる。個人主義といっても「自分勝手に何でもして良い」ということを意味せず（第1部Ⅱ章**14**，第12条，公共の福祉，参照），一人ひとりの個人を第一に大切にするという意味である（第1部Ⅱ章**21**，第13条，個人の尊厳，参照）。それは大日本帝国憲法の下，太平洋戦争に至りその惨禍を招いた一因が，帝国主義とともに，天皇を頂点とする国を優先し，たとえ個人を犠牲にしても国を富ませ，反映させるべきであるとの全体主義にあるとされたからである。日本国憲法はこの全体主義を国民の苦い経験に基づいて拒絶しているのである（第1部Ⅰ章**5**，第9条，平和主義，参照）。日本国憲法第13条の前段は明確に「すべて国民は，個人として尊重される。」と表している。さまざまな内容を含みこむが，まさしく「一人ひとりが尊重される」ことが求められているといえる。また，14条は平等の規定であるが，「人種，信条，性別，社会的身分又は門地により，政治的，経済的又は社会的関係において，差別されない。」としている（第1部Ⅱ章**22**参照）。これはもともと人によって「人種，信条，性別」などが異なることを当然とし，その違いを前提とした条文であるといえる。これらを併せ考えると，「一人ひとりはそれぞれ違って良く，それが当たり前で，その違いが認められ，その上で一人ひとりが大切に尊重される」ことを憲法は求めているといえる。教育の場面においてもこれが大前提となる。

## (2) 教育を受ける権利と義務

多くの人は「義務教育は受けなければならない」ものであって，子どもには「義務教育を受ける義務」があり，だからこそ「我慢してでも」「学校には行かなければならない」と思っているようである。こんなことを憲法が本当に求めているのであろうか。日本国憲法自体がそう求めているのであれば，国民としては，「仕方がない」かもしれない。

日本国憲法にはその26条1項に「すべて国民は，法律の定めるところにより，その能力に応じて，ひとしく教育を受ける権利を有する」との記述があり，これを受けて26条2項には「すべて国民は，法律の定めるところにより，その保護する子女に普通教育を受けさせる義務を負ふ。義務教育は，これを無償とする」との規定がある。たしかに「義務」が定められてはいる。しかし注意して読んでみてほしい。どこに「子どもには教育を受ける義務がある」と書いてあるのであろうか。少していねいにみていくことにする。

第1項は，子どもに限らず国民には文字どおり「その能力に応じて，ひとしく教育を受ける権利」があることが規定されている。そうすると学校に通い授業を受ける，つまり教育を受けるということは，憲法が一人ひとりに保障した教育を受ける権利を行使していたことになる。このことは嫌々ながら学校に通っていた者や，「勉強より友だち，クラブ。授業中は我慢」という者からすると，あるいは勉強好きな者にとってさえ意外かもしれない。まさか権利であるとはとても思えなかった，と今思っている人も多いかもしれない。毎朝親に無理矢理起こされ，急かされ送り出され，先生からもしっかり授業に取り組むよう指導され，居眠りしても怒られ，宿題を忘れても怒られる，そんな経験をしているときに，教育を受けることが権利であり，まさに学校生活が権利の行使であると思っていた人は少ないであろう。

それでも教育を受けるのは，やはり権利である。そして日本国憲法に保障されているのである。歴史上のヒントは後にみるが，読み書きができなければ，就職先が限られ，スマホが操作できる程度に知識がなかったら，友達同士の交流にも困る。教育を受けることは社会で生きていくための力になることが分かる。だからこそ憲法はみなに教育を受ける権利を保障し，26条1項に具体化し

ている。

(3) 教育の義務

　他方，義務は26条の2項に規定されている。「すべて国民は，法律の定めるところにより，その保護する子女に普通教育を受けさせる義務を負ふ。義務教育は，これを無償とする。」この条文をていねいに読んでみるとここに課された義務は，「その保護する子女に普通教育を受け・さ・せ・る・義務」であり，けっして「子どもは普通（≒義務）教育を受けなければならない」とか，「子どもは普通（≒義務）教育を受・け・る・義務がある」とは書いていない。あくまでも「教育を受け・さ・せ・る・義務」であり，子どもではなく，子どもたちの保護者がその子どもたちに「教育を受け・さ・せ・る・義務」を課せられているのである。分かりやすく単純化すれば，親はその子どもに義務教育を「受けさせなければならない」といっている。けっして子どもに，実際には誰にも「教育を受・け・る・義務がある」とはいっていない。

　子どもの側からこれらを整理すると，あくまで子どもには「教育を受ける」権利が有り，「教育を受ける」義務は無い，ということになる。権利であるならば，その権利を行使しないという選択はできるはずである。そうであるならば，どうしてもその教育を受けたくないというのであれば，学校に無理矢理，強制的に通わされることはないはずである。しかしながらここには，教育が社会で生きていくための力になることを経験的に知っている親が，その子の将来を考えて勉強をさせようとする親心だけではなく，さまざまな問題が隠れている。ひとつには，子どもは未成熟なゆえに，将来まで見通してきちんと判断をすることができるか疑問であり，誰かが代わってある程度の判断をしてやらなくてはならないのではないか，ということである。それだけではなく2つ目には，社会からすると，同じ社会という共同体の中で共同生活をする仲間になってもらうためにも，ある程度の基礎となるルールや作法を習得してほしいと願うであろう。さらに3つ目には，国民主権の日本にあって，国の施策と方針を決める代表（国会議員）を選ぶ大切な役割を担うことができる国民となってもらうためには，一定程度以上の知識と教養を身につけ，賢明な判断を行えるよ

うになってほしいとの願いもある。子どもこそが将来を担う希望であるからこそ，親からだけでなく，社会や国などからも期待が，しかも大きな期待がかけられているのである。期待の大きさから考えると，子どもたちが自らの権利を行使しないという選択を，なかなか認めてやることができないのは分からなくもない。しかしながら，みてきたように個人一人ひとりを大切にする日本国憲法の下では，未成熟であるとはいえ子どもに親の考えを頭ごなしに押しつけることは望ましくなく，学校に行かせるにしても，教育を受けることは義務であるという誤解を利用するようなやり方はフェアではなく，将来的にも良くないであろう。

### (4) 教育を受ける権利の実質的保障

教育を受けることが義務ではなく権利として認められている以上，学校に行くことができない理由があるならば，学校に行かなくてもよいだけというわけでもない。国は国民の権利を保障しなければならず，社会権たる教育を受ける権利においては，実質的に子どもたちに教育が受けられるようその機会が保障されなければならない（第1部Ⅱ章**4**，社会権，参照）。したがって，学校に行くことができない事情があるならば，その事情を取り除く責務が国にある。さらに，いじめによって学校に通えなくなるような事態は，そもそもあってはならないが，人格権の侵害であると同時に，これも教育を受ける権利の侵害と考えることも可能で，この権利を保障すべき国が責務を果たしていない状況であるとみることもできるであろう。後にみる特別支援との関係でも，普通（≒義務）教育については特別に支援をすることが必要な場合，そのような措置を執る必要があるといえよう。

このようにみてくると，学校に通い授業を受け，あるいはさまざまな経験をする風景は違って見えてくるのではないであろうか。

### (5) 義務教育と個性

つぎに，もう少し現場に近づけてみてみよう。26条の「その能力に応じて，ひとしく教育を受ける権利」にいう「その能力に応じて，ひとしく」とはどう

いう意味であろうか。先にみたように日本国憲法は「異なる一人ひとりを大切に」するのであるから，一人ひとりもっている特性や能力が異なるのであれば，それぞれの「その能力に応じ」た教育が「ひとしく」受けられることを意味する。抽象的にはこのように表現ができるが，現実はそう簡単ではない。

算数が得意な人と苦手な人，走るのが速い人と遅い人，泳げる人と泳げない人など，見方は様々あるが，そもそも人はみな異なって当たり前で，得意／不得意，向き／不向きもそれぞれで異なっているはずである。それだからこそ「その能力に応じて」と書かれているのであろうが，実際，試験で成績がつけられ，小学校では，「よくできました」から「もうすこしがんばりましょう」まで，穏やかでない評価が行われ，良い高校，良い大学に行くには，入試で良い成績を収めなければならない。これはどういうことであろうか。

教育を受けたとしても，みなが英語を自由に操れ，微分方程式を解け，100mを12秒で走れるようになるわけではない。ここであらわれるのが教育の「機会均等」という考え方である。つまり，結果はそれぞれの個性により異なるであろうが，教育を受ける「機会」が「ひとしく」与えられていることが，教育を受けるチャンスが「ひとしく」あることを保障しているとされる。結果の保障ではなく，あくまでもチャレンジすることができるという保障である。大切なのはそのチャレンジができるまで，それぞれに合わせた形で十分な教育を受けることができることにあるといえる。

### (6) 教育を受ける権利が背負う歴史

子どもたちの教育を受ける権利をめぐる背景は，18世紀イギリスの経験などをみると理解しやすい。この頃イギリスでは綿織物工業における技術発展から産業革命が起こっている。さまざまな工場工業機械が発明され，鉄道輸送機関も実現する。機械を動かし，列車を牽引する動力となったのは蒸気機関であり，その蒸気を発生させるために用いられていた燃料は，石炭であった。

日本で最後の炭鉱，北海道の夕張炭鉱をみても分かるように，山深くに埋もれている石炭を長く深いトンネルを掘って採り出し，運び出すのが普通である。蒸気機関も利用されたようであるが，基本は人の力で掘り出していくた

め，多数の人が重労働を強いられていた。

　問題は，この労働者の中に少なからず子どもたちがいたことである。従順な子どもたちは扱いやすかったであろうし，大人に合わせて大きなトンネルを掘るよりも，子どもに合わせて小さなトンネルを掘るほうがずっと簡単で，安く済んだであろう。炭鉱において子どもはかなり重宝されたはずである。

　そんな大人でも厳しい環境で重労働をさせられる子どもたちは，どこから連れてこられるのであろうか。炭鉱夫である親の手伝いをする子どもたちだけであろうか。それではまかないきれないように思われる。では，どこからか。それはこの時代の社会的な背景から推測することができる。イギリスの産業革命は18世紀後半からであるが，この頃には一連の市民革命が終わり，時代は近代になっている。第１部Ⅰ章**21**でもみたように，近代においては経済的自由がもっとも重視され，自由であることの意味はそこにある。簡単にいってしまえば，自由にお金儲けをすることがもっとも大切である。しかしこのことは「自由に」貧乏になることも保障する。国が自由にしておけば，お金儲けのできる人はどんどん裕福になり（資本家），お金儲けの下手な人はどんどん貧乏になる（一般労働者）。国が助けたりはしない自由競争の中では，貧富の差は拡大する一方となる。今ふうにいえば，超格差社会ができあがる。一部の裕福な資本家が生産設備を独占し，一般労働者は唯一の財である労働力を他人と争って資本家に買ってもらい，ようやく生計を立てる。圧倒的多数の労働者は，同じ立場の多くの労働者と争わなければならないのであるから，安い賃金，重労働など条件が悪くとも我慢して働く。しかし，さらに安い賃金で働くという労働者があらわれれば，解雇されないようにするには，さらに安い賃金で働くしかない。この時代，最低賃金の規制など存在しない。これが繰り返されると，どんどん生活は苦しくなり，家族を養っていくことさえできなくなる。

　もともと子どもたちは親を助ける労働力として考えられており，そのためか貧困家庭では子どもの数が多い傾向にあるといわれる。しかしここには矛盾がある。働き手としての子どもは収入を増やすためには必要かもしれないが，子どもたちが食べる分の食料や着る衣料などは子どもの数だけ必要となり，よりたくさんの収入を得なければならなくなる。つまり，子どもが増えると一方で

収入が増えるが、他方で出費もかさむ。このバランスが良いほうに傾いていればいいのだが、しばしば悪いほうに傾き、家計は破綻する。すると、現代のような生活保護も無く、また規制も無いこの時代、他の家族が食べていくために、大切な子どもを炭鉱主などに売らざるをえない。経済的自由が一番であったこの時代、圧倒的多数の貧困家庭は、こうやって辛うじて食いつないでいったことがうかがえる。炭鉱だけでなく、さまざまなところで働く子どもたちは、こうして豊富に提供されたであろう。

炭鉱で働く子どもたちは、その後どうなるのであろうか。炭鉱は大変危険な職場で、爆発や生き埋めがよく発生していた。日本で有名な北海道の夕張炭鉱での事故を調べてみるとよい。設備の整った20世紀でも数多くの犠牲者が出ていることが分かる。規制も無く利益優先の近代で、どれほどの子どもたちが無事に大人になるまで生き延びられたであろうか。それだけではない。無事に大人になったとしても、坑道に入ることができないほど大きくなったり、ケガをしてしまったり、病気になってしまったら、おそらくは追い出されてしまうであろう。小さな頃から、炭鉱で働くことしか教えられず、字も読めない・計算もできない大きくなった子どもたちは、厳しい近代の社会でどうやって生き延びて行くことができるのであろうか。この子たちに、せめて社会で生きていけるだけの教育があれば、と憲法が考えてもおかしくはない。実際、みてきたように日本国憲法は子どもたちに教育を受ける権利を保障し、保護者たちには子どもたちに教育を受けさせる義務を負わせている。

### (7) もうひとつの教育を受ける権利の実質化

憲法はもうひとつ、子どもに関する規定を置いている。つづく27条3項には「児童は、これを酷使してはならない」とある。教育を受ける権利の負う歴史的な背景をみてきたので、この規定の意義は理解してもらえるように思う。簡単にいってしまえば、学校にも行かせず、働かせるようなことはしてはいけない、ということである。会社やお店などを含めた社会に対し、子どもたちを働かせて、子どもたちが教育を受けることを邪魔してはいけない、といっているのである。もちろん、この規定は教育についてだけいっているのではないが、

子どもたちの教育という観点からみると，こういえる。

近年のアイドルや子役，スポーツで活躍する子どもにも，本人の希望を入れつつ将来の進路変更の可能性を考慮し，やはり教育の確保が配慮されるべきであろう。

### (8) ここまでのまとめ

ここまでを簡単にまとめると，歴史的な背景から，日本国憲法は26条でまず，子どもたちに「教育を受ける権利」を与え，これを実質化するために保護者（親）たちには普通（≒義務）「教育を受けさせる義務」を課し，国（地方公共団体を含む）には，義務教育を無償とすることを要求している。これに加え，27条では児童酷使の禁止を規定し，労働面においても子どもたちが教育を受けることができるよう条件を整えているといえる。これは社会に対する要請でもある。子どもたちのさまざまな過酷な状況をみてきた憲法は，子どもたちの将来は，希望に満ちているとともに，不確定であるからこそ，そのような社会で生きていくたくましさをも身につけてほしいと願い，そのために教育を受けられるように多くの規定を置き，子どもたちが実質的に教育を受けられるようにした。そしてその教育は，一人ひとりの「その能力に応じて，ひとしく」受けられなければならないのである。

歴史の中で築かれた憲法からのこれらの要請は，実際の学校現場ではどう実現されているのであろうか。つぎは，憲法を学んだ後，特別支援学校で子どもたちに接し教育を実践している先生に，実情とその問題点を提示してもらうことにしよう。

## C 現場と疑問と──特別支援学校の現場から

Aで述べた問いを思い出してほしい。障害のある子どもたちだって，教育を受ける権利を有する一人ひとりの人間である。ここでは，障害のある子どもたちが通う学校の状況や課題などを述べる。みなさんには，Bで学んだ基礎知識をもとに，具体的な現場の事例を通して，個人の尊厳とは？教育を受ける権利とは？

といった憲法における理念や価値について考えるきっかけとしてもらいたい。

### (1) 子どもたちの一日

特別支援学校といっても，訪れたことがないという人が多いのではないだろうか。いろいろと説明したい気持ちはあるが，まずは，そこに通う子どもたちがどんな学校生活を送っているのか，私たち教員はどのような気持ちで子どもたちにかかわっているのかについて紹介することとしたい。以下，小学部に通う子どもたちの一日を追ってみたいと思う。

① **知的障害のあるクラス**　A さんには知的障害と自閉症という障害がある。朝，お母さんにスクールバスのバス停まで送ってもらう。バスの中では立ち歩き防止のため，ベルトを二重に巻かれている。それでも A さんは抜け出し，バスの介助員を困らせている。

学校に到着し，私がバスに迎えに行くと，頭をガンガンと窓に軽くぶつけて「こんなこと，してるよ」とアピール。通学カバンを置いて走って行こうとするので，何とかカバンを背負わせ，裸足でかけていく A さんの後を靴下と靴を持って追いかけていく。本来なら，靴箱で上靴に履き替え，教室へ向かうところだが，A さんはそんなことは分かりつつも，一目散に中庭へ。すべり台，ブランコでひとしきり遊ぶと，自転車に乗って，校舎周りへ出発。まるで担任のことなど，気にもしていないようだが，時折振り返って，ちゃんと自分の後を付いてくるか，確かめている。A さんは過去にフェンスを越えて校外へ出たことがあり，見失うわけにはいかない。

特別支援学校は複数担任制だが，小学部といえど子どもの数と同じだけの担任がいるわけではない。自分がここにこうしているということは，他の先生は複数の子どもたちを一度にみないといけないことになる。朝の用意はできているだろうか，トイレに行かせることはできているだろうかなどと考えてしまう。そう考えているうちにも A さんは進んでいく。私が併走すると，チラッとこちらを見る。表情にはあらわれないけれど，付いてきてくれてうれしいなと思っているのだろうか。

私はこういった時間は大切だと思う。先生はその子の興味のあることに十分

つきあい、そこからコミュニケーションや興味関心を広げるきっかけを得ることが多いからだ。自分の行動を許容してくれる先生には安心感をもってくれる。そういった信頼関係ができると、授業の中でたとえ苦手な活動であっても、信頼のある先生と一緒ならやってみようという気持ちが生まれる。

　しかし葛藤もある。先に触れたように、ひとりの行動につきあっていると、他の先生がたいへんな状況に置かれるからだ。同じクラスには他にもつねに一緒にいないといけない子がいる。そういった子たちをひとりで複数、安全を守りながらみるというのは緊張が走るのである。そうなれば、"あの先生はなぜAさんをまっすぐ教室へ連れてこれないのか"、という疑問が生まれる。そういった状況の中で、担任間の関係がぎくしゃくしたという経験が私にはある。日頃の意思疎通をふまえた担任間の信頼関係は大切なのはもちろんのことだが、あとひとり大人の手があればこういったことを気にせず、じっくり子どもたちとかかわれるのに、という思いに駆られる。

　また、教室から飛び出してしまう子ばかりに手を取られて、他の子への寄り添いがおろそかになってしまうのではないかという葛藤もある。さらには、Aさんにも自分の気持ちに少しずつ折り合いをつけて、クラスの日課に沿った行動を取れるようになってほしいという気持ちもある。私や他の担任の中でいろいろな気持ちが交錯する状況で、しかし、今のAさんを無理矢理引っ張って教室に連れてこられることが"指導力"ではないということを担任間で確認しながら、朝の時間を過ごすのである。

　実際、Aさんはその後、担任の言うことを少しずつ受け入れて、いったん教室へ行き、カバンを置いてから朝の遊びに出かけるようになった。

　朝の会が終わると、学習の時間である。同じく知的障害と自閉症という障害のあるBさん。自分の"いやだ、不快だ"という気持ちをうまくあらわせず、そういうとき、衝動的に他の友だちをたたいたり、押したりという行動に出てしまう。この日は体育館にて体育の授業中。運動会に向けて、マット、跳び箱、網くぐりなどの障害物走の練習をしていた。Bさんの順番になり、勢いよくスタート。私が側に付いていた。しかし跳び箱を跳ぼうしたところでBさんは跳び箱の角で膝を強打してしまった。すると、Bさんは近くにいたCさ

んの肩をガブリと噛んでしまったのである。Bさんは余程痛かったのであろう。Cさんにしてみれば何が起こったのかサッパリ分からない状況になった。あっという間の出来事で私はBさんの行動を制止することができなかった。実は以前にもBさんはCさんにケガをさせていたことがあったのである。Cさんの保護者に対し，謝罪し，再発防止を約束していたのに。別々に保健室に連れて行き，応急措置をしてもらうが，Cさんの肩には歯形が残っていた。出血までいかなかったのが幸いだった。

　Bさんはなぜ友だちに向かってしまうのか。負の感情を得たとき，なぜ先生ではなく友だちなのか。Bさんにとって私たち担任は何でも伝えられる存在になっていないのか。友だちに向かってしまわざるをえないBさんもしんどいだろう。担任団でいろいろな可能性を話し合うが，これだというひとつの結論が出るわけではない。答えはひとつではないのだろう。

　しかし，学校で起きたことは学校の責任であることは間違いない。私は，Cさんの保護者に対し，電話で謝罪ということも考えたが，他の担任と相談の上，下校のスクールバスに同乗し，迎えに来た保護者に直接謝罪することにした。こういうことをしてしまったBさんの気持ちも伝えたいと思ったが，Cさんの保護者の感情を考え，そこは控えて平謝りするしかなかった。

　Bさんはその後，先生たちとの気持ちのやりとりを重ね，内面の思いを膨らませ，少しずつことばを話せるようになった。自分の思いを伝えられる手段を得たことで，友だちに向かってしまうということはなくなった。

　給食を食べ終わると，昼休みになり，先生と過ごす子，友だちと遊ぶ子，ひとりの時間を楽しむ子などさまざまある。この日，私はDさんとEさんと給食を食べ，昼休みもいっしょに過ごす日だった。昼前から雨が降り，普段なら校庭に出て遊ぶところだが，今日は体育館に向かう。Dさんは外で遊ぶのも好きだが，体育館のトランポリンも好き。しかしEさんは砂場で遊ぶのが好きで，トランポリンを跳ぶのがあまり好きではない。体育館に行くと予想どおり，Dさんはトランポリンへ直行。他のクラスの子どもたちもたくさん来ていて，すし詰め状態である。危険がないか先生たちが周りで見守っている。私はDさんを横目で見つつ，Eさんとボール遊びをすることにした。

しかし，外は雨ということもあり，中学部・高等部の生徒たちも多数昼休みの体育館を訪れている。かれらはたとえばバスケットボールをしたり，バドミントンをしたりして，先生や友だちと遊んでいる。こうなると，トランポリンの上だけでなく，体育館自体もすし詰め状態になる。バスケットボールの飛び交うところで鬼ごっこをしている小学部の子どもたちがいたり，ゆったり壁にもたれて過ごしている子の横をラケットがかすめたり。

　さて，私はEさんとボールの転がしあいっこをしていたが，混雑する体育館の中ではうまく続かず，Eさんは体育館を出ようとした。しかしDさんを放っては行けない。そこで，私はEさんにボール以外の遊びを提案し，つなぎ止めようとしたが，そもそも体育館にはトランポリン以外の遊具はないし，結局EさんにはDさんが満足するまで待っていてもらうしかなかった。子どもをひとりにするということは安全面からあってはならないからだ。

　休み時間も子どもたちにとっては学校生活の一部であり，大切な時間である。私たち教員はそんな時間も子どもたちに寄り添い，楽しいと思える時間をいっしょに過ごしたいと思う。しかし，施設や教員の人数に限りがある以上，工夫して乗り切るしかない。あるいは，授業中も休み時間も精一杯子どもたちにかかわれるのが理想かもしれないが，メリハリをつけないと身体や気持ちがもたないという面もある。

　そうこうしているうちに，昼休みが終わり，午後の音楽の時間。和太鼓が教材だ。知的障害が重度で自閉症のFさんはこれまであまり和太鼓に興味を示していない。友だちが叩いているときもその音が聞こえていないかのように，教室の隅にいる。先生が和太鼓の前に立たせていっしょに叩こうとしても，握ったバチをすぐに離してしまう。しかし少しずつ変化がみられ，Fさんは太鼓を叩くときにかけるBGMに耳を傾けるようになった。この日は和太鼓の授業がはじまって10回目である。和太鼓の前で握ったバチの先がトンと太鼓に触れたとき，Fさんは自分のしたことが太鼓の音につながったということを理解したようだ。そしてまた太鼓の音を聞きたいと思ったのだろう。優しい叩き方ではあるが，自分の出す音に耳を傾けながら，ひとりで太鼓を叩いているFさんの姿があったのである。私を含め，周りにいた先生たちは感動した。

このような授業では，正確にリズム打ちができるといった"できるかできないか"という評価ではなく，太鼓やその音色に気持ちが向けられているか，先生による提示や友だちの様子をどのように自分の中に取り込んでいるか，活動自体を楽しんでいるかなどといったことを大切な姿としてとらえている。

叩かそうとするあまり，Fさんの気持ちに反して太鼓の前に連れて行くということを繰り返していたら，この日のこのような姿は生まれなかっただろう。私は改めて，子ども一人ひとりに応じた支援の仕方があるんだと感じたのである。

午後の学習が終われば，先生といっしょに下校準備をし，帰りの会がはじまる。一日を振り返り，明日の時間割を知る。子どもたちは，スクールバスに乗って帰ったり，放課後デイサービスの車に乗り，学校を後にする。

このような知的障害のある子どもたちの場合，自閉症等の障害特性に配慮しながら，障害のない子どもたちの通る発達の道すじも考慮して教育にあたっている。たとえばコミュニケーションの面でいえば，大人との関係をしっかりつくる時期，それを友だちへと広げていく時期など，それぞれの子どもたちの現時点での課題はどこにあるのかを担任間で共有し，保護者にも伝えながら進めていくのである。

② **医療的ケアの必要な子どものいるクラス**　特別支援学校にはさまざまな障害のある子どもたちが通っている。そこで働く先生たちはその年によって，前年度のクラスを引き続き担任することもあれば，異なった障害種別の子どもたちのクラスを担任することもある。つぎは，同じく小学部だが，別のクラスの子どもたちをみてみよう。

Gさんは，身体的にも知的にもとても重度の障害がある。気管切開をし，人工呼吸器を付けていて，常時医療的なケアが必要な子どもである。Gさんはスクールバスに乗ることができない。バスの中ではケアを受けることができないからだ。毎日，お母さんが車で送り迎えをしている。この日も車椅子に呼吸器や痰の吸引器を載せて登校してきた。お母さんによると，体調は安定しているとのこと。モニターで血液中の酸素飽和度を確認する。いい値だ。私が「おはよう」と声を掛けると，顔の表情を少し緩めて応えてくれた。教室に向かうと

看護師が待っている。ひとりではない。このクラスにはほかにも医療的ケアが必要な子どもがいるためだ。まず，車椅子から降りてベッドに横になる。ベッドへ移る場合，通常は2人で介助する。この日の介助はひとりだ。呼吸器のホースやモニターのコードがあるため，看護師によるチェックのもと移乗する。万一のことがあればすぐに命にかかわるため，日々のこととはいえ，慎重さが求められ，緊張が走る。

　朝の水分補給の時間。といっても口から摂るのではない。鼻に挿入されたチューブから摂る。医療行為であるため看護師が行う。それが終わると，身体の機能訓練の時間である。Gさんは自ら手足を動かすことができないため，身体をリラックスさせ，関節などを緩めるのは重要な時間なのだ。私が「昨日は家で何をしていたの？」「今日は天気がいいね」などと話しかけながら，身体を触っていると，Gさんが息づかいで返事をしてくれているように感じる。身体のことだけでなく，気持ちのやりとりをするのにも貴重な時間なのである。そうこうしている間に他のクラスメイトが揃ってきた。

　朝の会が終わり，この日の学習は散歩。このクラスの子どもたちにとってゆっくり外の空気に触れるというのは頻繁にできることではない。学校でできる限り保障したいと考えるが，全員車椅子のため，押し手である大人の数が揃わないと行けない。この日は何とか調整がついた。看護師も同行する。Hさんは散歩が大好き。教室とは違う雰囲気を感じ取って，笑顔になる。しかし，強い日差しに目を細めたり，歩道の横を通った車の音にびっくりしたりもする。そのたびに私は「まぶしいね」「びっくりしたね」と声をかける。外界の変化を感じることも大切だが，そこに人が介在することもまた大事だと思うからだ。公園に到着。しかしゆっくりしてはいられない。導尿，食事（注入），投薬などの医療的ケアのスケジュールが決まっているため，その時間までに学校へ戻らないといけないからだ。私たちは，医療機器が載って重量のある車椅子を，額に汗を浮かべながら押して戻ってきた。それぞれがベッドに移り，それぞれの子どもたちに必要なケアが施されていく。大人も子どもも散歩の余韻に浸っている暇はないのが現実だ。

　給食の時間を楽しみにしているIさん。給食のメニューがペースト状になっ

てそれぞれのお皿に盛られてくる。大人の給食を見せて、私がメニューを説明すると、においに誘われ"早く"といった表情になる。私は今日こそスムーズに食べてくれますようにと願う。というのも私が給食介助のとき、Iさんはうまく食べはじめられないことが多いからだ。他の先生ならそんなことはないのに。そういった心の不安を隠して私は、食材のこと、味のことなど話しかけながら、スプーンをIさんの唇に乗せる。しかしやはりIさんが口を開けようとすればするほど、緊張からか、うまくいかない。私の介助の仕方が悪いのか。それとも座っている姿勢が悪いのか。いろいろ考え、再びトライするが、またダメだ。私はいったんスプーンを持つ手を下ろし、午前中の授業で歌った歌を歌った。そうして再び。ようやくIさんは、口をもごもごして小さく口を開けてくれた。私の不安が伝わっていたのかもしれない。こうしてやっと食べはじめられたIさんだが、たくさんの量を口から食べられるわけではない。味見程度だ。誤嚥(食べ物が気管に入ってしまうこと)は避けなければならないし、一口一口飲み込んでいくにはとても時間がかかる。残りの給食は混ぜて、太い注射器で吸い、胃に開けた穴(胃ろう)から看護師が注入する。お腹がふくれたIさんはニコニコと笑顔で手足を動かし、快の感情を身体全体であらわしているかのようだ。「おいしかったね」「お腹、いっぱいになったね」などと共感のことばかけをするとよりいっそうの笑顔で応えてくれる。

　このようなクラスの子どもたちの場合、自ら人やものに働きかけるということがまだ難しい子どももいる。私たちは、楽しい雰囲気や心地よさを感じられる設定で、教材を提示したり、働きかけたり、また子どもからの微細な反応をくみ取り、意味づけし、やりとりを膨らませるようにしている。子どもたちが心地よさを感じ、笑顔になってくれると私たちも笑顔になる。他方で、このような表出の小さい子どもたちほど、本当に自分の働きかけを心地よいと思ってくれているのか、自分の独りよがりではないのか、この子たちの本当の願いは何だろうかということに思いをいたす謙虚さを忘れてはならないとも思う。

　しかし、何の問題もなく一日が過ぎるわけではない。モニターの数値が下がりアラームがなる、けいれん発作が起こりなかなか治まらないなど、看護師と連携し、早急に対応しなければならない事態も頻繁に起こる。こういった緊急

事態については、保護者とその処置について書面で確認している。しかし現実はマニュアルどおりに進まないこともあり、保護者と行き違いが起こることもある。保護者の思いを受け止め、信頼関係を保つことも担任としてとても大事なことなのだ。

午後の学習、帰りの会が終わると、スクールバスが出るまで教室で待っている。スクールバスが校内に止まっている間は保護者送迎の車が入ってこれないためだ。それぞれが迎えに来た保護者の車に乗って帰宅する。

つねに命の危険と隣り合わせの子どもたち。私たち教員も一瞬たりとも気を抜くことができない。しかし、ホッとするのも束の間、教室の清掃、放課後の業務へと向かうのである。

(2) 保護者の悩み──障害受容と就学

自らの子どもに障害があると分かったら、みなさんはどう感じるだろうか。近年は、出生前診断という方法で障害が分かることもあれば、各自治体による乳幼児健診（1歳半や3歳など）で分かることもあろう。また出産時のトラブルや後天的な病気や事故によって障害を負うということもある。

他の子どもたちと同じような生活ができるのだろうか、元気に過ごすことができるのだろうか、この子の将来はどうなるのだろうか、また自分たち家族の生活はどうなるのだろうかなど、わが子に障害があると分かったとき、保護者がもつ不安や悩みは相当なものだろう。また、それらは障害の種類や程度によりさまざまである。

このような不安のなか、両親ともわが子の障害を受け入れてともに生活をするということは並大抵のことではない。どうなれば受容できたとする基準など存在しないし、節目節目で大きく揺れ動くことも想像に難くない。

ひとつの節目が学校への就学である。親が自らの子どもに普通教育を受けさせる義務（憲法26条2項）との関係でいえば、就学とは、小学校（あるいは特別支援学校小学部）、中学校（あるいは特別支援学校中学部）に入学することをいう。

年長児になると、就学に向けて就学相談を受け、その子どもにとってどういった学校あるいは形態で学校生活を送るのが適当かを保護者の意向もふま

え，決定していく。特別支援学校で学ぶ，通常学校の特別支援学級で学ぶ，通常学級に在籍しながら特定の時間のみ通級指導を受けるなどの選択肢がある。

しかし，小学校へ入学後，途中で支援学校へ転校する場合，また小学校は支援学級で学習し，中学校就学の際に支援学校中学部に進学する場合，あるいは，高等学校には支援学級がないので，中学校までは支援学級で学習したが，高校は支援学校高等部に進学する子どもも多くいる。なお，高校における通級指導が一部で開始されている。

就学にはさまざまなパターンがある。選択肢があるということは，その時々において保護者の悩みや葛藤が生まれることになる。どこでどのような学校生活を送るのかということは，わが子の将来に向けて少なくない部分を占めると思えばなおさらであろう。たとえば，支援学校と支援学級に見学に行って，それぞれの教育内容はどうか，施設設備はどうか，人的態勢はどうかといった，これらさまざまな要素を障害のあるわが子にとってどうかという視点で考えるのである。本人の意向が確認できたり，くみ取ることができればそれをできる限り尊重したいと思うだろうが，保護者自身の思いや希望もあろうし，小学校入学前の子どもがすべての条件を考慮できるわけではないことも事実である。他に兄弟の意向や地域の事情等も考慮しなければならないとなれば，さらに悩みが大きくなることは想像に難くない。

なお，就学先決定にあたって，保護者からの意見聴取が義務づけられたのが2007年，保護者の意向を最大限尊重するとの趣旨の下法令改正が行われたのが2013年である。最近になってようやく，保護者の希望を反映する仕組みが整ってきたことが分かる。学校が教育内容を，行政が施設設備や人的態勢を充実させること，専門的知見が保護者に提供されることなど，保護者がわが子にとってということを考えて，就学に対する希望を述べられる環境づくりが重要であると思う。

### (3) さまざまな課題

① **大規模化の悲鳴**　近年特別支援学校に在籍する児童生徒は増加の一途をたどっている。小・中学校ではその設置基準（たとえば，児童生徒数に対する校

舎や運動場の面積）にもとづき，児童生徒数が基準を超えたならば，学校の分離・新設などが検討され，対応されることになる。特別支援学校にも2021年9月にようやく設置基準が制定されたが，既存の学校では"当分の間"設置基準を満たしていなくてもよいとされており，児童生徒数が大幅に増えても，法令上は直ちに問題にならない。したがって，その対応はたいていその学校内で何とかするしかない，ということになる。

　ある特別支援学校をみてみよう。その学校は当初児童生徒数が100名規模で建築された。しかしその後，特別支援学校へのニーズの高まりや校区内の人口増加などによって，300名を超える児童生徒数になっている。そうなると子どもたちの学習環境はどうなるか。まず行われるのが特別教室の普通教室への転用である。つまり，もともと普通教室以外の教室として整備されていた部屋（理科室や支援学校特有の訓練室など）がホームルーム教室になるのである。また，大きな部屋をパーティションで区切って複数の教室にすることもある。パーティションならまだ良いほうでカーテンで仕切ってということもある。ただでさえ，障害ゆえ，音に敏感であったり，入ってくる情報の仕分けが難しく気が散りやすい子どもたちである。そんな子どもたちの学習環境がどんどん狭められていくのである。

　それでもどうしようもないとなれば，校舎の増築である。一度では足りず，二度の増築の必要性に迫られ，二度目は運動場の敷地を一部削って建設するということも起こっている。児童生徒数の増加により，運動場の面積も足りていないのである。運動場だけでなく，体育館，プールといった施設も削られることはないにしても，増築されることはなく，体育の授業での使用回数は大きく制限される。全校で行われてきた行事も，体育館に全校児童生徒が一度に入れなくなったため，分割して開催せざるをえない。また，昼休みの体育館では，高等部の生徒がバスケットボールをしている横で，小学部の小さな子どもたちが走り回っているという非常に危険な状況が生まれている（Ｄさん・Ｅさんの事例を思い出してほしい）。

　それ以外にも，たとえばスクールバスにかかわる問題も起こる。駐車場所はもともと３台分しかないのに，年々その台数が増えていき，10台ともなるとま

るでパズルのように校舎周りに乗降場所と駐車場所を見つけないといけなくなる。たとえ収まったとしても，登校時，下校時にはたいへん危険な状況になる。教員が旗を持って誘導するのだが，子どもたちの安全を守り，接触事故等を防ぐには毎日緊張の連続なのだ。

　② **先生の数が足りない**　子どもたちへの学習保障，学校生活の保障，また安全の確保といった観点からも，かれらにかかわる教員，さらにはその他の専門職といった大人は多くの人数が必要になる。

　しかし，財政難だからであろうか，それとも予算の他への振り分けなのか，以前に比べ，児童生徒数比における教員の数が少しずつ減っていることを実感する。そうなれば，学習設定の幅を狭めざるをえない，子どもたちの要求に十分応えられない，必要な支援が行えない，またそれらだけでなく，ケガや子ども同士のトラブルを防ぎきれないといった安全面の課題も深刻になってくる。

　たとえば，前記(1)①では，自閉症の子どもたちにとって，先生との信頼関係を築いていくことがいかに重要かについて紹介した。先生の数が減らされると，信頼関係はおろか，安全確保すらままならないといった事態に陥ってしまう（Aさんの事例を思い出してほしい）。(1)②では，医療的なケアおよび全面的な身体介護が必要な子どもたちについて紹介した。先生の数が不足すれば，身体訓練，学習活動，給食といった場面で「ちょっと待っていてね」ということが増えてしまうのである。

　また，子どもたちにとってだけでなく，私たち教員にとっても深刻な問題を引き起こす。車椅子2台をひとりで押す，2人で介助するところをひとりですることもある。

　③ **医療的ケアが必要な子どもたちの通学保障**　(1)②で紹介したように，医療的ケアとは，日常的に行われる医療的な生活援助行為である。たとえば，経管栄養といって，食事を鼻に挿入されたチューブや胃に開けられた穴から摂る，痰を自分で出せないため吸引が必要であるなどである。医療行為ではあるものの，医師の指導の下，在宅では家族が行っている。

　学校への通学となると，毎日保護者が付き添って教室等でケアを実施しなけ

ればならないことになるが、保護者が常時付き添うのは何より保護者の負担が大きい。そこで筆者の勤務する自治体では、学校看護師制度を設けて、子どもたちが学校にいる間は看護師によるケアができるようになっている。それでも大規模化の中、医療的ケアが必要な児童生徒数に比べて看護師の数が足りないという問題はある。しかし自治体によって、看護師との連携の下研修を受けた教員も医療的ケアを実施しているところ、また、看護師の配置が整わないなどの理由で保護者が学校に常駐しなければならないところもある。

さて、特別支援学校では、自分で公共交通機関を使って通学することが可能な生徒以外は、通常スクールバスに乗って登下校している。支援学校は小学校や中学校のように各地域に設置されているわけではない。そのため、遠距離通学が珍しくなく、スクールバスが運行されているのである。最寄りのバス停まで保護者が送迎する。

しかし、医療的ケアが必要な児童生徒は、もしバスの中でケアが必要な事態が起こった場合同乗している介助員では対応できないことから、スクールバスには乗車できないことになっている。もちろん、看護師などの資格のある者が乗車できればよいわけであるが、そこまでには至っていない。そのような子どもたちの大部分は自力での通学はできないことから、保護者による送迎が必要になるのである。

このように、同じ特別支援学校に通う子どもたちであっても、医療的なケアが必要という理由で、スクールバスで通学するという当たり前のことが保障されていない子どもたちがいるのである。

### (4) 誰もが輝ける社会を

歴史をひもとけば、知的障害や肢体障害のある子どもたちの就学が義務化されたのは1979年になってからであった。それまでは、受け入れる学校の整備ができておらず、すべての障害のある子どもたちが就学できるわけではなかった。国や自治体の責任を棚に上げて、保護者の、自らの子どもに教育を受けさせる義務（憲法26条2項）を国が"免除"あるいは"猶予"するという形を取り、障害のある子どもたちの就学を阻んでいたのである。

その当時に比べれば，現在は大きく状況が変わっている。2007年，学校教育法上に「特別支援教育」が規定され，障害があるからではなく，一人ひとりがどのような支援を必要としているのか，その教育的ニーズに応じた教育を行うという考え方に変わってきている。また，その対象も知的な遅れはないが発達障害のある子どもたちへも広げられることになった。

　しかし，これまで述べてきたような課題は，子ども，保護者，教員にとって切実だ。私たちは何を大事にしなければならないのだろうか。

　改訂された学習指導要領（特別支援学校小学部・中学部〔2017年4月告示〕，高等部〔2019年2月告示〕）では，小学校段階から，総則の中で，"社会的・職業的自立"や"キャリア教育"といった文言が登場する。実際，保護者からは「将来自立してほしい」という願いをよく聞く。それは切実な願いとして受け止めなければならない。しかし，政策的に障害者を自立させようという動きから（たとえば社会保障費を抑えるために）障害児に対する教育が考えられているとしたら，私たちはそれに対して，目の前の子どもたちの実態や願いから教育の中身を考えなければならないと思う。

　進路決定が目の前に迫る高等部教育では，職業教育が強調され，一般就労する生徒の割合が数値目標として掲げられているところもある。もちろん生徒の希望や実態からそういった職に就けるのならよい。しかし他方で，できる子とそうでない子の選別意識を生まないか，高等部教育が職業的スキルを得るための教育に偏重しないか，といったことが大きく危惧される。青年期を過ごす高等部時代は，将来の豊かな文化的生活のための教科教育を受けたり，青年期ならではの悩みに向き合ったり，行事等を通して仲間同士のかかわりを深めたりなど，かけがえのない時間である。ここでも私たちは生徒たちの実態や願いを受け止められる学校現場でありたいと願う。

　障害者の自立は，先に"枠"をつくってそこへ当てはめようとしても成り立たない。やはりそこには子どもたちの実態や願いが必要ではないか。

　また，こういった動きは，個人として尊重されること，教育を受ける権利を保障されることといった憲法の要請が，その時々の社会の政治的・経済的理由によって，その方向性を変えられるということを意味しないか。そうだとした

ら、はたしてそれは許容できるのであろうか。

　つぎに、障害のある子どもたちへの教育や支援を行うことは"特別"なのか、ということを考えてみたい。

　特別支援学校では、法律にもとづいて教員数の配置が行われているが、1クラスあたり、約5～10人の子どもたちに対し、複数の担任が配置されているのが現状である。これだけをみると、前述のような課題はあるにしても、通常の学校に比べて教員の数がそんなに多いのか？と疑問をもつ人もいるかもしれない。さまざまな支援を行えるようにするにはお金が必要であり、公教育の場合、それは税金でまかなわれていることになる。通常の学校に在籍している子どもたちに比べて、障害がある子どもたちにより多くの支援がされるのは不公平だろうか。

　これまでみてきたように、誰もが人権を有するかけがえのない存在であり、本来、一人ひとりに応じた教育や支援があってしかるべきだと考えればどうだろう。障害のある子どもたちへの教育ではそれが通常学校以上に具体的に目に見えている。特別支援教育というが、それは特別なニーズをもった子どもたちという意味であって、一人ひとりに応じた教育や支援を行うことが"特別"といっているわけではないのである。

　別の角度からみるならば、社会的に弱い立場の人、あるいは少数者の人たちに対する支援や配慮について、私たちはどのように考えるかということにもつながる。そのような人々に対する支援や配慮は"特別"なことなのだろうか。

　また、障害があるというのは、実はけっして他人事ではない。事故や病気によって、自分や家族が突然に障害者になるということもありえる。となれば、けっして少数者の問題ではなく、社会全体、みんなの問題だという認識が必要であり、私たちには想像力が必要なのである。

　障害があってもなくても、その子どもの状況に応じて必要な支援が受けられ、すべての子どもたちに教育を受ける権利が保障される社会。政治的・経済的理由に左右されず、一人ひとりが個人として尊重され、輝ける社会。そんな社会を目指して、私は目の前の子どもたちや保護者の願いをもとに、日々現場で教育に当たることとしたい。

## D  見えてきた課題──まとめに代えて

　まさに現場で実践している先生に，手厚いケアや特別な配慮が必要な子どもたちが通う学校での問題と，そこにある，子どもたちと，その子たちを支える教員や保護者たちの思いを綴ってもらった。そこにはこめられた思いと実情との食い違いがあちこちに感じられる。

　教育はややもすれば，「自立」のため，お金を稼ぎ自らや家族を養う力をつけるためと受け取られがちである。しかし教育の役割はそれだけであろうか。Bでみた炭鉱で働かざるをえない子どもたちにとっては，教育の保障はまさに生存のための保障であったが，現代教育においては違う。日本国憲法第13条に示されたように個人の尊厳と幸福を追求する権利が，その根底を成しているはずである。生存を基礎としつつも，単なる生存だけを意味しない。一人ひとりがそれぞれに合った形で，それぞれの幸せを追求できることを，そしてそのためにこそ教育が受けられ，用いられることが保障されなければならないことが意味されている。そうだからこそ，厳しさを切に感じながらも，まずは生きるために，そして幸せを求めて，なんとかしようともがく，子どもたち，保護者たち，そして支援する教員たちの姿が，特別支援学校の現場のあちこちで強くあらわれてくる。

　Ｆさんが以前は興味をもたなかった和太鼓を，今は優しく叩いていることを思い出してみよう。Ｆさんはひとつの壁を越えたのであろう。その力を与えたのは，何であったのであろうか。そこで描かれたように，一言で「教育」と片付けてしまうわけにはいかない思いと悩みと努力がそこにはある。朝，中庭に一目散に駆け出すＡさんのケースも，給食を楽しみにしている，でも少ししか味合うことができないＩさんのケースであっても，本人の，そして支える保護者や教員たちの，それぞれの望みと葛藤と決断がある。人を育てる場は，かかわる人たちと本人がようやく取り結んだ信頼関係の上に，ひとつひとつ築き上げられていくことが分かる。ところが同時に，制度や予算が，施設や人不足がそれを妨げる現状が報告されている。これはなにも特別支援学校に限ったものではなく，状況の差はあれ，あちこちの学校でみられる。大人数のクラス

や，統廃合される小学校を考えてみるだけでも分かるだろう。

ところで支援する教員も，子ども時代があった。では，気持ちをことばで表せるようになるまで，Ｃさんの保護者に平謝りをしながらもＢさんに寄り添い，Ｆさんが和太鼓を叩くほほえましい情景を紡ぎ出せるまで，「できる」ことを無理強いをせずに我慢した教員たちは，どのような教育を受けていたのであろうか。2018年度から順次実施されていく改訂学習指導要領は，前文や総則までもが随分と事細かく定められているが，ＢさんやＦさんの思いを大切に成長を手助けするこのようなやり方が，学習指導要領には示されているのであろうか。みなさんは，学習指導要領の中に答えを探すよりも前に，１＋１は２にならない難しい現場で，子どもたちの思いを育て，こうして形にできる先生たちに，先生たちの子ども時代のことを聞いてみたくはならないだろうか。

子どもたちが教育を受けられるように念を入れて保障しようとする憲法が生まれてすでに70年が過ぎている。自ら受けた「生」を「全うする」とは何か，そのために保障すべき教育とは何かを問い，憲法の精神を私たちがどう体現していくのかを，改めて見つめ直していかなければならない時期にきているであろう。その際に，特別支援学校の現場から示された思いと悩みを実感をもってとらえ，その思いを形にし，その悩みを少しでも解きほぐすことができてようやく，私たちは憲法が教育にこめた願いを叶えはじめたといえるのではないだろうか。

## *2* 自分を大切にすること——精神保健福祉と憲法

[現場：塩満 卓，憲法：石埼 学]

### A 現場からの疑問

統合失調症は，あまねく約１％の罹患率（発症率）のある精神疾患である。「あまねく」というのは，国や地域が変わっても同じ割合ということだ。統合失調症者に対する処遇は，どの先進諸国においても，巨大精神病院に隔離収容

する政策を長い間とってきた。

　しかしながら，薬の登場により状況は一変した。1952年に幻覚（幻の知覚：たとえば，誰も居ないのに人の声が聞こえる〔幻聴〕，自分の身体からイヤな臭いがする〔幻嗅〕，毒の味がする〔幻味〕等）を軽減する向精神薬が開発されたのである。この向精神薬の登場は，困難とされていた患者との対話を可能とした。

　対話ができるようになったことで，巨大精神病院は解体され，地域でケアしていく体制へと変わった。精神病院に入院させるしかなかった「隔離収容型」の政策から，できるだけ入院させない「脱入院・地域精神医療」政策へと舵を切ったのである。つまり，入院医療にかかっていたお金を地域ケアに振り分けたのだ。

　ところが，日本では精神病院の数も病床数も減っていない。日本の精神科病床数は，世界の精神科病床数の2割を占めている。そのため，病状は良くなっているのに，退院して帰る場所が無い「社会的入院」をしている人が少なくない。山田勝さん（37歳）もそうなる可能性のあるひとりであった。しかし，病気をもちながらどうやったら自立して生きていけるのか。山田勝さんは，このことを模索しはじめ，行動することとした。

## B　個人の尊重

　憲法13条は，前段で個人の尊重原理を，後段で幸福追求権を定めている。一人ひとりの個人が，個人として尊重され，それぞれが「幸福」と考えるところに従って生きていくことを保障しているのである。憲法には，何が「幸福」であるかは書かれていない。どのように生きることが「幸福」であるかを国家が決めてはならず，それは各人が決めるものであるというのが憲法の基本原理なのである。

　ところで，通常，病気を患って入院し，あるいは事故にあって心身の機能の一部を失ってしまうことを「幸福」と考える人はいないであろう。病気または病気ないし怪我の後遺障害のために学業，仕事あるいは生きがいとしてきた趣味等を継続できなくなってしまった個人は，それまで自らが「幸福」と考えて

いた生き方の少なくとも一部の断念を余儀なくされ，失意や悲しみといった感情に打ちひしがれるかもしれない。このようなことは，誰の身にも，いつ何時でも起こりうる。そのことは，人間は動物である以上，やむをえないことである。

しかし憲法には，すべての個人が，ということは病気を患い，また後遺障害を負った者も，「健康で文化的な最低限度の生活を営む権利を有する」という条文がある。憲法25条1項である。病気や後遺障害などによって生計を自ら営むことができなくなった場合には，その個人が人間らしい生活を営むために必要不可欠な福祉サービスを国に要求する権利を保障しているのである（第1部Ⅱ章❹）。

したがって，日本では，どのような困難に直面しようとも，ある個人が，衣食住足りて，その人なりの「幸福」をその人ができる限りで「追及」することが，憲法上は，可能なのである。

ところが，ある個人が患った病気が精神疾患だった場合は，法律（精神保健福祉法）の定める一定の要件を満たした場合には当人の意思に反して精神科病院への入院を強制され，しかも入院治療そのものが不要となった後も精神科病院から退院できない場合が少なからずある。

日本では，精神科病院へ入院した者のうち，少なからざる者が，入院治療が不要となった後も退院できないでいる。なぜそのような「社会的入院」という問題が起こるのであろうか。また「社会的入院」を余儀なくされている者は，精神科病院の中で，その人なりに「幸福」を「追求」して生きていけるのであろうか。精神科病院に入院しつづけることは当人の選択の結果なのであろうか。もし社会に，入院治療が不要となった者が，病院の外の社会の中で，衣食住足りて暮らせる仕組みが十分に存在していたとしたら，多くの者が病院にとどまり続けるであろうか。

そもそも，当人の意に反して入院治療を強制されることは，たとえ入院治療を受けることについて十分な判断能力がなかったとしても，その当人の「自己肯定感」（Dで詳述する）を深刻に傷つけないのであろうか。入院治療の必要がなくなったにもかかわらず病院にとどまりつづけるほかに選択肢がない場合，

さらに退院後に、たとえば生活保護を受給して最低限度の衣食住を確保できたとしても、友人、家族あるいは地域の人々等との安心できる交流もできず、学業や仕事に復帰することもできず、アパートやマンションの一室で孤立して生きている状態で、その人は「幸福」を「追求」できるのであろうか。何事かに「自己肯定感」をもって取り組めるのであろうか。

　憲法13条や25条が、一人ひとりの個人が「自己肯定感」をもって生きていくことまで保障しているのかどうかは、議論の余地がある。そのことはDであらためて考える。

　つぎのCで精神保健福祉士として多くの精神障害者の「幸福」の「追求」の支援を行ってきた塩満卓が、彼が支援したうちのひとりである山田勝さん（仮名）が統合失調症を発病してから、入退院などの過程を経て、発病以前とは違ったものであるが、自らで「幸福」の「追求」を再開していくまでの道のりとそれを支えたさまざまな仕組みを紹介する。その中で現在の精神保健福祉施策の問題点も指摘される。

　ここまでで説明した憲法13条や25条についての理解を頭の片隅に置きながら、Cを読んでみよう。そのあとに、再び、憲法の話にもどろう。

## C　精神障害者を支える仕組みと家族のかかわり

### (1) はじめて入院したときの山田勝（仮名）さんの状況

　① 山田勝さん（本人）の認識世界　　最初の入院は、22歳の大学4回生の7月だった。勝さんは、ゼミの仲間が次々と就職を決めるなか、1社も内定が得られず焦っていた。将来どうなるのか不安感に苛まれ、眠れない日が続いていた。そんな頃、通学電車の中で、女子高生の話し声が自分の悪口に聞こえるようになった。最初は気のせいかと思ったが、「大学出ても就職できないのはバカ！」とハッキリと聞こえるようになった。街中で誰かが話している声も自分のことを言っているような気がし、実際にそう聞こえることもあった。ある組織が、自分のことを「就職の決まらないできの悪い大学生」と吹聴しているに違いないと、確信するようになった。精神医学的には、幻聴と被害妄想がはじ

図1　勝さんが統合失調症を発症したときの家族関係

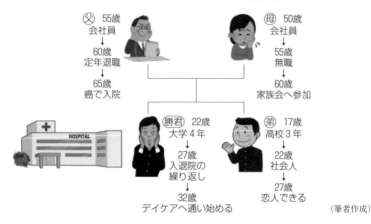

（筆者作成）

まったのだが，そうとは思わない。

　みんなからバカにされていると感じ，電車に乗れなくなり，学校にも行けなくなった。そんなある朝，母親が居間で電話しているのを見た勝さんは，母親もある組織とつながっており，自分のことをその組織に電話していると感じた。「お前もグルか！」と受話器を投げつけ，母親を押し倒し殴りかかった。しばらくすると，家に入ってきた警察官に取り押さえられ，警察署へ連行された。警察署の留置所（独房）で，警察官からいろいろなことを質問された。「組織と母親がグルになっている！」と正直に話したが，首をかしげて理解はしてもらえなかった。その後，保健所の職員や精神科医とも話をした。しばらくして「措置入院です」と言われ，連れて行かれたのは精神病院の鍵のかかった保護室であった。

　頭の中では，いろんな声が聞こえ混乱していた。保護室で「お前らみんなグルか！ここから出してくれ！」と叫んだら，無理矢理注射をされ，薬を飲まされた。

　②　家族（母親）の認識世界　　突然，学校に行かず部屋に閉じこもる勝さんを両親も弟も心配していた。部屋から「バカにするな！」と突然叫ぶ勝の声が聞こえてくる。その時は，それが「大学出ても就職できないのはバカ！」という幻聴と対話している叫びだとは思いもしなかった。

入院になったきっかけは，電話中に押し倒され，殴られたことだ。止めに入った夫も，殴られた。見かねた私（母親）は，警察へ助けを求める電話をした。警察官が間に入り，興奮している勝は警察署にパトカーで連れて行かれた。すぐにその後を追い，夫と一緒に警察署へ行き，そこで事情を聞かれた。勝のひとり言のことや眠れていないことを話した。警察官から「精神障害の疑いがある。このまま返すわけにはいかないので，保健所へ通報した」と言われ，非常に驚いた。

　警察で保健所の職員から「精神鑑定の診察をする」言われ，精神科医の診察の後に「措置入院です」と告知されたときは，「なんでこんなことになったの？」と混乱して，涙がとまらなかった。

　③　支援の仕組み（強制入院の仕組み）　　強制的に精神病院へ入院させる制度に，措置入院と医療保護入院という制度がある。一般の診療科と同じように自分の意思で入院する任意入院を加え，精神科の入院形態は，表1のとおりである。措置入院の要件は，精神障害により自分を傷つけたり他人に危害を加えたりする（「自傷他害」という）おそれがあることだ。2人以上の資格のある精神科医の診察の結果，自傷他害が認められると，知事命令による入院となる。

　医療保護入院は，精神保健指定医が入院する必要があると判断し本人が拒否した場合，家族の同意を要件に強制的に入院させる制度である。家族同意を要件とした強制入院となるため，家族が退院に同意しない場合，必要以上の長期入院となり，精神保健福祉の最も大きな政策課題となっている。

表1　精神科における入3つの院形態

| 入院形態 | 要　件 | 治療契約 |
| --- | --- | --- |
| 措置入院<br>（行政処分） | 2名以上の精神保健指定医が自傷他害のおそれがあると判断 | 都道府県知事と指定病院長 |
| 医療保護入院<br>（準行政処分） | 精神保健指定医と家族が入院治療必要と判断しており，患者自身がその認識にないこと | 家族と病院長 |
| 任意入院 | 入院治療の必要性を患者・医師双方が認識していること | 当該患者と病院長 |

（筆者作成）

(2) 病気の受容ができずに入退院を繰り返す

① 本人の認識世界　大学4回生で措置入院となった勝さんは、7月から3か月間入院し、10月の初旬には退院した。退院後は、「入院で遅れた分を取り戻さなければ」と焦り、卒業論文と卒業単位の取得を目指して頑張った。主治医から「薬をちゃんと飲んで、睡眠をとって」と言われ退院となったのだが、薬を飲むと「眠くなり、勉強に集中できない」と言い、自己判断で服薬をやめた。心配した母親から「薬飲んだら」と言われたが、「薬を飲めば、精神病だと認めることになる」と言い、服薬しようとしなかった。

12月に入ると、入院時にあった馬鹿にされる幻聴がはじまった。気にしないように気をつけたが、頭の中が幻聴に支配され妄想も出てくるようになった。大学受験を控えた弟も組織とグルになっているという妄想もでてきた。ここまで悪くなると、幻聴も妄想も現実であり、病状とは感じなかった。両親と弟から「ご飯を食べに行こう！」と誘われ、車に乗った。着いた先は7月に入院した精神病院で、病院に到着するや否や、職員や男性看護師にひきずりだされ、入院となった。医師から「入院が必要です」と言われたが、「嫌です」と断った。そしたら「お母さんが入院に同意している。医療保護入院です」と言われ、鍵のかかった病棟に入院させられた。

入院中「なんで、入院させるのか！」と、母親に電話で文句を何回も言った。でも、飲みたくない薬を飲むと不思議に幻聴は無くなっていった。

退院後は、遅れを取り戻そうと必死に勉強したが、疲れやすく長時間集中することができない。薬をやめると頭の回転がよくなるので、自己判断でやめ、家族同意の医療保護入院を何回も繰り返した。病院から医師と看護師が往診で自宅に来て、入院になることもあった。大学は、入院時は休学し、退院すると復学する、といった休学と復学を繰り返した。親に学費の負担をかけられないと思い、弟の大学卒業と同時期に大学は退学した。

高校や大学時代の友人は、社会の第一線で働いている。入退院を繰り返し、卒業もせず、仕事に就いていない状況をミジメに感じるようになっていった。かつての友人たちとの関係も疎遠になり、気がつくと家族以外の人と話しをすることもなくなった。弟は大学を卒業し、社会人となった。

② **家族（母親）の認識世界**　主治医からは，「薬を飲ませて家庭でしっかりケアをして」と言われる。勝は調子が悪くなると，「なぜ，入院に同意するのか」とか「親の育て方が悪いから病気になった！」と母親を攻撃してくる。仕事に行こうとすると「逃げるのか！」と後ろから怒鳴ることもある。母親は，勝の対応に時間がとられ，有給休暇も使い切ってしまった。高校卒業後，簿記の資格を生かして，会社の総務の仕事を長年していた。仕事はやり甲斐のあるものだったが，「勝のケア」に多くの時間をとられるようになり，退職を決意した。

弟の大学卒業と同時に父親（夫）も定年退職し，勝も家計のことを心配し退学した。昼間行く場所もない勝と向き合っていると，母親自身も滅入ってくる。父親（夫）も定年退職したので，今後入院となったときのことも入院費も心配である。

相談するところもなく，「いつまで，こんな先の見えない生活をするのだろう」と悩み，母親の孤立感は深まっていった。

③ **支援の枠組み**　医療保護入院は，精神医学的知識の無い家族の同意が強制入院の要件となっていることから以下の問題が指摘されている。ひとつは，本人と家族の関係性の悪化である。「家族同意があったから強制入院」という本人の認識となり，本人は家族に対して恨みの感情をもちやすい。2つ目は，家族は本人に代わり入院費用の支弁を強いられ，居住形態にかかわらず退院の受け入れ先として期待される。つまり，家族は関係が悪化しがちな本人の入院費用をいつまでも払い続け，退院後の受け入れ先として期待されているのである。

一方，ヨーロッパの国々では，強制入院の適否に家族は関与しない。医師や裁判所，あるいはその双方が強制入院の適否を判断する。裁判所が介在するのは，入院により本人の自由を制限するからだ。したがって，これらの国々では，強制入院の入院費は，100％公費負担となっている。また，退院後の帰在地は，グループホーム等のケア付き住宅やアパートでの生活となる人がほとんどである。これらの国々では，居住権（住む権利）が認められており，住宅保障が社会保障制度に組み込まれ，住む場所の確保が制度として担保されている

のである。

近年,日本の精神障害者に関する法律「精神保健福祉法」改正案が検討されているが,家族ケアに依存した制度の変更は予定されていない。

(3) 病気の受容と社会参加への歩み

① 本人の認識世界　大学を退学したことで,社会のどこにも所属がなくなった。手帳には,病院受診日以外,書くこともなくなった。「何も予定がない」ということは「誰からも何も期待されていない」ことを意味した。入院する度に病気になったことを,腹立たしく感じていた。しかし,「何も予定がない」というのは,はじめて経験する辛さである。主治医にこのことを相談したら,デイケアのソーシャルワーカーを紹介してくれた。

そのソーシャルワーカーと面接し,「何も予定がない」ことを相談した。すると社会参加を目指しているデイケアの活動への参加を勧めてくれた。自分と同じ病気の人が在宅でどんな暮らしをしているのか,はじめて興味をもった。週に2日だけ参加することにした。ミーティングでは,保護室に入れられたときに押さえつけられて注射をされたり,薬を飲まされたりしたこと等,封印していた怒りを話すことができた。他のメンバーの話も,自分の体験と似ていて共感することができた。何よりも「自分だけではない」と思えるようになったことは,気分を楽にした。

ソーシャルワーカーから,「もう少し通う日数を増やしましょう」と勧められ,週4日通うようにした。デイケアは楽しいことが多かったが,デイケアでお出かけのときの交通費やデイケアが終わってから行く喫茶店の費用に困った。大学在学中の発病だったため,障害年金も受給できない。お母さんにもらっている1か月2万円のお小遣いは,タバコ代とデイケアまでの交通費で消えてしまう。親も年金生活で,父親が癌の入院治療をはじめたので,お小遣いを上げてもらう要求もできない。

そこで,自由に使えるお金が欲しくてアルバイトを始めた。コンビニ,ファーストフード,ガソリンスタンドだ。コンビニでは,新しくアルバイトに入った高校生は,宅配の取り扱い,電気・ガス・水道の支払い,ネットの買い

物など，難しい手続を難なく覚えるが，自分はなかなか覚えられない。ファーストフードやガソリンスタンドも同じだった。客が一気に押し寄せると，何からどう処理していいか分からず，パニックになる。居づらくなり，どのアルバイトも1週間くらいでやめ，長くは続かない。

自分が精神病であることを認めはじめたと同時に，社会の中に居場所を見つけられた，それがデイケアだ。それまで，母親に監視されて飲んでいた薬だったが，自己管理するようにもなった。しかし，活動範囲を広げようとはじめたアルバイトで，病気だけでなく生活上の困難を併せ持ってしまったことを痛感させられ，ショックを受けた。

一緒に住んでいる弟には，恋人ができたようで，時々家に連れて来る。結婚を前提に付き合っているようだ。「自分も病気じゃなかったら」とも考えるが，「自分は自分」と言い聞かせ，弟と比較しないようにしている。

今は，お金のかからないプログラムだけ週に2回デイケアを利用している。

② **家族（母親）の認識世界**　勝がデイケアに通うこととなり，ソーシャルワーカーから精神障害者の家族会を紹介してもらった。はじめて家族会に参加したときに，勝の調子が悪く，やむをえず退職せざるをえなかったこと，親戚や祖父母（母親の親）には伝えられないこと，等を涙ながらに話をした。他の家族は頷いて聞いてくれ，先輩家族から「一緒に頑張ろう」と励まされた。先輩家族も自分と似通った体験談を話してくれた。勝のことを安心して話せる場にようやく出会うことができた。勝もデイケアに通うようになり，病状も安定してきた。

しかし，つぎの問題が起こった。今度は，夫（父親）に癌が発見され，緊急入院となり，余命2年と宣告されたのである。このことは，誰よりも信頼し相談できていた夫，誰よりも勝のことを相談できる夫がこの世から去ってしまうことを意味した。途方に暮れた。

勝の弟は，結婚を前提に付き合いをしている彼女を家に連れてくるようになった。勝と弟の間には，微妙な雰囲気が漂うようになった。きっと，仕事でも結婚でも弟が兄を追い越していくことに対して，ことばにできない忸怩たる思いをもっているようだ。

③ **支援の枠組み**　社会的に正しく認識されていない病気や障害には、偏見がつきものである。統合失調症についても、「遺伝病」とか「親の育て方が発病の原因」、「精神が分裂している人」といった俗説がある。これらは、医学的な解明がなされていない昔のとらえ方だ。専門職の世界では、病気の原因は、遺伝でもなく、育て方の問題でもないこと、そして誰もがかかる可能性のある疾病のひとつであると、認識されている。今では、適切な治療や支援を受けながら、地域で生活していくことは可能となっている。

しかし、「精神病を発症すること」は、発病した誰もが予想していなかったことだ。他人事であった「精神病を発症すること」が私事となったときに、そのことをすぐに受け入れられる患者はいない。「何かの間違いでは？」、「診断ミス」、「幻聴も無視すればいい」等、否認する気持ちが当然の如く湧いてくる。なぜならば、発病した本人の精神病に対するイメージが、否定的なものだからだ。このことは、精神障害者が起こした事件に対するマスコミ報道にも原因がある。あたかも精神疾患が事件の原因であるような報道のあり方だ。

こういった本人の内側にある偏見を払拭していくのに、セルフヘルプグループ（以下、SHG）は非常に有効である。SHGとは、「同質の問題を抱えている者同士の相互支援活動」のことだ。精神保健福祉領域では、アルコール依存症や統合失調症がその代表といえる。

世界で一番最初にできたSHGは、アルコール依存症のSHGで、1935年に誕生したAA（Alcoholics Anonymous：匿名のアルコール依存症者たち）である。なぜ、「Anonymous：匿名」としたかといえば、アルコール依存症には、「嘘つき」、「ならず者」といった全人格の否定を含む偏見があったからだ。医師も心理士も誰もが見放した、手に負えない・誰からも相手にされず死んでいく人たち、それがアルコール依存症に対する世間の認識だった。

AAの起源は、ボブとビルのふたりの依存症者が、飲んでいたときの体験を毎日語り合いはじめたことだ。毎日語り合うことで、「自分だけではない」という気付きと「飲むことによる問題行動」を直視することができ、病をもちながら未来をどう生きるかを構想することができた。つまり体験談を語りつづけることにより、「過去どうであったか」、「今どうすべきか」、そして「これから

図2 実践課題の政策化に向けた運動

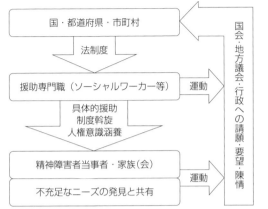

(筆者作成)

どうありたいか」を紡いでいけるのだ。AA方式によるSHGは，専門職にない支援形態として，薬物依存症やギャンブル依存症，統合失調症等，他の疾患や障害のグループにも応用されている。

精神障害者の家族会は，1960年に京都の舞鶴市で結成されたのが最初である。今では，全国に約1200の家族会がある。なぜ，家族会はできたのか。家族は，親戚にも友達にも，自分の子どもが精神障害であることを相談することができなかった。「口に戸は立てられない！」という。人間には，哀しいことや悔しいこと，激しく揺さぶられた感情は語り合い，共感し合いたい，という欲求が必ずある。

先に説明したSHGの機能をもつ多くの家族会は，ソーシャルワーカーが家族同士を仲介し全国各地に誕生させていった。家族会は，SHGの機能だけでなく，運動体としての機能も併せ持っている。なぜなら，「親亡き後」の遺されたわが子が心配な社会を変える必要があったからだ。

ソーシャルワーカーは，図2のように具体的な援助だけではなく，社会的な援助を受ける権利主体であるという人権意識を育てる職種である。ソーシャルワーカーも家族も，そのときに使えるサービスだけでは満たされない当事者や家族のニーズを発見し，共有していく。その不充足状態にあるニーズを制度化

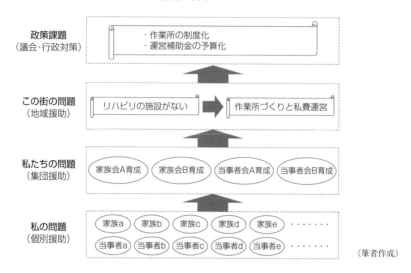

図3 私の問題を政策課題へ昇華していくプロセス

していくために，行政や議会へ要求していくのだ。今，地域にある障害者施設は，このような運動の歴史をもつものが少なくない。

　ソーシャルワーカーの働きかけは，図3の4つである。ひとつは，対象者本人への個別援助。ここは，「私の問題」への関与だ。2つ目は，家族会等の集団（グループワーク）への働きかけ。ここは，「私の問題」を束ねた「私たちの問題」への関与である。3つ目は，対象者の住んでいる地域社会への働きかけ。束ねた「私たちの問題」を「この街の問題」へと昇華させていくものである。家族会は，バザーや寄付で集めた善意の資金を元に作業所を運営しはじめた。4つ目は，リハビリ施設として作業所の公共性を議会や行政から承認を得て，制度化をはかる運動だ。このように，ソーシャルワーカーは，個人の問題を社会的文脈の中でとらえ，困難を抱えている人と関係をつくり，彼らの人権を護り育てていく仕事をしている。こういった作業所づくりの論拠には，憲法13条や25条がある。

(4) 勝さんひとり暮らしへの挑戦

① **本人の認識世界**　弟の結婚式では，ミジメな思いでいっぱいだった。出席者に「今何してるの？」と聞かれるのが辛かったからだ。「ちょっと体調を崩して家で養生しています」と答えたが，「何の病気？」と聞かれたとき，「精神病」と答えるわけにはいかない。「ちょっと疲れやすくて」とことばを濁した。

弟は結婚して，独立した生活をはじめていくにもかかわらず，自分は兄なのに，働いてもいない。いまだに親からお小遣いをもらっている。母親に食事，洗濯，部屋の掃除，と生活全般をケアしてもらっていることが情けなくなってきた。このまま母親が倒れたら，ずっと入院生活になってしまうのではないか，とも考えた。

そこで，デイケアのソーシャルワーカーに，「いつまでも親の世話になりたくない。なんとか自立したい」と相談した。どうせ無理な相談だと思っていた。しかし，「どうやったら実現できるか一緒に考えよう。応援する」と言われた。ソーシャルワーカーからいくつかの提案があった。それは，「自分でしていたこと」と「母親にしてもらっていたこと」を冷静に分けて，後者はホームヘルパーとか専門職の人に応援してもらうことにした。一番大きな問題は，生活費をどうするかだった。生活保護を受給するように提案された。しかしこの提案には，私だけでなく母親も「国のお世話になりたくない」と抵抗した。ソーシャルワーカーから，「人権のひとつなので権利行使をするのだ」と諭された。もとより，それ以外の選択肢はなかった。

このひとり暮らしについては，ソーシャルワーカーの助言だけでなく，デイケアの仲間からもグループホームのこと，ホームヘルパーのこと，訪問看護のことなど，リアルな話を聞くことができ，先の暮らしの見通しをもつことができた。

最終的に，生活保護を受給しながらアパートでひとり暮らしをはじめることになった。週に3日，ホームヘルパーに来てもらい，掃除や洗濯，食事づくりを一緒にしたり，してもらったりしている。また，訪問看護の看護師にも週に1回来てもらっている。たまには，実家へご飯を食べに帰る。デイケアの週2

図4 勝さん発病後15年後：それぞれが独立世帯

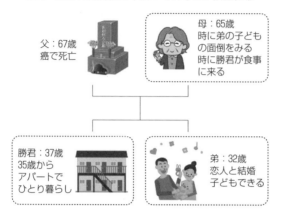

(筆者作成)

回だけではなく，作業所にも週2回通いはじめ，近い将来，自分に合った仕事に就きたいと思っている。

　最近，このひとり暮らしをはじめるようになった体験を，精神病院で長期入院の患者さんや精神保健のボランティア講座の当事者講師として話している。話の内容は，「生きることの意味」が自分の中でどう変わってきたのかということだ。発病後しばらくの間は，発病前の生活にどう戻るかということばかりを考えていた。バリバリ働き，結婚して，家庭をもつ，ということにこだわっていた。そして失敗を重ねていた。でも今は，デイケアや作業所の仲間と交友をもちながら，再発しないように生きていくことにも価値を見出している。何よりも精神病になった当事者が自らの経験を社会に発信し，理解を求めることは，自分にしかできない意義のある活動だと思うようになった。

　② **家族の認識世界**　弟の結婚をきっかけに，勝が「自立したい」と言ったときは，びっくりした。死ぬまでケアをしなければいけないと思っていた。家族会でそのことを話したら，「子離れするチャンス」「グループホームの空きがあればいいですね」と，背中を押してくれた。でも，グループホームの数は少なくて，空きもまったくなかった。それと，生活保護を受けるには，親戚にも「少しでも扶養できないか」と調査がいくと聞き，子離れを諦めた。そのときに，ソーシャルワーカーから「親とずっと一緒だと生活力はつかないから今が

チャンス。世間体を気にしない」と言われ，決心することができた。
　離れて暮らすようになり，何年かぶりに趣味の手芸を再開することができた。今は，勝の母親としてだけでなく，自分の残りの人生を自分らしく生きていこうと思っている。
　勝は，時々ご飯を食べに来る。今まで「あれもこれも」私に相談していたが，今は，ヘルパーさんや訪問看護の人など，専門家に相談しているようで，私の出番はほとんどなくなった。少し寂しいが，これで良かったのだと思う。
　勝がデイケアで専門職や同じ病気の仲間と出会い，私も同じ家族と出会い，そんな偶然が重なって，今の生活につながっている。入院した病院には，正月でも外泊で帰る場所の無い入院患者が数多くいた。その意味では，ラッキーだったと思う。
　③　支援の枠組み　「障害者総合支援法」により，精神障害者がホームヘルプや作業所等のサービスを利用する場合，原則1割の負担が課せられることになっている。2006年から本人負担がはじまっている。一般世帯に比べて障害者を抱えている世帯は，低所得だ。これは，同居の障害者の介護のために，ケアを担っている家族が退職や負担の軽い職場へ転職せざるをえないからだ。そこに，福祉サービスの利用料徴収が追い打ちをかけた。利用料徴収はサービスの利用抑制となり，そのことが家族によるケアの増加，ケアを担う家族の退職・離職，と悪循環をつくっている。加えて，福祉専門職の支援は，素人である家族によるアンペイドワークと同質とされ，介護報酬の切り下げとともに福祉の担い手不足をもたらしてもいる。
　どのような制度も必然として限界をもつものだ。図3にあるように，起こっている問題を社会的文脈でとらえ，現行制度をより良きものに変えていく国民的な取り組みが今まさに求められているといえる。
　④　付　記　勝さんの事例は，精神科領域における実践現場でよくある事例である。多くの事例は，勝さんのようにひとり暮らしに至らず，家族と暮らしている。複数の代表的な調査の結果，親と同居している精神障害者は約8割だ。平均よりもきわめて高い比率である。なぜ，年老いた家族と同居しているのか。グループホームのようなケア付き住宅の整備が進まず，住宅保障が社会

252　第3部　権利実現の現場と日本国憲法

図5　勝さんの主観的生活充実感の経過

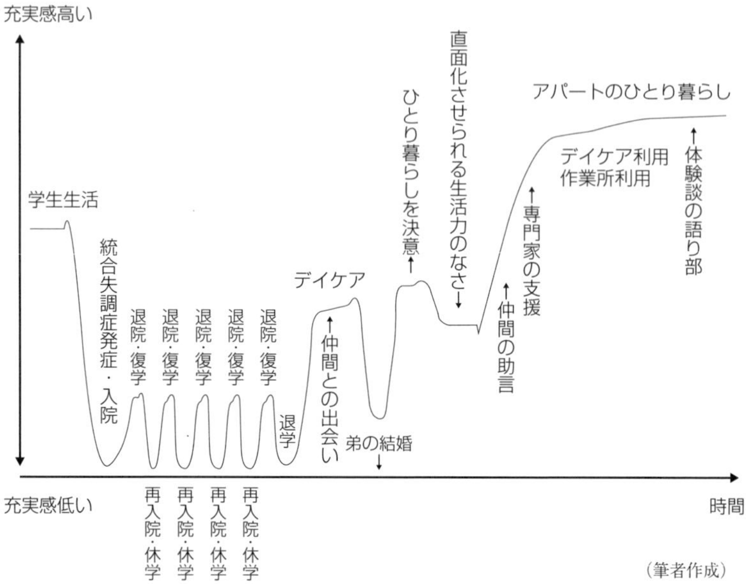

（縦軸：充実感高い／充実感低い、横軸：時間）

学生生活 → 統合失調症発症・入院 → 退院・復学／再入院・休学（繰り返し）→ 退学 → 仲間との出会い → デイケア → 弟の結婚 → ひとり暮らしを決意 → 直面化させられる生活力のなさ → 専門家の支援／仲間の助言 → デイケア利用／作業所利用 → アパートのひとり暮らし → 体験談の語り部

（筆者作成）

保障制度に組み込まれていないこと，そして自立生活に必要不可欠なサービス利用に費用負担が生じていること，が主な原因と考えられている。そのため，中年以降の年齢になっても，暮らしの拠点は，病院か定位家族（生まれ育った家族）しか選択肢がない。つまり，政策の貧困が個人の生活に波及しているのだ。

## D　見えてきた課題

### (1)　憲法条文

Cで記述した山田勝さんらの「物語」について，まずは関係する憲法の条文をあげよう。

■憲法13条

勝には，措置入院と医療保護入院の経験がある。いずれも当人にとっては意

に反する強制入院であるから，自分のことは自分で決める自由（憲法13条）をかれは制約されたことになる。精神保健福祉法にもとづくこれらの強制入院制度が憲法13条の保障する自由を不当に制約し違憲であるかどうかは慎重に考えねばならない。

　また勝の「立ち直り」の過程では，以下に書くとおり，さまざまなアクターがさまざまな権利を行使しており，勝自身もひとりの個人としてさまざまなアクターに支えられつつ生きてきた。それらの権利の基礎にあるのは憲法13条の個人の尊重原理であるはずだ。「個人」を「尊重する」とはどういうことであろうか。それも後で考えよう。

■憲法21条1項

　勝やその母親の「立ち直り」の過程で，セルフヘルプグループ（SHG）や家族会等が重要な役割を果たしている。これらの集まりは，憲法21条1項の「結社」である。「結社」は，何らかの目的を共有する個々人の継続的な結合であり，SHGや家族会も含まれる。塩満によれば，家族会は，SHGとしての機能を有するだけではなく，精神障害者やその家族が平穏に暮らせる社会の実現やそのための制度の創設等を国家機関等に働きかけていく「運動体」としての機能も併せ持っているという。家族会がそのような「運動体」として活動することが可能なのは，憲法21条1項が「表現の自由」（たとえば出版物の刊行やチラシ配りなどの自由）を保障しているからであり，また「集会の自由」を保障しているからである。たとえば家族会が講演会を催すのは「集会の自由」の行使であり，その講演会の案内のチラシを配布するのは「表現の自由」の行使なのである。さらに国会もしくは地方議会または国もしくは地方公共団体の行政機関に作業所の制度化等を要望する場合，請願権（憲法16条）の行使という形をとる場合もあるだろう。

　ここでは，SHGや家族会が果たしている役割について考えてみよう。

　塩満によれば，SHGは，アルコール依存症や統合失調症等の当事者らが，それらの疾病についての過去の誤った考え方や報道等のために，当事者らが自らのうちに抱えてしまった精神疾患についての「否定的な」イメージ（「本人の内側にある偏見」）を払拭する等の機能をもっているという。家族会にも同様の

機能があるようだ。これらの結社の重要な機能として、当事者やその家族の「立ち直り」をヘルプする機能があるということだ。憲法の教科書等で言及される結社のほとんどは、政治理念や政策目標を共有する政党等の政治団体等である。それは、公権力の行使が結社の自由への不当な侵害かどうかという憲法問題は、多くの場合、そうした政治団体等をめぐって生じるからである。それゆえに、憲法学も結社の果たすメンバー間の相互支援活動（セルフヘルプ）という機能にはあまり注意を払ってこなかった。しかしSHGや家族会が結社であることは明らかだ。

　これらの結社は、デイケアや作業所と相まって、障害者本人や家族の人間関係形成の場であり、社会参加の場であり、居場所ともなっているという。政治団体であれ、趣味のサークルであれ、一般に結社には、人間関係形成、結社を通じた社会参加ないし居場所としての機能もあるだろう。自発的な結社ではないが家族や地域社会にもそのような機能があるだろう。なお2000年代に社会福祉事業にかかる事業者の規制緩和がなされ（2000年の社会福祉事業法から社会福祉法への改正、2006年の障害者自立支援法）、社会福祉事業への営利企業の参入が可能となった。「福祉サービスの商品化」（池原毅和『精神障害法』三省堂、2011年、246〜247頁）である。福祉サービスは高度な個別性に対応する必要があるが、それが商品化されることで「企業原理としては個別の繊細なニーズに合わせるよりは、便宜上、比較的共通性のあるニーズに対応する類型化されたサービスに個別ニーズをはめ込み、あるいは、類型的に対応できないニーズに対するサービスは商品化しないということが起こる」（池原・前掲書、246〜247頁）との懸念がなされている。憲法の条文でいえば、営利企業による商品としての福祉サービスの提供は「結社」というより憲法22条1項の「職業選択の自由」の問題である。池原が指摘しているとおり、個々人の個別性に則した必要なサービスが商品化された福祉サービスでは原理的に提供困難であることはたしかに問題である。社会権である憲法25条にもとづく福祉サービスを経済的自由である憲法22条1項の職業選択の自由のほうへ移行させること自体の問題について憲法の人権保障の仕組みに立ち返って考える必要があるだろう。

　Cの記述を、そのような結社の機能に注意して、もう一度、読み返してほしい。

■憲法25条

　さて，病気や障害のために自らの力で生計を維持することができなくなった場合，日本では，国民年金法にもとづく障害者年金や生活保護法にもとづく公的扶助を申請し，受給することができる。これらの法律は，「健康で文化的な最低限度の生活」を権利として保障した憲法25条を具体化したものである（→第1部Ⅱ章❹）。年金や公的扶助の給付水準が「健康で文化的な最低限度の生活」を個々人が維持するに足りるものであるか否かについては，かねてから争いがある。とくに安倍晋三内閣の下での生活保護基準の切り下げは，各地で訴訟にも発展している。さらにCの末尾で塩満は，福祉サービスの利用料徴収の開始が，家族や福祉職を追い詰めていることに言及している。これらの問題は，さしあたりは憲法25条が保障する権利（1項）や社会福祉制度（2項）を具体化する法令が憲法の趣旨に適合しているか否かという問題である。

　ところで，こういうケースを想定してみよう。ある者が精神疾患となり，精神障害者となった。その者は，生活保護を受給し，十分ではないとしても，衣類があり，住居があり，三度の食事もでき，物質的には健常者と同じ条件がある。しかし，「かつての友人たちとの関係も疎遠」になり，「何も予定がない」，アルバイトをはじめても長続きせず「社会の中に居場所を見つけられ」ない，医療保護入院に同意した家族を恨み連絡がない。そういうケースを想定してみよう。かりにその者が年金や公的扶助を受給していて，その給付水準そのものは憲法25条に違反するとは考えられないとして，さてその者は，自らの「幸福」を自らで「追求」して生きていけるのだろうか。つまりはCの勝のケースから，SHG，家族会，家族，デイケア，作業所などを取り除いたケースである。

　Cで記述されている塩満が支援した勝らの「立ち直り」の過程は，日本国憲法とは関係がないのであろうか。すでに書いたとおり，SHGや家族会の活動は憲法21条1項や憲法16条によって保障されているものであり，デイケアや作業所の制度化は，「社会福祉，社会保障及び公衆衛生の向上及び増進に努めなければならない」国の努力義務である（憲法25条2項）。憲法とまったく関係がないわけではない。「ラッキー」（これは母親の認識である）であった勝やその母親とは違い，勝の入院した病院には「正月でも外泊で帰る場所のない入院患

者」が「数多く」いたという。A及びBで指摘されている「社会的入院」の問題である。

　さしあたりの衣食住には困っていないが孤立している状態，あるいは帰る場所もなく病院にとどまっている状態の個人は，「すべて国民は個人として尊重される」（憲法13条前段）という個人の尊重原理を採用した日本国憲法の下で，「個人」として「尊重」されているといえるのだろうか。「幸福」を「追求」する権利を行使できるのであろうか。

### (2)　自己肯定感

　統合失調症発症後，勝は，何度も辛い思いをしている。Cの図5「勝さんの主観的生活充実感の経過」もみてほしい。

　大学4年生の7月，勝は発症した。友人等が社会人となって働くようになったにもかかわらず，入退院を繰り返し，大学を卒業できず，また就労もできない状況を，勝は「ミジメに感じるように」なった。弟も大学を卒業し，社会人となっていく。そんな勝の「ケア」をする母親も「滅入って」いく。

　大学を退学し「社会のどこにも所属していない」状態になった勝の手帳には，「何も予定がない」。それは「誰からも期待されていない」ことを意味するという。

　勝は，この頃にソーシャルワーカーの支援を得て，デイケアに通うようになる。もし勝が支援を得られずに「誰からも期待されていない」状態に長く置かれていたとすれば，かれはどうなったであろうか。

　弟に恋人ができ，やがて結婚する。弟の結婚式で勝は「ミジメな思いでいっぱい」になる。やがて父親が癌で死去してしまう。勝を「ケア」していた母親にとって，それは信頼できる，勝のことを相談できる「夫」を失うことであった。

　もし支援がなければ，勝の人生はどうなっていたであろうか。母子で，社会から孤立した生活を余儀なくされたかもしれない。帰る場所もない長期入院者になったかもしれない。少なくとも「自己肯定感」をもって生きていくことは困難になったであろう。

　筆者（石埼）がここで「自己肯定感」ということばを使うのは，心理臨床家

の高垣忠一郎が，カウンセリング等で若者らに接して，そこから得られた知見であるそれである（高垣忠一郎『生きづらい時代と自己肯定感──「自分が自分であって大丈夫」って？』新日本出版社，2015年）。

　高垣は「自己肯定感」を「自分が自分であって大丈夫」と表現する。それは「自分が感じ，何を考えようと，それによって自分が脅かされることのない安心と自由を意味」するという。そして，そういう意味での自己肯定感を支えるのは「他者に自分を表現して身をゆだねても，他者はそれを受けとめてくれるという他者信頼と，それに値する自分なのだという自己信頼」であるという（190頁）。

　そのような自己肯定感は，「なにかのモノサシで自己を測り，評価して『よし』と肯定する」のではなく「評価ではなく『共感』であり『ゆるし』」であるという。主体と主体との間の「共感関係」によって自己肯定感ははぐくまれるというのだ（195～196頁）。高垣のいう「共感関係」は，さほど難しいものではない。それは「共感的な他者」の存在を必要とするが，たとえば，子どもであれば，「『お父さん痛いよう』と泣く子のそばで，父親が『そうか，痛いか，よしよし』とその痛みを認め，受入れてくれる」という関係である。この場合，父親が「共感的な他者」ということだ。逆に「お父さん，あの犬怖いよう」という子に父親が「なぜあんな小さな犬が怖いのだ。おまえは臆病者か！」と叱責した場合，子は，「怖い」と感じることをいけないことと感じ，罪悪感すらもちはじめるという。子は，自己の本来の感情を奪われてしまうというのだ（35～36頁）。

　勝が，「立ち直り」の過程で，専門職，SHGないし家族会等を通じて取り戻したものは，「自己肯定感」なのではないだろうか。勝がはじめてデイケアのミーティングに参加したときのことを塩満は，つぎのように書いていた。「ミーティングでは，保護室に入れられたときに押さえつけられて注射をされたり，薬を飲まされたりしたこと等，封印していた怒りを話すことができました。他のメンバーの話も，自分の体験と似ていて共感することができました。何よりも『自分だけではない』と思えるようになったことは，気分的に楽になりました」。封印していた自らのありのままの感情を話すことができ，それに

他のメンバーが共感し，また勝自身も他のメンバーの体験に共感することができたというのである。

ところでこの「自分が自分であって大丈夫」という意味での「自己肯定感」は憲法と関係があるのだろうか。

### (3) 自己肯定感と憲法

憲法13条は，個人の尊重原理を規定している。この原理は何らかの権利を各人に保障したものではないが，とくに憲法第3章が保障するさまざまな権利の基本となる原理であって，さまざまな権利の意味内容を解釈する際にこの原理に反する解釈をしてはならないという法的意味がある。

個人の尊重原理とは何かについて，憲法学では，個人はそれ自体が目的であって他のもののための道具ではないという意味であると考えられてきた。一朝有事には国家のために死ぬことが「幸福」とされ，またとくに女性を「家」のための道具扱いしてきた大日本帝国憲法下の国家や社会のあり方を正面から否定したのが個人の尊重原理なのだ。

ただそれにとどまらず，「個人の尊重」は，「ありのままの人間の『かけがえなさ』を権力から護ることを原理として定め」たのであり，「個人の『かけがえなさ』は『他者との交流のなかで気づかされ，形成される』」と説明する憲法学説もある（青柳幸一『憲法における人間の尊厳』尚学社，2009年，168頁）。個人の尊重原理にいう「個人とは，『孤立した個人，ないし他者との結びつき・関係が途絶された個人』を意味するのではなく，『他者とのかかわり・交わりの可能性を否定されない存在としての個人』を意味している」（竹中勲『憲法上の自己決定権』成文堂，2010年，44頁）との見解もある。後者は，さらに憲法13条後段を根拠として「親密な人的結合の自由」を憲法上の権利とするものである。いずれも他者との「交流」ないし「結びつき・関係」の中で生きる個人を憲法13条前段のいう個人と理解する学説である。

これらの憲法学説と先ほど紹介した高垣の「自己肯定感」の間には，憲法学説と臨床心理の現場の知見という学問上の大きな隔たりがあるが，個人像についてはさほどの隔たりはないはずである。

つまり憲法13条前段のいう「個人」を主体と主体との間の共感関係によって自己肯定感をはぐくまれる個人ととらえ，そのような個人が社会の中ではぐくまれていくことを国家は否定してはならず，さまざまな法制度を構築する場合には，そのような個人を尊重しなければならないと個人の尊重原理を理解してもよいのではないかということである。
　かりに個人の尊重原理をそのように理解するのであれば，「共感関係」がはぐくまれる場である「結社」の意義も裏付けることができるし，憲法25条を具体化する法制度はそのような個人を尊重するものでなければならないとも考えることができる。

(4)　自己肯定感を妨げる仕組みの排除
　① 　社会的入院　　さて，A，B及びCで言及した精神科病院への社会的入院および強制入院についてつぎに考えよう。
　社会的入院とは，医学上は入院の必要性がなくなった入院（患）者が，家族の事情その他の社会的事情で退院先がないために，入院を継続していることをいう。精神科病院の入院（患）者の2013（平成25）年度の在院期間別構成は，つぎのとおりである。1年以上5年未満が，8万6442人，5年以上10年未満が4万1167人，10年以上20年未満が3万2858人，20年以上が3万1414人（『精神保健福祉白書2017』，213頁）。これらの入院（患）者のうち多くの者が社会的入院であるとされている。
　この社会的入院問題は，入院（患）者の受け皿が社会に乏しいというまさに福祉政策の貧困の問題であるが，それだけにとどまらない。精神科病院へ長期間入院していると，「入院する前にはできていたことが，入院や入所を一〇年もの長さで続けていると，やらなくて済むために，できなくなってしまう」（野中猛『心の病　回復への道』岩波新書，2012年，107〜108頁）という個々の入院（患）者にとっての問題も生じる。入院の長期化にともないさまざまな人生上のチャンスを奪われてしまい，社会生活をしていく上でのスキルも奪われてしまう。
　1953年から1996年までハンセン病者の隔離政策の根拠となった「らい予防

法」についての熊本地裁の判決（熊本地判2001年5月11日判時1748号30頁）は，長期間のハンセン病療養所への隔離について，以下のように判断した。

> 「新法（1953年の「らい予防法」―筆者注）の隔離規定によってもたらされる人権の制限は，居住・移転の自由という枠内で的確に把握し得るものではない。ハンセン病患者の隔離は，通常極めて長期間にわたるが，たとえ数年程度に終わる場合であっても，当該患者の人生に決定的に重大な影響を与える。ある者は，学業の中断を余儀なくされ，ある者は，職を失い，あるいは思い描いていた職業に就く機会を奪われ，ある者は，結婚し，家庭を築き，子供を産み育てる機会を失い，あるいは家族との触れ合いの中で人生を送ることを著しく制限される。その影響の現れ方は，その患者ごとに様々であるが，いずれにしても，人として当然に持っているはずの人生のありとあらゆる発展可能性が大きく損なわれるのであり，その人権の制限は，人としての社会生活全般にわたるものである。このような人権の制限の実態は，単に居住・移転の自由の制限ということで正当には評価し尽くせず，より広く憲法13条に根拠を有する人格権そのものに対するものととらえるのが相当である」。（同90〜100頁）

「らい予防法」にもとづくハンセン病療養所への長期入院（患）者と「精神保健福祉法」にもとづく精神科病院への長期入院（患）者とがこうむる被害は酷似している。前者はハンセン病（患）者の終生隔離（一生涯の死ぬまでの隔離）が前提となった法律であるから終生隔離を前提としていない後者とまったく同一視はできないが，社会的入院問題の個々の入院（患）者にとっての深刻さを理解するのにこの判決は参考になるだろう。

このような社会的入院を余儀なくされている入院（患）者が，「個人」として「尊重」され，他者との「共感関係」の中で「自己肯定感」をはぐくみつつ生きていくことはできまい。

② **強制医療**　ところで精神科病院への入院はすべて精神保健福祉法にもとづきなされる（精神科病院への入院形態について C の表1参照）。ここでは，入院する当人にとっては強制入院である措置入院と医療保護入院について考える（したがって本人の同意にもとづく「任意入院」は除く）。

　　 a）　措置入院（精神保健福祉法29条）　　まず措置入院であるが，精神障害者であって自傷他害のおそれがある者を都道府県知事の権限で本人の意に反して強制入院させる入院形態である。たとえ短期の入院であってもその間に居

住・移転の自由（憲法22条1項）をはじめさまざまな権利行使ができなくなるため人権制約の程度はきわめて強い。

　そもそも精神疾患が「自傷他害のおそれ」を強めるのか，「自傷他害のおそれ」が精神科医によって医学的に判断可能なのか，「自傷他害のおそれ」があっても精神障害者ではない者の身柄を拘束することはできず，結局，精神障害者であることを理由に差別扱いをするものであるから憲法14条1項の平等原則に違反するのではないか等の批判がある。

　措置入院については，広い意味での「逮捕」にあたるので，濫用されないよう，少なくとも司法（裁判所）によるチェック（憲法33条）が不可欠のように思われる。なお精神保健福祉法には，入院の継続の必要性（法38条の3）および入院（患）者からの退院等の請求を審査する（法38条の5）ための精神医療審査会の制度がある。同審査会については，審査の形骸化等が指摘されている。司法（裁判所）に代わる同審査会が第三者的な人権擁護システムとして機能する余地はあるものの，強制入院時に強制入院の要件を入院（患）者が満たしていたかどうかを審査する仕組みではない等，少なくとも現在の同審査会のあり方では，広義の「逮捕」の濫用防止機関としての役割は著しく弱い。なおヨーロッパ諸国では，緊急ではない通常の「非自発的入院」ではその決定者が裁判所となっている国が多い（塩満卓「家族等の同意に基づく医療保護入院に関する批判的検討——政策形成過程と国際比較の観点から」社会福祉学部論集（佛教大学）14号，2018年，111頁）。

　そもそも犯罪予防等を目的とするこの強制入院制度と社会福祉制度とが同じ法律で定められていること自体が問題であろう。

　　b）　医療保護入院（精神保健福祉法33条1項）　医療および保護の必要があるにもかかわらず，精神障害者本人が入院に同意しない場合に，家族の同意（家族の範囲は法33条2項）または同意する家族がいない場合等は市町村長の同意（法33条3項）にもとづき強制入院をさせる制度である。

　この入院形態は，「自傷他害のおそれ」を要件としておらず，それだけにその合憲性には措置入院以上に強い疑いがかかる。

　なぜ成人に対してパターナリスティックな介入が許されるのか，かりに介入

が許されるとして，本人にとって強制的な入院が必要最小限度の介入といえるのか。[C]で塩満が指摘しているとおり，専門家でもない家族の同意がなぜ本人にとっての強制入院を正当化しうるのか，本人と家族との間に不信感が生じて治療や退院後のサポートにおいて支障が大きい等の批判がある。

　ここでも司法（裁判所）によるチェック（憲法33条）はなく，制度の濫用のおそれもある。

　③　社会的入院・強制入院と自己肯定感　　疾病や傷害によって自己肯定感が一時的に弱まることは，精神障害者の場合のみならず，誰の身にもいつでも起こりうることだ。しかし個人が自己肯定感をはぐくみつつ生きていきことを阻害している社会的入院問題の解決への政治的取り組みはまったく十分ではなく，また強制入院制度が，かりに必要やむをえない場合があるとしても，自己肯定感をはぐくみつつ生きていく個人を十分に尊重した上での制度となっているかどうか疑問である。

### (5)　ま　と　め

　以上，[D]で，臨床心理の現場から得られた知見である「自己肯定感」をも参照しつつ，[C]での塩満の記述を憲法学の見地から考えてみた。

　実は，精神障害者だけではなく障害者の権利等について，憲法学の研究はいまだ十分ではない。とくに精神障害者については，憲法の教科書等では言及すらないのが現状である。読者が，精神障害者と憲法についてさまざまな立場から考える機会に本稿がなれば幸いである。

## 3　労働者の権利を大切にすること——司法による労働者救済と憲法
　　　　　　　　　　　　　　　　[現場：大河原壽貴，憲法：坂田隆介]

[A]　ブラック企業と闘うにはどうすればよいのでしょうか？

　ハローワークの求人票や，求人雑誌に掲載される求人広告には，職種や勤務

地，勤務時間といった労働条件と並んで，おおよその月収が記載されている。しかしながら，そこに記載された月収は，単なる基本給の金額ではなく，基本給に加えて一定の残業代を含めた金額であることが少なくない。

　ここで月収20万円という求人に応じて働きはじめたケースを想定してみよう。その労働者は，相当な残業をしたにもかかわらず，支給された給与明細を見ると「基本給20万円」しか支払われておらず，残業代は支払われていなかった。この労働者は，残業代が支払われていないのはおかしいと思い，社長に対して「残業代は払ってもらえないのですか？」と尋ねると，社長からは「うちでは残業代はないから」とか，「うちは残業代込みで20万円という契約になっているから」などという返答が返ってきた。さらに質問しようとすると，社長からは「嫌ならやめればいい」などと言われる始末で，それ以上の質問はできなかった。

　労働時間や時間外勤務手当の支払いについては，憲法27条を受けた労働基準法（以下，「労基法」という）によって明確に定められ，法違反に対しては刑罰が課され，取り締まりや指導監督のための国家機関が設けられているなど，労働者の権利は"法律上は"守られているといえる。ところが，現実の労働現場では，違法なサービス残業がまん延し，残業代どころか賃金すらも払い渋る「ブラック企業」が後を絶たない。この法律と現実のギャップはどこから生じているのだろうか，そして，権利の救済のために裁判所はどのような役割を果たしているのだろうか。

## B　労働者と労働組合，裁判所

### (1)　労働者の権利

① **労働者と使用者**　労働者と使用者との間で，さまざまな問題が生じる。長時間労働，不安定雇用，ハラスメント，リストラ，サービス残業の強要，最悪の場合には過労死，過労による自殺まで至ってしまうことも少なくない。なぜこのような問題が起きてしまうのか。それは，労働者と使用者との現実的関係がけっして対等ではなく，労働者は使用者に対して従属状態に置かれている

からである。

　大学生のアルバイトであっても，使用者は学生を採用するにあたって幅広い裁量をもっているし，採用後もアルバイトの学生が使用者の指示や命令に背くことは簡単ではないことはよく分かるであろう。まして人生をかけて臨む就職活動ともなれば，企業の圧倒的優位性をいっそう痛感するはずである。書類選考を通過して採用面接に至ったとしても，面接のその場で企業担当者と労働条件について交渉するという余地はおよそ考えられない。企業に採用してもらえるかどうか，それだけが問題なのである。めでたくその企業に就職できたとしても，職場では使用者の指揮監督につねに従わなければならない立場に置かれる。「あなたが嫌なら他の人を雇うだけですから，辞めてもらっても結構です。」と使用者から言われれば，労働力を提供してしか生活の糧を得ることのできない労働者としては，従わざるをえないのが現実である。労働者と使用者との関係（労使関係）を考える際には，このような支配従属関係が存在するという厳然たる事実から出発しなければならない。

　もっとも，支配従属関係があるからといって，使用者は労働者に何を命じてもよいというわけではもちろんない。現在では労働者を保護するための法律（労働基準法）があり，労働時間を規制し，最低賃金を保障するなど労働者のディーセント・ワークを確保するための仕組みが一応つくられている。また，個々の労働者では労働条件の向上に向けた交渉を使用者と対等に行うことは難しいため，労働者が団結して交渉・行動することを積極的に認める法律（労働組合法）もある。

　これらの労働者の権利は，憲法27条および憲法28条によって憲法上の権利として保障されている（第1部参照）。憲法は，労使関係の支配従属関係を考慮して，労働者の権利を憲法上の権利として保障し，その反面として使用者の権利を制限することを当然に予定しているのである。現在存在するさまざまな労働法制は，この憲法上の保障を具体化するためにつくられているわけである。

　ところで，現在のような労働法制がつくられたのは，それほど古いことではない。日本では敗戦後のGHQの占領政策が出発点であり，それ以前には憲法体制の違いもあって，十分な労働法制は存在しなかった。世界的にも，労使関

係の支配従属関係に着目した労働法制が形成され展開していくのは，せいぜい19世紀半ばのことである。憲法上の保障については，20世紀の1919年のワイマール憲法まで待たなければならない。資本主義の形成・発展に比べて，なぜ労働者を保護する体制の整備がこれほど遅れたのか，現在からみれば不思議に思えるかもしれない。そこで，まず労働者の権利保障という概念が，資本主義体制の展開に追随する形で立ち現れるに至った過程を，近代憲法から現代憲法へという歴史の流れに即してみてみたい。その上で，冒頭の事例のような労使紛争を解決する「最後の手段」としての裁判所について，その制度，機能を概観する。

② **市民法の限界──近代憲法から現代憲法へ**　近代市民革命は封建的・身分制的拘束を打ち破り，自由で平等な個人によって構成される社会──近代市民社会をつくり出した。近代市民革命を主導したのが教養と財産とを兼ね備えた市民（ブルジョワジー）であったことからも明らかなように，近代市民革命は，自由に経済活動（お金儲けの自由）ができる社会を目指すものであった。自由な経済活動を実現するためには，身分に拘束されることなく，自由で平等な個人からなる社会でなければならない。したがって，近代市民革命によってつくられた近代憲法では，経済活動の自由が至高の価値とされ，自由権と財産権の保障の比重が高くなっている（所有権の不可侵）。

　かくして近代社会においては，市民間の関係は，身分ではなく，すべて自由意思による契約によって成立すると考えられるようになる。対等な市民同士であるから，いかなる契約を締結することも自由とされる。これを契約自由の原則という。問題なのは，契約自由の原則が，労使関係にも例外なく妥当すると考えられ，すべては労働者と使用者との対等な意思の合致（労働契約）によって全面的に正当化されることになったことである。

　このような近代市民法の原理が貫徹された結果，何が起きたのか。低賃金，長時間労働などの劣悪な労働条件が契約自由の名の下に放置され，とくに女性・年少者の酷使が，深刻な健康破壊や成長阻害をもたらし，多くの労働者が人間らしい生活とはほど遠い過酷な暮らしに苦しめられた。雇用契約における契約の自由や解雇の自由は，使用者のための採用の自由や解雇の自由でしかな

く，労働者は使用者の思うままに，経済情勢のおもむくままに失業の憂き目をみることになった。とくに産業革命以降の資本主義の高度化によって，19世紀半ば以降，社会的矛盾は各国で深刻化していった。

労働者が窮状から抜け出すためには，団結して地位向上をはかり，労働条件の改善を使用者に迫る以外ない。ところが当初，労働者が団結して労働条件の基準を申し合わせ，使用者に対しその遵守を要求する行為やストライキは，個々の労使契約の自由を制限するものであり，雇用契約上の義務違反や集団的な業務阻害行為として違法とされ，全面的に禁止されていた。

しかし，資本主義の矛盾の激化，とくに工場労働者の窮乏化に直面した国家は，労使関係を契約の自由の名の下に放置しつづけることはもはやできなかった。労働者を保護しなければ，安定した労働力を確保することができず，かえって資本主義体制を維持することができなくなるからである。そこで，劣悪な労働条件に対処するために，工場労働に関する労働条件の最低基準を定めて，その遵守を罰則や行政監督によって強制する立法（工場法）がつくられるようになった。このような労働者保護法は，1802年イギリスの「徒弟の健康および道徳に関する法律」にはじまるといわれ，19世紀中ごろから各国で本格的な展開をみせる。当初は，工場における女性や年少者の労働時間の制限を中心的な内容としていたが，徐々に成年男性を対象とするようになり，またその内容も労働時間規制から出発して各種の労働条件保護に拡大され，一般的な労働基準立法となった。

また高揚する団結運動に対しても，禁止の態度を維持することはできず，やがて労働者の団結活動の禁止を撤廃し，その活動にまつわる市民法上の違法性を除去する立法が各国で成立する。このように労働組合およびその活動を違法としないという消極的な保護にとどまらず，国によっては団結活動を積極的に承認し保護する法制を成立させるようになった。

国家は個々人に財産権を認めるだけでよく，その生活は各人の自主的な責任にまかせておけばよいという，自由放任の原則は，少なくとも労働関係においては完全に期待を裏切られたのである。労働者保護法および団結権保障のいずれも，契約自由の原則という近代市民法が保障する資本主義体制の基本原理を

大きく修正するものであった。ソ連を除く多くの国家では，資本主義そのものを維持するため，上記のように労働者保護法制を整備することで労働者階級の運動に譲歩し，これを体制内化する途を選んだのである（第1部参照）。

　日本国憲法も，生存権，教育を受ける権利，労働権，労働基本権といった社会権を保障する（25条～28条）とともに，経済的自由が公共の福祉による制限を受けることを明記しており（22条1項，29条2項），典型的な現代憲法の特徴を有している。それぞれの権利の保障内容については，第1部Ⅱ章**4**の説明を参照してもらうことにして，ここでは27条および28条について，簡単に以下の2点だけを指摘しておきたい。

　③　**労働者の憲法上の権利の特徴**　　第1に，労働者の権利は，以上にみたような歴史的展開を背景に保障されたものであるため，近代人権と比べて，その担い手や内容が具体的なものとして保障されている点に特徴がある。すなわち，人権は，人であればすべての者に保障されるという普遍性の性質を有すると一般的に説明されるが，労働者の権利は，人一般ではなく，労働者という特定の属性を備えた主体にのみ保障されている。労働者の権利であるから，資本家・使用者にも保障されない。労働者の権利は，資本主義経済の必然的矛盾という歴史を背負ったものとして，現代において憲法上の権利として承認されるに至ったものである。

　第2に，労働者の権利という場合，誰に対する，どのような権利であるのか，という点を整理しておく必要がある。近代立憲主義においては，自由に対する最大の脅威は国家権力であるという認識から，人権とは対国家的権利であると定式化されている。ところが，労働者の権利は，労働者が使用者に酷使される状況から生まれたという出自から明らかなように，はじめから使用者との関係で問題となるものである。たとえば，憲法27条3項は使用者による児童の酷使を禁止するものであり，使用者と労働者という私人間に直接適用される憲法規範として規定されている。また憲法28条の労働基本権を行使してストライキをした場合，その労働者はストライキの間，労働契約にもとづいて労働をしなかったということを理由に損害賠償を請求されたり，解雇されたりしないという民事免責が，特別の立法を待つまでもなく保障されている。

もちろん対国家的権利という性質も有している。ストライキなどの争議行為によって会社の業務を妨害しても，原則として威力業務妨害罪などの犯罪に問われないという刑事免責が保障されている。刑罰からの自由という意味で対国家的権利の性質といえる。また，労働者の権利が使用者との関係で十分に保障されるような法制度をつくることを国家に対して請求する権利も保障されている。労働組合法は，組合活動を理由とする不利益取扱を禁止したり，団体交渉を正当な理由なく拒否することを禁止したり，労働組合の活動を阻害するような使用者の行為は，不当労働行為として禁止している。不当労働行為が問題となれば，労働者は裁判所にこれを訴えて司法的救済を求めることができるのは当然であるが，より迅速な解決をはかるために，労働委員会に対して行政的救済を申し立てることが認められている。

このように労働者の権利は，対使用者という私人間の問題だけでなく，対国家的性格ももちあわせており，かつ国家からの自由という側面と，国家に請求するとう側面も有するという意味で，複合的な構造を備えている。労働者の権利を問題とする場合，これらのどの部分をとり上げているのかを意識することが大切である。

(2) 裁判所による紛争解決

冒頭の事例では，残業代の支払いをめぐって使用者と労働者の言い分が対立している。このような利害の対立が生じている状態を指して，紛争と呼ぶ。事例では，労働者が賃金について尋ね，使用者がこれをはねつけたところで紛争が顕在化したといえる。このように法的紛争が顕在化した場合，何らかの形で解決されることが必要になる。では，顕在化した法的紛争をどのように解決する方法があるであろうか。

① **裁判によらない紛争解決** 当事者間で話し合い，交渉による紛争解決ができれば，それが一番早い。ただし，紛争にかける当事者の思いが強い場合，両者が折り合えない場合は妥協による解決は困難とならざるをえない。とりわけ，労使関係の支配従属関係からすれば，使用者と労働者とが対等の関係で話し合い，交渉によって紛争解決することは，なかなか難しい。前述した憲法28

条や労働組合法によれば，労働者が団結して労働組合を組織し，使用者と対等な立場で話し合い，交渉ができる状況をつくることが制度上想定されている。しかしながら，現実には，中小零細企業など，労働組合が組織されていない職場は少なくない。交渉による紛争解決が不可能なときの最後の手段として，第三者の裁定による紛争解決が考えられる。これには裁判によるものと裁判によらないものとがある。

　裁判によらない紛争解決手続には，当事者の合意を目標とする調停・斡旋・裁判外の和解などと，第三者による解決案に従う合意を結びその内容を強制できる裁定・仲裁などがある。これらを Alternative Dispute Resolution, ADR という。

　これらの ADR はいずれも交渉による紛争解決を支援するものであるが，裁判外での紛争解決に合意が至らない場合，国家権力による裁定に持ち込むほかない。これが裁判である。裁判によって判決が下され，確定すれば，紛争は強制的に「解決」され，当事者はその判決に法的に拘束される。もし賃金支払いを求める裁判を起こし，裁判所が賃金支払いを使用者に命じる判決を下せば，使用者は支払いに応じなければならず，もしこれを拒めば，使用者の財産を差し押さえるなどして国家権力を用いて強制的に回収されることになる。

　以下，裁判所による紛争解決について概観する。

② 裁判所による紛争解決

　a）民事裁判　　紛争が解決しない場合，そのまま放っておくと対立はいっそう激しくなるし，実力に訴えて金銭を取り立てる（自力救済）ということにもなりかねない。法秩序を維持し，社会の平穏を保つために，国家としては自力救済を禁止し，その代わりに民事裁判の制度を設営している。当事者の申立てにより，その紛争の当事者の主張の当否を判断し（判決），この決定に服従しなければならないとすることによって，争いを強制的に解決させ，さらにこの判断内容に相手方が任意に従わないときには，強制的に国家権力の手によって実現できることにしている。このようにして私人の権利の救済がはかられ，紛争を解決することができるわけである。

　b）労働審判　　裁判所による民事手続として，通常の訴訟に加えて，

2006年4月から労働審判手続が導入された。個々の労働者と事業主との間の紛争について、裁判官である労働審判官1名と、労働関係について専門的知識を有する労働審判員2名の合計3名で労働審判委員会を組織し、事件を審理し、話し合いによる解決の見込みがあれば調停を試み、話し合いで解決できない場合には審判を行う手続である（労働審判法1条）。原則3回以内の審判期日で審理を終えるものとされており（同法15条2項）、迅速な審理を期待することができる。紛争の実情に応じて話し合いによる解決が試みられることが多く、運用の実態としても調停が成立して解決する場合が多い。

　　c）刑事裁判　　刑事裁判とは、ある具体的な行為があったとき、それが犯罪であるかどうか、誰がなしたのか、それにはいかほどの刑罰が相当であるかを決定する手続である。刑事裁判は、検察官が被疑者を起訴することによって、第1審の裁判手続が開始される。起訴前には、警察官、検察官による捜査が行われる。刑事手続は裁判も含めて、本来、人権侵害的な性格をもつということに注意しなければならず、捜査段階、公判段階における被疑者・被告人の権利について憲法および刑事訴訟法に詳細に規定されている。これが適正手続の保障である（第1部Ⅱ章**5**参照）。

　被告人は無罪の推定が働くため、起訴された事実が存在すること証明する責任（証明責任）は検察官が負っている。証拠調べの結果、検察官が「合理的な疑いを越える証明」に成功したと裁判所が心証を得た場合に限り、被告人にどのような刑罰が相当であるかなどを判断し、有罪判決が言い渡される。

　　d）行政裁判　　このほかにも、行政を相手に提起する訴訟を行政訴訟といい、行政事件訴訟法という訴訟手続に従って裁判が行われるが、基本的に民事訴訟と同じ要領で進められることになる。

　冒頭の事例は、労働契約にもとづく残業代支払請求という、使用者と労働者という私人と私人の紛争であるため、裁判によって解決する場合には、民事裁判の手続をもって争うことになる。労働者が、その区域を管轄する地方裁判所に、使用者を被告とする訴状を提出し、訴状が相手方となる使用者に届いた時点で民事裁判の第1審手続が開始する。

C  ブラック企業を訴える──実際の苦労と思いを現場から実例などをもとにして

(1) 残業代請求をめぐる実務上の課題

① 残業時間をどのように把握するのか　実際の労働現場では、冒頭の事例のようなケースは少なくない。その背景にあるのは、労働者は、使用者の指揮監督下で働いており、使用者から支給される給与で生活を成り立たせているという労働者と使用者との間の上下関係である。

「残業代が払ってもらえない。」

このような労働者が実際に弁護士のところに法律相談に来た場合、実際に裁判などの手続に至るまでにはいくつか検討しなければならない点がある。その中で、実務的に一番大きなハードルになるのは、その労働者がいったい何時から何時まで働いていたのか、労働時間の記録があるのか否かという問題である。

朝8時に出勤し、昼休憩1時間を挟んで、夜の8時まで働くという労働契約になっており、その契約どおりに働いていたというケースであれば、所定労働時間そのものが1日11時間であり、1日あたり3時間の残業が発生しているのであるから、労働時間の記録はさほど問題にはならない。しかしながら、実際には、所定労働時間は、朝9時から休憩1時間を挟んで夕方6時までの1日8時間となっており、終業時刻（夕方6時）以降に残って残業をしていたというケースが大半である。そのようなケースは日々の退勤時刻もまちまちで、退勤時刻の記録がなければ、その労働者がいったい何時間働いていたのか、何時間の残業が発生していたのかまったく把握できないことになってしまう。

労働時間の記録としてもっともよく用いられているのはタイムカードである。しかしながら、タイムカード自体は使用者側の手元にあり、労働者側ではよほどのことがない限り、毎月のタイムカードのコピーをとっておくことはない。そのため、現に在職中の労働者であっても、過去にさかのぼってタイムカードのコピーを入手することはそう容易ではない。すでにその会社を退職している労働者であればなおのことである。ここで、労基法109条は、使用者に対して「賃金その他労働関係に関する重要な書類」の3年間の保存義務を課しており、タイムカードもその「重要な書類」に含まれるとされる。そのため、

使用者に対してタイムカードの任意の開示を求めたり，そのような求めに到底応じそうにない悪質使用者に対しては，裁判所の証拠保全手続などを利用してタイムカードを入手することが必要となる。

　使用者が過去のタイムカードを保存していれば，証拠保全手続などで入手することができるが，タイムカードをすでに破棄していたり，そもそもタイムカードなどを利用して労働時間の記録をしていないようなケースもみられる。残業代請求の裁判においては，原告すなわち労働者の側が立証責任を負い，実際の残業時間を証明しなければならない。労働者の側で残業時間の証明ができなければ請求は認められないことになってしまう。労基法上は使用者にタイムカードの保存義務が課せられていたとしても，実際の裁判で残業時間を証明する責任はあくまで労働者側に課せられているのである。ただし，タイムカードがなければ絶対に認められないのかというと，けっしてそうではない。タイムカード以外の手段であっても，実際に残業した時間が証明できればよいのであるから，何らかの手がかりを探していくことになる。会社が入っているオフィスビルの退館記録や，会社のセキュリティシステムのセット記録，電車通勤の場合は自動改札の入出場記録，通勤に自動車を使っている場合はETCの通過記録，家族宛の帰宅メール，労働者が日々手帳に付けていた退勤時間のメモなど，さまざまな手がかりの中から，入手が可能で，残業時間の証明として使えるものを探していくことになる。

　② どのような手続を選択するのか　実際に残業した時間が把握できるか否か，残業時間を記録したものとしてどのような資料が入手できるかどうかを検討した上で，今度は，実際に利用する手続を検討し選択することになる。資料入手の段階で，会社側が残業代支払いの交渉に応じるようであれば，会社との示談交渉を行うことになるが，それが期待できない場合や，交渉した結果，交渉が決裂した場合などは何らかの法的な手続を検討することとなる。主に検討の対象となるのは，裁判所の手続としては訴訟や労働審判手続，裁判外の手続としては労働局や労働委員会のあっせん手続，労働基準監督署への違反申告などである。労働局や労働委員会でのあっせんや労働基準監督署への違反申告はいずれも行政による手続であるため，弁護士に依頼せずに解決したいという希

望が強い場合は，それらの手続を選択する場合が多い。

　裁判所での手続を希望する場合，訴訟か労働審判手続かの選択となることが多い。この場合，タイムカードが揃っているなど客観的な証拠がきちんと確保できている場合には訴訟によることが多く，タイムカードがごく一部しかないなど，証拠上，証明が十分かどうかについて疑念が残る場合には労働審判手続によることが多いのが，筆者のこれまでの経験である。実際に残業した時間を証明する責任はあくまで労働者の側にあるため，残業時間を証明できなければ，労働者側は敗訴することとなる。そのため，訴訟を選択した場合，残業時間の証明不十分とされるリスクを抱えることになってしまう。一方，労働審判手続の場合，適宜，紛争の実情に応じて話し合いによる解決を試みることとされているため，残業時間の証明が不十分であっても，そもそも使用者が労働時間を把握していない場合や，タイムカードを使用者が破棄してしまった場合など，残業時間が正確に把握できない原因がもっぱら使用者側にあるような場合には，裁判所（労働審判委員会）のイニシアティブにより話し合いによる解決を得られるケースが考えられるためである。

　その他，労働者の希望（時間がかかっても十分な解決水準を得たいか，とにかく早期の解決を望むか，など）や見通しなどをふまえて手続を選択していくことになる。

### (2) 残業代請求をめぐる争点

　① **労働基準法37条の法的性質**　　それでは，この労働者が残業代の支払いを求めて裁判に訴えたとき，社長の「うちでは残業代はないから」，「うちは残業代込みで20万円という契約になっているから」という言い分は通るのだろうか。

　残業代やその前提となる労働時間については，労基法によって定められている。すなわち，使用者は1日8時間，1週間に40時間を超えて労働者を働かせてはならず，災害その他避けることのできない事由によって臨時の必要がある場合，もしくは，労働者の過半数を組織する労働組合か労働者の過半数代表との間で締結する労働協定（一般に「36（さぶろく）協定」と呼ばれる）で定めた場

合に限り，1日8時間，1週間に40時間を超えて労働者を働かせることができるとされている。そして，その場合には，通常の時間あたりの賃金の少なくとも25％の割増賃金（一定の大企業について月60時間を超える残業をした場合には，月60時間を超えた分につき少なくとも50％の割増賃金）を支払わなければならないとされている。この25％の割増賃金を含めた，1日8時間，1週間に40時間を超えた分の賃金が「残業代」として労働者に支払われなければならない。

そして，労基法は「この法律で定める基準に達しない労働条件を定める労働契約は，その部分については無効とする。この場合において，無効となつた部分は，この法律で定める基準による。」（同法13条）と定め，同法が強行法規であることを明文で定めている。強行法規とは，それに反する当事者の合意があっても適用される規定のことであり，契約自由の原則はその範囲で修正される。すなわち，使用者と労働者で労基法以下の条件で合意しても，その合意は無効であり，すべて労基法に定める基準で労働条件が定められることになる。他方，労基法よりも労働者に有利な条件で使用者と労働者が合意すれば，その合意は有効となるのであって，労基法は片面的な強行法規であるといえる。これは，労基法が，労働者と使用者との間にある従属関係から労働者の生活と権利を守るためのものだからである。そして労基法は，法違反に対しては罰則を定めている。時間外勤務手当の未払いに対しては6か月以下の懲役または30万円以下の罰金が課される（同法119条1号）。そして，同法違反についての取り締まりや指導監督のための国家機関として労働基準監督官が置かれ，労働基準監督官は，労基法違反事件においては捜索差押などの捜査を行い，事件の検察庁への送致（送検）を行うなど刑事訴訟法における司法警察員としての職務を行うこととされている（同法102条）。

それではまず「うちでは残業代はないから」との言い分，すなわち，1日8時間，1週間40時間を超えて働いても時間外勤務手当が支払われない労働契約であるとの主張についてはどうだろうか。上で述べたように労基法は強行法規（同法13条）であり，同法で定める基準に達しない労働契約はその部分で無効となり，同法で定める基準が労働契約の内容となるのであるから，残業代は支払われないという部分の契約内容は無効となり，使用者には同法37条1項で定め

る残業代の支払義務が発生する。したがって，社長のこの言い分は法律上通らない主張であり，裁判でも排斥される。

　② **残業代に関する最高裁の判断**　つぎに「うちは残業代込みで20万円という契約になっているから」という言い分についてはどうだろうか。先ほどの言い分と似ているように思えるが，先ほどの言い分とは違って，あくまで残業代は支払っている，支払っている残業代を含めて月額20万円を支給する労働契約なのだ，という主張となる。先ほどのように，明らかな労基法違反とはいえないようにも思える。

　この点については，高知県観光事件最高裁判決（最判1994年6月13日判時1502号149頁）が判断している。同判決は「通常の労働時間の賃金に当たる部分と時間外及び深夜の割増賃金に当たる部分とを判別することもできないものであった」ことを理由に，割増賃金が支払われていたとの会社側の主張を排斥している。この判決が，通常の労働時間の賃金にあたる部分と時間外および深夜の割増賃金にあたる部分とを「判別」できることが必要だとしたのは，前述のとおり労基法は片面的な強行法規であり，労基法所定の割増賃金の計算方法と異なる方法であっても，労基法所定の額を下回らなければ有効であるところ，実際に賃金を支払われた労働者が，割増賃金として少なくとも労基法所定の額が支払われているかどうかを判断できなければならないとされるためである。

　上の事例を最高裁判決に当てはめてみると，給与明細上の表記はあくまで「基本給20万円」というのみであり，通常の労働時間の賃金にあたる部分と残業代にあたる分を判別することはできないのであるから，「残業代込みで20万円という契約になっている」という社長の言い分は裁判では通らない。

　この最高裁判例は1994年のものであり，すでに20年以上を経過しているが，実際の労働現場では，いまだに，みなし時間制や変形労働時間制など，労基法上認められた例外の制度を用いることなく，単に「残業代込みで20万円という契約になっている」というだけの言い分がまかり通っている職場も少なくない。一方で，同じ20万円が支給されるにしても，給与明細上は「基本給15万円，残業手当5万円」などと区別して表記したり，「基本給20万円」であっても，雇用契約書や賃金規程に「基本給には○時間の残業手当を含む」などと定

めるようなケースがみられるようになった。加えて、その中には、実際の残業時間にかかわらず、残業代は定額でしか支払われないケースもあり、「固定残業代」「定額残業代」などと呼ばれ、新たな争点となっている。

固定残業代については、近時、国際自動車事件最高裁判決（最判2017年2月28日判時2335号90頁）や医療法人康心会事件最高裁判決（最判2017年7月7日判夕1442号42頁）が出されている。これらの最高裁判決では、「固定残業代」がただちに労基法37条に反するものではないとした上で、前記高知県観光事件最高裁判決をふまえ、通常の労働時間の賃金にあたる部分と割増賃金にあたる部分とを判別することができることが必要であるとし、判別できる場合には、割増賃金として支払われた額が労基法37条等で算定した割増賃金を下回らないか否かを検討し、実際に支払われた金額が下回る場合には差額を支払う義務を負う旨判示する。

したがって、支払われた残業代が「判別」できるか否かが「固定残業代」の有効性の前提となる。上記のケースをみると、給与明細上「残業手当5万円」との記載があったり、雇用契約で基本給に一定時間の残業代が含まれていることが明示されているが、その一事をもって「判別」できるといえるかどうか一義的に決まるものではなく、実際の裁判では、5万円を超える残業をした場合にその分が加算される実態があったかどうかや、そもそも、職務に対する基本給の水準が適切であったかどうかなど、他の事情もふまえて「判別」の有無が判断されることとなる。なお、「判別」ができないということになれば、残業代名目で支払われていたものについても基本給に組み込まれることになり、20万円＋残業代が支払われることとなる。

③ 労働分野における裁判所の果たす役割　「固定残業代」の仕組みは二重の意味で労働者に不利益になっている。つまり、求人募集で示した「月収20万円」の中に残業代を紛れ込ませることで、単に基本給が下がるというだけではなく、基本給が下がることで、残業代を計算する基礎となる賃金単価が下がり、残業単価も引き下げられてしまうのである。悪質な企業の中には、基本給を最低賃金ぎりぎりまで切り下げて、その分「固定残業代」名目で支払う金額を増やし、事実上、相当な残業をさせても残業代を支払わずにすむ仕組みにし

てしまっている企業もある。

　なお，上で示した事例について，月40時間の残業をした場合の残業代（月所定労働時間を173時間として計算）を計算してみると，「基本給20万円」の場合には，基礎時給は1156円，残業単価が1445円となり，残業代5万7800円が別途支払われることになる。他方，「基本給15万円，残業手当5万円」とされた場合には，基礎時給は867円，残業単価が1083円となり，残業代としては4万4320円の計算になるが，「固定残業代」5万円の範囲内なので，労働者には20万円以上は何も支払われないことになる。

　ここから分かるように，「月収20万円」との求人募集について，実態は「基本給15万円，残業手当5万円」という形で給与が支給されていた場合，ここには月40時間以上の残業代が含まれていることになる。なお，基礎時給867円は都道府県によっては最低賃金以下の水準である。

　冒頭に論じたように，もともと，時間外手当（残業代）については労基法に定めがある。ところが，現実の労使関係の中では「基本給20万円の中に残業代が含まれている」，「実際の残業時間にかかわらず，基本給15万円，残業代5万円を支給する」というように，労基法を単純に適用しただけでは対応できないケースがまま発生する。そこに，労基法の解釈の余地が生じ，具体的な裁判を通じて裁判所が，当該の事案について労基法を解釈適用する。そして，最終的には最高裁判所が同種事案も含めた当該争点について，法解釈の判断を示す。このことによって，労基法の適用だけでは対応できない部分を埋め，労基法の定める労働時間規制や時間外勤務手当の趣旨を実現し，ひいては労働者全般の権利を実現していくことになるのである。このような作用を通じて，司法権（裁判所）は一定の「立法的，政策形成的役割」を果たしている。とりわけ労働法の分野は，裁判所が立法的な役割を果たしてきたことの多い分野であるといえる。

### (3) 「裁判」を起こすことの社会的意義

　裁判所が立法的な役割を果たすといっても，わが国における司法権はあくまで「法律上の争訟」（裁判所法3条），すなわち，当事者間の具体的・現実的な

紛争を対象にするのであって，抽象的な論争をするわけではない。つまり，裁判所が役割を果たすためには，実際に訴えを起こす人（原告）が必要不可欠なのである。ここまでみてきた残業代の請求を例にとれば，残業代が支払われないことに疑念をもち，自らの勤務先である雇用主に対して裁判を起こそうと決意する労働者がいなければ，裁判所はその役割を果たすことはない。「基本給20万円の中に残業代が含まれている」との社長の言い分に対し，「そういうものか」と納得し，「仕方がない」と諦め，「おかしいと思うけれど，会社を訴えるなんて大それたことはできない」と泣き寝入りする労働者ばかりであれば，前記の最高裁判決が出されることもなかったのである。

　ところが実際には，自分が現在働いている会社を相手に裁判を起こすというのは，労働者にとってはきわめてハードルが高い。労働者は，日常的に使用者の指揮監督下で働いており，かつ，使用者から支給される給与で生活を成り立たせていることから，労働者と使用者との間には構造的な上下関係が存在するためである。本来，法が想定しているのは労働者が団結して労働組合を結成し，使用者である会社と対等な立場で交渉を行うこと（憲法28条，労働組合法など）である。

　この点，わが国においては，労働組合は企業別組合が中心となっており，大企業をはじめとして一定規模以上の会社においては労働組合が組織されていることが多いが，労働組合の組織率は年々低下する傾向にある。他方，わが国の産業構造においては，事業所数や従業員数では中小零細企業が相当な割合を占め，その中には労働組合のない企業もけっして少なくない。そのため，すべての職場において日本国憲法や労働組合法が目指す理想が実現しているわけではなく，むしろ，労働者が個別に使用者と交渉せざるをえない職場が少なくないのが現状であろう。そうであれば，労働者と使用者との間の構造的な上下関係故に，その会社で働きながら会社を訴えることを労働者に期待するのは酷というものである。そのような中で，近年，ユニオンと呼ばれる個人加盟が可能な労働組合が全国各地で結成され，労働者に対する支援を強めており，在職しながら労働者が会社を訴えるケースも出てきてはいるものの，実際の残業代請求は，その多くが会社を退職した後に相談に訪れ，退職からさかのぼって請求

し，裁判に至るケースがほとんどといってよい（なお，残業代は賃金請求権なので2年間で消滅時効にかかる〔労基法115条〕ため，退職後の残業代請求は最大2年までしかさかのぼることができない）。

　前述したとおり，労働法の分野においては裁判所が一定の立法的役割を果たし，労働者の権利の実現に寄与してきた側面がある。残業代の分野でも，前記高知県観光事件最高裁判決が労務関係の実務に及ぼした影響は大きい。また，「固定残業代」に関する国際自動車事件最高裁判決や医療法人康心会事件最高裁判決，これに関連する下級審裁判例が今後の実務に及ぼす影響もきわめて大きいであろう。

　その一方で，残業代請求の問題で労働者が実現したいと望んでいる要求は，あくまで「自分が働いたことの対価としての賃金をきちんと払ってもらいたい」という「個」の要求である。もちろん，労働者全体の権利向上について高い意識をもった労働者も少なくないが，こと残業代請求の場面では，ひとりの労働者として，生活の糧である賃金をきちんと支払わせるという，まさに生活に根ざした要求を掲げて立ち上がることになる。

　弁護士は，そのような要求を掲げて立ち上がった労働者から現実に依頼を受け，残業代請求事件に取り組むことになる。委任契約を交わし，着手金を受領して依頼を受けるのであるから，依頼を受けた弁護士としては，あくまで依頼者である労働者の利益の実現のために動くことになる。一方で，「弁護士は，基本的人権を擁護し，社会正義を実現することを使命とする」（弁護士法1条）とされ，「弁護士は，良心に従い，依頼者の権利及び正当な利益を実現するように努める。」（弁護士職務基本規程21条）とされているように，弁護士は，依頼者の利益のためであれば何をしてもよいというものではけっしてなく，依頼者の言うがままに動けばよいというものでもない。あくまでプロフェッショナルとして，依頼者の「正当な利益」の実現のためにその力を発揮することが求められている。

　ただし，こと残業代請求事件においては，多くの事案において労基法で定められた労働者の権利が侵害され，また，労基法が潜脱されていることから，依頼を受けた弁護士としてはその法的知識や経験を駆使して全力で取り組むこと

になる。残業時間の把握のためにどのような資料があり，入手が可能か否かを労働者からの聞き取りの中で判断し，資料入手のための手続を取っていくことは，まさに弁護士としての力量が試されるところである。とりわけ，退職した労働者による残業代請求の場合には，時間が過ぎるごとに残業代請求権が消滅時効にかかり，また，証拠資料も散逸していくことになるため，時間とのたたかいでもあり，プロフェッショナルとして適確な判断が求められる場面である。

加えて，このような事件に取り組む弁護士としては，原告である「個」の労働者の権利の実現を第一に考えながら，もう一方で，その裁判の労働法制全体の中での位置づけや意義を，原告である労働者やその支援者，労働組合などと議論し共有していくことが重要である。その労働者がいま闘っている裁判が，同様の境遇で働く他の多くの労働者の労働条件を大きく改善させる可能性があることに確信をもつことこそが，裁判に伴うさまざまな困難さ，たとえば時間的な拘束であるとか，会社側からの言われなき非難であるとか，協力者を見つけることや証拠収集の困難さであるとか，を乗り越え，高い水準での解決，権利の実現を勝ち取る大きな力になるのである。

## D 憲法上の権利の実現と司法権の役割

### (1) 訴訟の個人性と社会性

上記で述べられているように，裁判には，個別的な権利救済や紛争解決という機能だけでなく，より広く法全体の形成・発展につながってゆく機能がある。とくに最高裁判決は下級裁判所を事実上拘束するため，その影響力は非常に大きい。さらには国会が判決を受けて法改正に動くという場合もありうる。したがって，市民の権利救済をサポートする法律家・弁護士の果たす役割は，当事者の権利救済，紛争解決といった個別事件の解決に向けたものだけでなく，ひいては日本の法のあり方にも影響を及ぼす可能性を秘めた，きわめて重要なものといえる。弁護士は，法律専門家としての良心に従いながら，当事者の思いを受け止め，権利救済に全力を傾ける一方で，裁判を通じた法形成とい

う社会的意義を実現しなければならないのである。

　ところで，これまで裁判による権利救済や法形成の実現をとりあげてきたが，そもそもなぜ，われわれは裁判所の判断に従わなければならないのであろうか。当たり前に聞こえるこの問題は，突き詰めれば，法の支配を支えるものは何であるかという問題に辿り着く。

### (2) 民主主義過程と司法（違憲立法審査も含めて）

　われわれが，国会の判断（法律）に従わなければならない理由は，国会を構成する国会議員がわれわれ主権者国民が選んだ代表者だからである。国会の合意は，われわれ国民の合意と擬制されることによって法律の遵守義務が正当化される。そして行政は，基本的には法律を執行する機関であるから，行政の活動は国民の意思の執行ということができるため，われわれは行政の判断にも従わなければならないのである。

　これに対し，裁判所は選挙によって選ばれているわけでもなく，このような意味での民主的基盤が存在しない。それにもかかわらず，裁判所の判断に主権者国民が従わなければならないのは，なぜであろうか。この問題を考える際，2つのことを分ける必要がある。ひとつは裁判所が法律を扱う場合。もうひとつは，裁判所が憲法問題を扱う場合である。

　① 法律を扱う場合　　たとえば冒頭の事例のような労働契約の問題を労働基準法という法律，実定法に従って事件を解決する場合である。この場合，裁判所に課せられた責務は，その法律を適切に解釈し，事件に適用して「解決」することである。法律の条文というのは，いろいろな事例に対処できるように概括的・一般的な文言や書き方になっていることが多く，実際の事例に適用する際には法律の文言がどういう意味かを明らかにしなければならないことが少なくない。これを法律の解釈と呼ぶ。法律の解釈によって明らかになった法の意味を，具体的な事件に適用することによって，裁判所は事件を「解決」することになる。

　法律の解釈は，立法者つまり国会がどのような趣旨でその法律をつくったのかを探求し，それをふまえて条文の文言との関係で不自然がない形で，法の意

味を一般的な形で明らかにし，これを事件に適用する作業である。言い換えれば，裁判所は，立法者の意思を明らかにして，それを用いて事件を解決しているのである。したがって，公平に中立的に法の意味を明らかにすることによって，裁判所の正統性は基礎づけられるといえる。だからこそ，司法権の独立が裁判所には不可欠なのである。

② 憲法問題を扱う場合　裁判で憲法問題を扱う場合というのは違憲審査権を行使する場合，たとえば，ある法律を憲法違反を理由に無効（違憲無効）にすべきかどうか判断する場合である。起訴された被告人が，「自分を処罰するその法律は，人権（表現の自由や営業の自由など）を侵害するものであるから違憲無効，したがって無罪である」と主張するような場合である。このような主張がされた場合，裁判所は，立法の目的と手段とを検証して，憲法に違反しないかどうかを判断しなければならない。裁判所がその法律が憲法に違反しているとの判断に至れば，その判断限りで法律を覆すことができる。これは，立法者の判断の是非それ自体を直接問うという点で，実定法の解釈とはまったく異なる作業である。

　裁判所は人権の砦なのだから法律の違憲無効を積極的に下すことはいいことだ，という声も聞こえてきそうである。しかし，そもそも国民の代表者が議論してつくり上げた法律を，選挙で選ばれてもいない裁判官たちがなぜ法律を無効にできるのであろうか。裁判官たちが法律の専門家だというだけで，民主主義の手続を経て成立した法律を次々と覆してしまうとなれば，それは民主主義に反するのではないか。このような日本国憲法81条に規定された違憲審査権を，民主主義との関係でどのようにとらえるべきかという問題を，「司法審査と民主主義」と呼ぶ。

　違憲審査制度は，ファシズムの経験から，民主主義の暴走を抑制すべく第二次世界大戦後に世界的に普及した制度である。民主主義の意思決定のプロセスは，選挙を通じて議員を選出し，議会で議論を行い，最後は多数決で決するという仕組みである。この仕組みの下では，政治的少数者の声は必然的に反映されにくい。そのため，本来の民主主義は，少数者も受け入れられる結論を探るために十分な熟議を尽くすことが不可欠であり，その上で最後に多数決によっ

て決するというプロセスが踏まれなければならない。それによってはじめて多数決に正当性が付与される。しかしながら，そのようなプロセスは非常に時間もコストもかかる。そのため政治的多数者は往々にして，少数者の意見を無視し，数の力に任せて多数者意思を押し通そうとする。その衝動が社会全体の閉塞感，排外主義などと結合するとき，大衆の熱狂と喝采を煽ることで，少数者の意見に耳を傾けることもなく，少数者の人権を顧みることもなく，むしろ積極的に少数者を排除することによって，多数者による独裁の危険が生じる。

　人権とは，多数者意思によってたやすく侵害されてはならない権利として保障されるものであり，民主主義にもとづく決定を覆す切り札としての意義を有するものである。その意味で，人権保障の問題が前景化するのは，多数者からの少数者保護が必要とされる場合である。憲法は，民主主義を統治原理として採用することで国家権力の正統性を基礎づけつつ，国家権力の暴走を防ぐために民主主義によっても侵されてはならない人権を保障している。ここに民主主義と立憲主義との緊張関係という問題をみることができる。民主主義は重要な統治原理ではあるけれども，民主主義は時に暴走するという歴史的教訓から，少数者の人権保障をはかる仕組みを，民主主義とは別に組み入れる必要があるというわけである。

　問題は，少数者の人権保障の役割を誰が担うか，である。国会は自ら法律を制定する機関であり，行政は法律を誠実に執行する機関である。とすれば，法律の合理性を審査しうる国家機関は裁判所しか残されていない。そして裁判所は，法を解釈適用し，法とは何かを明らかにする機関であるところ，憲法もまた法である。かくして，裁判所こそが憲法の意味を明らかにし，法律との適合性を判断する役割を十分に担うことのできる国家機関ということができる。

　裁判所がどのように違憲審査権を行使すべきかという問題は，このような違憲審査権の意義に照らしてみれば，ある程度の説明が可能である。まずは少数者保護のために，厳しい違憲審査をすべきということがいえる。たとえば，民族的背景を理由に歴史的に差別を受けてきた人々の権利，宗教的少数派の人々の権利の保護である。また人口数からみれば少数派ではないが，女性についても長らく政治的意思決定から構造的に疎外されてきたという意味で，裁判所は

積極的な権利救済を行うべきということもできよう。

あるいは民主主義の暴走抑止という観点から，民主主義を適切に機能させるために必要な場合には裁判所は厳しい違憲審査が求められる。たとえば，表現の自由，知る権利が不当に制限されている場合には，国民は主権者として十分な情報を得た上で，熟議を尽くすことができない事態になり，民主主義が機能不全に陥ることになる。このように民主主義の基盤となる人権を制限する立法に対しては，その制限の必要性・合理性が事実照らして説明できるかどうか，裁判所は立ち入って検討する必要があるといえる。

詳しくは第1部Ⅱ章*4*を参照してもらえればよいが，問題となっている人権の性質に応じて違憲審査の厳しさにメリハリをつけようとする「二重の基準」論は，民主主義社会において裁判所が果たすべき役割は何かという「司法審査と民主主義」の問題に対するひとつの回答なのである。

### (3) 裁判官が求めるバランスとは

以上のように，法律の問題，憲法の問題，それぞれについて裁判所の役割をみてきたが，最後に，裁判所の判断に同意しない当事者や国民であっても，その判決を「従うべき判決」として受け入れるのはなぜか，ということを検討してみたい。とくに最高裁は法の支配を司る最終機関として，当事者および国民が「従うべき」と考える存在でなければならない。最高裁の権威，正統性 (legitimacy) の源泉は何に求められるのだろうか。

ひとつは，これまでみてきたような，独立が確保された公正中立な機関だからということである。裁判所は，政治的利害から独立し，法原理にもとづいて中立的・客観的に法の意味を明らかにすることを任務とする。先例の判断を踏襲し，透明性があり，理由づけられた判断であるからこそ当事者は判決を受け入れるし，多くの国民も納得する。裁判所の中立性が，裁判所の権威を第一次的に基礎づけていることはまちがいない。

もっとも，先例に従った法理論に基づく判断だけですべてがうまくいくわけではないことには注意が必要である。形式的な判断が，時代の変化とともに時として多くの国民にとって受け入れがたい結果となることも否定できない。そ

もそも法の解釈は，法原理にもとづくだけで結論が機械的に導かれるというものではない。憲法が問題となる場合には，解釈者による価値選択がとくに決定的な意味をもつ。そうすると，裁判官が国民の価値判断とまったく乖離する判決を下し続けるようなことになればどうなるだろうか。多くの国民は，裁判所を公正中立な判断者ではなく，独善的な国家権力としかみないようになるかもしれない。裁判所に対する国民の信頼は失われ，その権威が失墜すれば，裁判所のいうことを誰も聞かなくなってしまうという事態にもなりかねない。

　その意味で，裁判所といえども，先例によって構築された原理をただ踏襲し，現実社会に生きる国民から遊離した判決を下すことはできず，時代や社会の変化に応じて変遷し展開する国民の価値意識に対して，つねに敏感でなければならない。そして，先例の判断や法律がもはや時代に合わなくなったと判断する場合には，新たな社会的価値を形成するために，政治部門に先んじて積極的な判決を下す必要がある。あるいは，現時点で積極的な判決を行えば，かえって社会を分断しかねないと判断する場合には，より慎重に判決を形成することを心がけなければならない。

　このように最高裁が，自身の正統性を維持するためには，法原理に基づく判断を公正中立に行うということを基本にした上で，判決の受容可能性を確保するために，社会的価値の表明と社会連帯の維持という責務にも配慮しながら，判決形成することが期待されているといえよう。長らく違憲判断に消極的であった最高裁が，2000年以降，積極的に違憲判断を下すようになり，「活性化傾向」が指摘されている。「活性化傾向」の最高裁の特徴のひとつに，違憲判断を下す際，時代や社会の変化に応じた国民の意識の変化に言及し，これに依拠することが増えているという点が指摘できる。そこでいう「国民」とは誰かという問題はあるが，少なくとも最高裁が，国民，公衆の受け止めを強く意識していることは確かであり，このような態度も判決の受容可能性を高めようとする試みということはできよう。

　もちろん裁判所が「国民の意識」に配慮すること自体が，司法権の独立と相容れないのではないかとの疑問も当然ありうる。「国民の意識」とは結局のところ多数派の意見であり，これを判決に考慮すること自体，少数者保護や民主

主義の暴走を阻止するという裁判所の役割に反するのではないかという問題である。しかし，司法権の独立が真の意味で機能するためには，司法府が民主的基盤をもたない国家機関であるからこそ，国民にとって権威あるものとして受容される条件や状況が不可欠である。その際に裁判所にとって重要なことは，単なる多数派に迎合するということではなく，価値をめぐる対立について憲法にもとづく主張を行う人々が現実に存在するという事実を前提に，そのような人々と向き合い，その主張をどのような形で，いかにして判決に取り込んでゆくべきかという創造的な規範的判断を行うということである。

　裁判所の判決が説得力をもつためには，裁判所は，判決がもたらす政治的影響，社会の反応を予測し，政治部門との関係もにらみつつ，先例との関係，権利救済の必要性などについての慎重な考慮を行わなければならない。

　もちろん実際に裁判するのは具体的な人間である裁判官であり，裁判所も国家権力のひとつである以上，裁判所に過剰な期待をすべきではないし，批判的な視点をつねにもつ必要がある。政治部門への従属が「ステイツマン」として正当化されないことは，いうまでもない。日本の最高裁は，人権の砦としていかなる存在意義を発揮しているかについては，時代ごとの社会的，政治的状況をふまえた上で，厳しく分析しなければならない。

## 事項索引

### あ行

アーキテクチャ　129
新しい人権　15, 27, 37
アメリカ合衆国憲法（1788年）　7, 59
アメリカ独立宣言（1776年）　6, 32
安全保障関連法（安保法制法）　25, 26, 104, 109, 191
委員会中心主義　74, 197
家制度　164
イギリスの国会主権　188
違憲審査　282
　——の基準論　89
　——の対象　87
違憲（立法）審査制度　16, 84, 100, 282
違憲判決の効力　92
違憲判断の消極主義　85
萎縮的効果　46
一事不再理の原則　60
意に反する苦役　50
委任命令　72
意味論的（セマンティックな）憲法　5
イラク特措法　25, 110
ヴァージニア権利章典（1776年）　7
運用違憲　92
営業の自由　47, 149
大津事件（湖南事件）　83
「押しつけ憲法」論　12

### か行

海外移住・国籍離脱の自由　47
会期制　74, 188
会議の公開　74
会期不継続の原則　74, 189
会計検査院　80, 199
外見的立憲主義　7, 10, 97
外国人の人権　28
解釈改憲　209
下級裁判所　81
革命権　7
学問の自由　39, 55, 146, 149
家庭生活における個人の尊厳と男女平等　164
過度に広汎であるがゆえに無効の原則　46, 122
河上事件　147
環境権　52
間接的な制約　144
間接民主政　70
議院規則（制定権）　72, 208
議院自律権　73, 195
議員定数不均衡　66, 186
議院内閣制　75, 174, 189
議員の資格争訟の裁判　81
（地方の）議会　95
議会制民主主義　70, 194
議会統治制　75
議会における民主主義　71
議会による民主主義　70
規制目的二分論　152
規範的憲法　5
基本的人権　15
義務教育　214
　——の無償　54, 55, 161, 220
9条3項加憲論　112
教育権　55
教育勅語　37, 54
教育の機会均等　56, 160, 161, 217
教育の自由　39, 55
教育を受けさせる義務　31
教育を受ける権利　54, 161, 267
行政　78
行政協定　115
行政裁量論　159
京大（滝川）事件　39, 147
協約憲法　4
緊急命令　72
近代憲法　6, 151, 265
近代自然法思想　15
近代市民社会　265
近代的意味の憲法　2

近代立憲主義　3, 97
欽定憲法　4, 173
勤労し搾取されている人民の権利宣言（ソ連〔現ロシア〕, 1918年）　51
勤労者　57
勤労の義務　31
国約憲法（連邦憲法）　4
君主主権　15
経済的自由　37
警察予備隊　22, 105
形式的意味の憲法　3
刑事被告人の権利　60
刑事補償（請求権）　62, 64
警備隊　22, 105
契約自由の原則　265, 274
結　社　253
検　閲（の禁止）　40, 44
厳格審査基準　89
厳格な合理性の基準　89
現代憲法　8, 27, 48, 151, 267
憲　法　2
　——前文　13
　——意識　5
　——規範　5
　——思想　5
　——の基本原理　14
　——の最高法規性　97, 100
　——の形式的最高法規性　206
　——の実質的最高法規性　206
　——制度　6
　——尊重擁護義務　97, 100, 148
　——の停止　100
　——の廃棄　100
　——の排除　100
　——の破毀　100
　——の変遷　21, 100
　——の保障　14, 100
　　固有の意味の——　2
　　実質的意味の——　3
　　先進国型——　4
　　発展途上国型——　4
憲法改正　98, 205
　——の限界　98
　——の発議　73, 207

憲法改正草案　12
憲法改正草案要綱　12
憲法改正手続　3, 98, 100
憲法審査会　99
憲法制定権力　98
憲法調査会　99
憲法判断回避の準則　90
憲法判断の積極主義　85
憲法判例　5
憲法附属法律　5
憲法問題調査委員会　11
権利章典（1689年）　6
権利請願（1628年）　6
権力分立（制）　6, 14, 75, 100, 189
公安条例　43
公共の福祉　30, 45, 47, 48, 58, 88
拘禁理由公開法廷への弁護人の出席保障　60
合憲解釈のアプローチ　91
合憲限定解釈　91, 122
合憲性推定の原則　89
合憲性判断基準　45
皇室経済　18
皇室財産（の接受）　18, 79
皇室典範　10, 18
皇室典範特例法　19, 178
公職就任権　68
公　人　170
硬性憲法　3, 98
交戦権　26
公的行為　18, 176
公費の支出　79
幸福追求権　32
公文書管理法　199
公平な裁判所の迅速な裁判　62
　　——を受ける権利　60
後方支援（活動）　25, 110
後方地域　110
公務員の政治活動に対する一律・全面的禁止　65, 124
公務員の選定・罷免権（選挙権）　65
公務員の労働基本権の制限　58
公務就任権　65
拷問（の禁止）　60, 168
合理性の基準　89

事項索引　289

合理的配慮　131, 133
国際人権規約 A 規約 (1966年)　51
国際平和支援法　104, 109, 110
国事行為　18, 174, 176
国政調査権　71, 73, 84, 201
国　体　10, 16
国法二元主義　10
国民主権　7, 14
国民代表機関　71
国民の意識　285
国民の義務　31
国民の政治参加の権利　65
国民保護法　25, 50
国務大臣　76, 77
国連平和維持活動等協力法 (PKO 法)　24
53条要求　187
個人主義　213
個人情報　128
個人情報の保護に関する法律　33, 128
個人の尊重　32, 237, 253
国　会　71
　──の解散　76
　──の地位　71
国家からの自由　36
国家緊急権　100
国家による自由　36
国家賠償　62, 63
国家への自由　36
国家補償　62
国家無責任の原則　63
国旗国歌法　140
国権の最高機関　71, 188
国権の発動たる戦争　21
コード　129
子どもの学習権　39, 55, 161
子どもの権利条約　160
子どもの貧困対策推進法　160, 163
子どもを産む／産まない自由　165
個別的自衛権　25, 105
戸別訪問の禁止　65
固有の意味の憲法　2
婚姻する／しない自由　165
根本規範　11, 99

## さ　行

罪刑法定主義　59
最高裁判所　81, 82
　──規則　208
　──裁判官に対する国民審査　66, 84
　──の規則制定権　72
財産権　47, 48, 149, 151
　──不可侵　48, 265
財政・予算に関する諸権能　73
財政議会主義 (財政民主主義)　73, 78, 199
財政投融資　80
裁判員制度　84
裁判所による紛争解決　269
裁判によらない紛争解決　268
裁判による権利救済　281
裁判の公開 (原則)　84, 170
裁判を受ける権利　61, 168
裁判を通じた法形成　280
歳費を受ける権利　73
差別的言動解消法　47
参議院議員　72
　──選挙　68
参議院の緊急集会制度　74, 101
残虐な刑罰　60
三段階審査の手法　90
自衛権　22
自衛戦争　21
自衛隊　22, 105, 108
自衛のための戦力　21
自衛のための必要最小限度の実力　22, 105
私学助成　79
私擬憲法　9
死　刑　60
事件性　86
自己に関する情報をコントロールする権利 (自己情報コントロール権)　32, 128
(人権規定の)私人間効力　8, 29, 37
自然権　7, 32
事前抑制禁止の原則　46
思想・良心の自由　37, 141
思想の自由市場　40
自治行政権　96
自治財産権　96

自治組織権　96
市町村合併特例法　94
自治立法権　96
執行命令　72
私的行為　18, 176
児童酷使(の禁止)　57, 219, 220, 267
自白(の強要の禁止)　60, 168
GPS捜査　126, 127
渋谷区男女平等及び多様性尊重社会推進条例　166
司　法(権)　80, 277
司法行政権　82
　──の独立　83, 285
司法事実　91
司法消極主義　31
(国の)私法上の行為　88
司法審査　194
司法判断適合性　86
資本財産　48
資本主義憲法　4
自民党の9条改憲案　106
社会権　27, 37, 50, 151, 267
社会国家(の理念)　30, 33, 51
社会主義憲法　4
集会・結社の自由　43, 253
衆議院議員　72
　──選挙　68
衆議院の解散　74
自由権　8, 27, 36
私有財産制度　48
自由選挙　140
集団的自衛権　25, 104, 105, 111
周辺事態法　25
住　民　96
　──参加　97
　──投票　72, 97
　──の直接選挙　95
住民保護条例　116
受刑者　136
取材の自由　42
(地方の)首長　95
常　会　74, 188
小選挙区制　68, 190
小選挙区比例代表並立制　67, 72

象　徴　17
象徴的表現　41
象徴天皇制　14-16, 173
証人喚問請求権　60
証人審問権　60
情報公開法　42
情報収集権　42
情報受領権　41
条　約　208
　──に対する承認　73
条　例　96, 116, 203, 208
上　諭　13
居住・移転の自由　47
職業選択の自由　47, 152, 254
知る権利　36, 42
信教の自由　38
人身の自由　47, 49, 59
臣　民　10
　──の権利　11, 15
侵略戦争　21
スイス連邦憲法　4
生活保護基準　53, 155, 255
生活保護法　53, 155, 255
請願権　65, 68, 253
政教分離原則　38, 79
制限選挙　140
政治的表現の自由　65
政治分野における男女共同参画推進法　180
精神的自由　37
　──の優越的地位　37, 124
精神保健福祉法　238
生前退位　19, 176
生存権　50, 51, 158, 255, 267
生存権的基本権(社会権的基本権)　8
生存財産　48
政　党　69, 181, 189
政党助成法　69
正当な補償　49
正当防衛のための武器使用　111
制度後退禁止原則　156
制度的保障の理論　48
成文憲法　3
政　令　208
　──201号　58

事項索引　291

世界人権宣言(1948年)　51
選挙区　67, 73, 186
選挙区制度　67
選挙権　135
　　——の性格　66
選挙制度　65, 66
全国区　73
全国民の代表　182, 186
戦争の放棄　14
全体の奉仕者　58
戦闘現場　110
戦闘地域　110
戦　力　22, 105
争議権　57, 58
遡及処罰(事後法)の禁止　60
租税法律主義　32, 79, 203
損失補償　48, 62, 63

## た　行

大学の自治　39
大統領制　75
大日本帝国憲法(1889年)　4, 7, 9, 173
滝川事件　147
戦う民主政　69
単一国憲法　4
弾劾裁判所　73, 81, 84
団結権　57
団体交渉権　57, 58
地位協定　115
チェコスロバキア憲法(1920年)　51
地方区　72, 73
地方公共団体(地方自治体)　186
　　——の条例制定権　72
　　——の課税権　202
　　——の事務と権能　95
地方公共団体特別法　72
地方自治の本旨　93, 205
抽象的違憲審査制　85, 189
中選挙区制　72
直接選挙　66
直接民主政　70
通信の秘密　40, 44
通信傍受法(盗聴法)　44

抵抗権　101
適正手続保障　59
適正な行政手続の保障　61
適度に広汎であるゆえに無効の原則　89
適用違憲　92, 122
デモ行進　43
テロ対策特措法　25
天皇「代替り」　19
天皇機関説(美濃部)事件　39, 147, 174
天皇主権　16
天皇大権　11
天皇の地位　17
ドイツ帝国憲法(1871年)　7
ドイツ連邦共和国基本法(ボン基本法)　32, 69, 209
同性婚　165
同性パートナーシップ　164
統治行為論　23, 88
特定秘密保護法　43
特別会　74, 188
特別権力関係論　88
特別裁判所　81
独立命令　72
奴隷的拘束　49

## な　行

内　閣　75, 174
　　——による法律案の提出　72
　　——の助言と承認　18
　　——の対国会説明責任　198
内閣総理大臣　76
　　——の指名　73
軟性憲法　3
二院制　72
二元代表制　95
二重の基準　37, 45, 89, 120, 284
日米安保条約　109, 115
日米防衛協力のための指針の改定(新ガイドライン, 1997年)　25
日米防衛協力のための指針(新・新ガイドライン, 2015年)　25
憲法改正手続法　99
任意投票　66

任務遂行のための武器使用　111
納税の義務　31, 79

## は 行

パブリック・フォーラム　121, 125
判断過程統制　157
比較衡量(利益衡量)　31, 91, 152
被疑者の人権　60
非常事態　14
被選挙権　68
非戦闘現場　110
秘密会　74
秘密投票　66
表現の自由　40, 119, 253
　——の優越的地位　40
平等原則　33
平等選挙　66
比例区　73
福祉権(welfare rights)　154
福祉国家理念　153
不信任決議　74, 76
付随的違憲審査制　84
不逮捕特権　73
普通選挙　66, 135, 139
不文憲法　3
部分社会の法理　88
プライバシー(の権利)　32, 127
フランス憲法(1814年)　4
フランス憲法(1830年)　4
フランス人権宣言(1789年)　2, 7, 33, 48
武力による威嚇　21
武力の行使　21, 25
プレビシット　97
プロシア憲法(1850年)　7
文　民　76
(人権の)分類論　27
兵役義務　31
ヘイト・スピーチ　46
平和安全法制整備法　104, 109, 111
平和主義　15, 20
平和的生存権(平和のうちに生存する権利)
　20, 27, 105
弁護人依頼権　60

保安隊　22, 105
法規範の階層構造　98, 207
法人の人権主体性　28
法廷において傍聴人がメモをとる自由　84
報道の自由　42
法の支配　6
法　律　208
　——上の争訟　277
　——と条例の関係　117
　——の制定　73
　——ノ留保　11
法令違憲　92
ポジティブ・アクション　180
ポツダム宣言　11, 16
ポーランド憲法(1921年)　51
本会議　197

## ま 行

マグナ・カルタ(1215年)　3, 6
マッカーサー3原則　12
松本案　12
美濃部事件 → 天皇機関説事件
民主主義過程と司法　281
民定憲法　4
無罪推定原則　167
無罪推定の下に処遇される権利　168
明確性の原則　45, 89
明白かつ現在の危険テスト(clear and present danger test)　46, 89
明白性の原則　89
名目的憲法　5
名誉(社会的評価)　169
免責特権　73
黙秘権　60
森戸事件　147

## や 行

靖国神社　39
唯一の立法機関　71, 188
有事関連3法(有事法制)　25, 101
予　算　79, 208
　——の法的性格　80

より制限的でない他の選びうる手段(Less Restrictive Alternatives : LRA)の原則　46, 89

## ら 行

ライフスタイルの選択・人間同士の交流の自由　47
らい予防法　259
立憲主義　3, 192
立法裁量　53, 89, 152, 159
立法事実　91
立法不作為　63
良心的兵役拒否　37
臨時会　74, 187, 188
令状主義　60, 168
労働基本権　57, 267
労働権　56, 267

## わ 行

ワイマール憲法(1919年)　8, 48, 51, 56, 57, 265
忘れられる権利　129, 172

# 判例索引

## 【最高裁判所】

最[大]判1948年3月12日刑集2巻3号191頁・死刑合憲判決 …… 60
最[大]判1948年9月29日刑集2巻10号1235頁・食糧管理法事件 …… 52
最[大]判1950年10月11日刑集4巻10号2037頁・尊属傷害致死事件 …… 34
最[大]判1952年10月8日民集6巻9号783頁・警察予備隊違憲訴訟 …… 23, 85
最[大]判1953年12月23日刑集7巻13号1561頁・メーデー祭典皇居外苑事件 …… 44
最[大]判1954年11月24日刑集8巻11号1866頁・新潟県公安条例事件 …… 43
最[大]判1956年7月4日民集10巻7号785頁・謝罪広告事件 …… 37
最[大]判1957年3月13日刑集11巻3号997頁・チャタレー事件 …… 45
最[大]判1959年12月16日刑集13巻13号3225頁・砂川事件 …… 23
最[大]判1960年7月20日刑集14巻9号1243頁・東京都公安条例事件 …… 43
最[大]判1962年3月7日民集16巻3号445頁・警察法改正無効事件 …… 195
最[大]判1962年11月28日刑集16巻11号1593頁・第三者所有物没収事件 …… 61, 87
最[大]判1963年3月27日刑集17巻2号121頁・特別区首長公選制訴訟 …… 94
最[大]判1963年5月15日刑集17巻4号302頁・加持祈祷事件 …… 38
最[大]判1963年5月22日刑集17巻4号370頁・ポポロ事件判決 …… 39
最[大]判1964年2月26日民集18巻2号343頁・義務教育無償訴訟 …… 55
最[大]判1965年7月14日民集19巻5号1198号・和歌山教組事件判決 …… 31
最[大]判1966年10月26日刑集20巻8号901頁・全逓東京中郵事件判決 …… 31, 58, 91
最[大]判1967年5月24日民集21巻5号1043頁・朝日訴訟上告審判決 …… 52, 159
最[大]判1969年4月2日刑集23巻5号305頁・都教組事件判決 …… 31, 58
最[大]判1969年12月24日刑集23巻12号1625頁・京都府学連事件 …… 128
最[大]判1970年6月24日民集24巻6号625頁・八幡製鉄政治献金事件 …… 29
最判1971年10月28日民集25巻7号1037頁・個人タクシー事件 …… 61
最[大]判1972年11月22日民集26巻9号554頁・川崎民商事件 …… 61
最[大]判1972年11月22日民集26巻9号586頁・小売市場事件 …… 152
最[大]判1972年12月20日刑集26巻10号631頁・高田事件 …… 62
最[大]判1973年4月4日刑集27巻3号265頁・尊属殺重罰規定違憲判決 …… 35, 85
最[大]判1973年4月25日刑集27巻4号547頁・全農林警職法事件 …… 31, 58, 91
最[大]判1973年12月12日民集27巻11号1536頁・三菱樹脂事件 …… 29
最[大]判1974年11月6日刑集28巻9号393頁・猿払事件 …… 45, 65, 90, 144
最[大]判1975年4月30日民集29巻4号572頁・薬事法事件 …… 48, 85, 153
最[大]判1975年9月10日刑集29巻8号489頁・徳島市公安条例事件 …… 43, 46, 117
最[大]判1976年4月14日民集30巻3号223頁・衆議院議員定数訴訟 …… 66, 85
最[大]判1976年5月21日刑集30巻5号615頁・学力テスト事件判決 …… 39, 55, 161
最[大]判1977年7月13日民集31巻4号533頁・津地鎮祭事件 …… 38
最判1977年3月15日民集31巻2号234頁・富山大学単位不認定訴訟 …… 88
最[大]判1978年10月4日民集32巻7号1223頁・マクリーン事件 …… 28
最判1981年4月14日民集35巻3号620頁・前科照会事件 …… 128

最判1981年7月21日刑集35巻5号568頁・戸別訪問事件……………………………………65
最[大]判1982年7月7日民集36巻7号1235頁・堀木訴訟………………………………53, 157
最判1982年9月9日民集36巻9号1679頁・長沼訴訟………………………………………23
最[大]判1983年4月27日民集37巻3号345頁・衆議院議員定数訴訟……………………67, 186
最[大]判1983年6月22日民集37巻5号793頁・よど号ハイジャック記事抹消事件…………120
最[大]判1983年11月7日民集37巻9号1243頁・衆議院議員定数訴訟……………………66
最[大]判1984年12月12日民集38巻12号1308頁・札幌税関事件……………………………44
最判1984年12月18日刑集38巻12号3026頁・吉祥寺駅事件…………………………………121
最[大]判1985年7月17日民集39巻5号1100頁・衆議院議員定数訴訟………………66, 85
最判1985年11月21日民集39巻7号1512頁・在宅投票制訴訟………………………………63
最判1986年2月14日刑集40巻1号48頁・オービス事件……………………………………128
最[大]判1986年6月11日民集40巻4号872頁・北方ジャーナル事件………………………120
最[大]判1987年4月22日民集41巻3号408頁・森林法判決…………………………49, 85, 152
最[大]判1988年6月1日民集42巻5号277頁・山口自衛官合祀訴訟…………………………39
最[大]判1989年3月8日民集43巻2号89頁・レペタ訴訟……………………………………84
最判1989年6月20日民集43巻6号385頁・百里基地訴訟……………………………24, 88
最[大]判1992年7月1日民集46巻5号437頁・成田新法事件…………………………………61
最判1993年2月16日民集47巻3号1687頁・箕面忠魂碑・慰霊祭訴訟………………………39
最判1994年2月8日民集48巻2号149頁・ノンフィクション「逆転」事件………………171
最判1994年6月13日判時1502号149頁・高知県観光事件……………………………………275
最判1995年2月28日民集49巻2号639頁・定住外国人地方参政権訴訟……………………28
最[大]決1995年7月5日民集49巻7号1789頁・非嫡出子に対する相続分差別規定事件……35
最判1996年3月8日民集50巻3号469頁・エホバの証人剣道拒否事件……………………143
最[大]判1996年9月11日民集50巻8号2283頁・参議院議員定数訴訟………………………67
最[大]判1997年4月2日民集51巻4号1673頁・愛媛靖国訴訟………………………………39
最判1997年8月29日民集51巻7号2921頁・家永教科書裁判…………………………………44
最[大]判1998年9月2日民集52巻6号1373頁・参議院議員定数訴訟………………………67
最判1999年10月21日判時1696号96頁・箕面遺族会補助金訴訟……………………………39
最[大]判1999年11月10日民集53巻8号1441頁・小選挙区制合憲判決………………67, 68
最[大]判2000年9月6日民集54巻7号1997頁・参議院議員定数訴訟………………………67
最[大]判2002年9月11日民集56巻7号1439頁・郵便法違憲判決……………………63, 85
最[大]判2004年1月14日民集58巻1号56頁・参議院議員定数訴訟………………67, 68
最判2004年3月16日民集58巻3号647頁・福岡・中嶋訴訟…………………………………54
最[大]判2005年1月26日民集59巻1号128頁・外国人管理職訴訟…………………………28
最判2005年7月14日民集59巻6号1569頁・舟橋市立図書館事件……………………………42
最[大]判2005年9月14日民集59巻7号2087頁・在外邦人選挙権訴訟……………63, 67, 86, 136
最決2006年10月3日民集60巻8号2647頁・証言拒絶（NHK記者）事件…………………43
最[大]判2006年10月4日民集60巻8号2696頁・参議院議員定数訴訟……………………67
最判2007年2月27日民集61巻1号291頁・ピアノ伴奏事件…………………………………145
最判2007年9月18日刑集61巻6号601頁・広島市暴走族追放条例事件……………………46
最判2008年2月19日民集62巻2号445頁・メイプルソープ事件……………………………46
最判2008年4月11日刑集62巻5号1217頁・立川テント村事件………………………41, 124, 125
最[大]判2008年6月4日民集62巻6号1367頁・国籍法3条1項事件…………………36, 86
最[大]判2009年9月30日民集63巻7号1520頁・参議院議員定数訴訟……………………67

最判2009年11月30日民集63巻9号1765頁・葛飾マンションビラ事件 …… 41, 126
最[大]判2010年1月20日民集64巻1号1頁・砂川市空知太神社訴訟 …… 39
最決2010年3月15日刑集64巻2号1頁・名誉毀損被告事件 …… 43
最[大]判2011年3月23日民集65巻2号755頁・衆議院議員定数訴訟 …… 67
最判2011年5月30日民集65巻4号1780頁・教職員国旗国歌訴訟 …… 144
最判2011年7月7日刑集65巻5号619頁・板橋高校事件 …… 41
最判2012年1月16日判時2147号127頁・教職員国旗国歌訴訟 …… 145
最判2012年1月16日判時2147号139頁・教職員国旗国歌訴訟 …… 145
最判2012年2月28日民集66巻3号1240頁・生活保護老齢加算廃止訴訟 …… 157
最[大]判2012年10月17日民集66巻10号3357頁・参議院議員定数訴訟 …… 67, 184
最判2012年12月7日刑集66巻12号1722頁・国公法宇治橋事件 …… 41, 125
最判2012年12月7日刑集66巻12号1337頁・国公法堀越事件 …… 41, 125
最判2013年3月21日民集67巻3号438頁・神奈川県臨時特例企業税事件 …… 203
最[大]決2013年9月4日民集67巻6号1320頁・非嫡出子に対する相続分差別規定事件 …… 35, 86
最[大]判2013年11月20日民集67巻8号1503頁・衆議院議員定数訴訟 …… 67
最判2014年7月9日判時2241号20頁・受刑者の選挙権訴訟 …… 138
最[大]判2014年11月26日民集68巻9号1363頁・参議院議員定数訴訟 …… 67, 184
最[大]判2015年12月16日民集69巻8号2427頁・再婚禁止期間違憲訴訟 …… 35, 86
最[大]判2015年12月16日民集69巻8号2586頁・夫婦別姓訴訟 …… 35
最判2017年2月28日判時2335号90頁・国際自動車事件 …… 276, 279
最[大]判2017年3月15日刑集71巻3号13頁・GPS捜査判決 …… 127
最判2017年7月7日判タ1442号42頁・医療法人康心会事件 …… 276, 279
最[大]判2017年9月27日民集71巻7号1139頁・参議院議員投票価値較差訴訟 …… 67, 183

【高等裁判所】
名古屋高判1971年5月14日行集22巻5号680頁・津地鎮祭訴訟控訴審判決 …… 38
大阪高判1975年11月10日行集26巻10・11号1268頁・堀木訴訟控訴審判決 …… 52, 158
札幌高判1976年8月5日行集27巻8号1175頁・長沼訴訟控訴審判決 …… 23
東京高判1981年7月7日判時1004号3頁・百里基地訴訟控訴審判決 …… 24
東京高決1993年6月23日高民集46巻2号43頁・非嫡出子に対する相続分差別規定事件控訴審決定 …… 35
大阪高判1994年12月22日民集50巻3号517頁・エホバの証人剣道拒否事件 …… 143
名古屋高判2008年4月17日判時2056号74頁・自衛隊イラク派兵違憲訴訟 …… 20, 24, 25
大阪高判2013年9月27日判時2234号29頁・受刑者選挙権制限違憲判決 …… 137
東京高判2013年12月9日判例集未登載・受刑者選挙権制限合憲判決 …… 138
大阪高判2015年9月28日 LEX/DB 25542788・大阪駅通行拒否事件 …… 123
広島高判2017年12月20日 LEX/DB 25549213・受刑者選挙権制限合憲判決 …… 139

【地方裁判所】
東京地判1959年3月30日下刑集1巻3号776頁・砂川事件 …… 23
東京地判1960年10月19日行集11巻10号2921頁・朝日訴訟第1審判決 …… 53, 158
東京地判1963年9月18日行集14巻9号1666頁・個人タクシー事件 …… 61
東京地判1964年9月28日下民集15巻9号2317頁・『宴のあと』事件 …… 128
札幌地判1967年3月29日下刑集9巻3号359頁・恵庭事件 …… 23
東京地判1970年7月17日行集21巻7号別冊1頁・家永教科書第2次訴訟杉本判決 …… 55

札幌地判1973年9月7日判時712号24頁・長沼訴訟第1審・福島判決 ·················· 20, 80
水戸地判1977年2月17日判時842号22頁・百里基地訴訟第1審判決 ····················24
東京地判1984年5月18日判時1118号28頁・予防接種ワクチン禍訴訟·················64
熊本地判2001年5月11日判時1748号30頁・熊本ハンセン訴訟病訴訟················260
大阪地判2013年2月6日判時2234号35頁・受刑者選挙権事件第1審判決 ············139
大阪地判2014年7月4日判タ1416号380頁・大阪駅通行拒否事件第1審判決 ·········122
さいたま地決2015年12月22日判時2282号78頁··········································129
横浜地川崎支決2016年6月2日判時2296号4頁・ヘイトデモ禁止仮処分命令申立事件·······47
広島地判2016年7月20日判時2329号68頁·················································139
高知地判2018年4月11日判例集未登載····················································132

Horitsu Bunka Sha

## いま 日本国憲法は〔第6版〕
──原点からの検証

| | | |
|---|---|---|
|1992年5月30日|初　版第1刷発行||
|1995年5月30日|第2版第1刷発行||
|2000年5月30日|新　版第1刷発行||
|2005年12月20日|第4版第1刷発行||
|2011年6月5日|第5版第1刷発行||
|2018年11月3日|第6版第1刷発行||
|2024年1月10日|第6版第5刷発行||

編　者　小林　武・石埼　学
発行者　畑　　光
発行所　株式会社 法律文化社
〒603-8053
京都市北区上賀茂岩ヶ垣内町71
電話 075(791)7131　FAX 075(721)8400
https://www.hou-bun.com/

印刷：中村印刷㈱／製本：㈲坂井製本所
装幀：白沢　正
ISBN 978-4-589-03964-4

Ⓒ2018　T. Kobayashi, M. Ishizaki　Printed in Japan

乱丁など不良本がありましたら、ご連絡下さい。送料小社負担にて
お取り替えいたします。
本書についてのご意見・ご感想は、小社ウェブサイト、トップページの
「読者カード」にてお聞かせ下さい。

**JCOPY** 〈出版者著作権管理機構 委託出版物〉

本書の無断複写は著作権法上での例外を除き禁じられています。複写される
場合は、そのつど事前に、出版者著作権管理機構（電話 03-5244-5088、
FAX 03-5244-5089、e-mail: info@jcopy.or.jp）の許諾を得て下さい。

石埼 学・笹沼弘志・押久保倫夫編
## リアル憲法学〔第2版〕
A5判・288頁・2750円

人びとの言葉にならない声を汲みとり，憲法の世界の言葉に翻訳。抽象的で難解な憲法学を具体的にイメージするために最適な入門書の最新版。知識だけではなく，リアルな世界に刺激され生成・展開する人権の理解を促す。

現代憲法教育研究会編
## 憲法とそれぞれの人権〔第4版〕
A5判・234頁・2860円

当事者のおかれた現実を憲法の視点から検証しつつ，現実に抵抗する際の憲法の力に着目する。外国籍保持者やジェンダーをめぐる問題など昨今の人権をめぐる動向を全面改訂。新聞記者の眼から人権問題に迫るコラムも新設。

京都憲法会議監修／
木藤伸一朗・倉田原志・奥野恒久編
## 入門憲法学
—憲法原理から日本社会を考える—
A5判・198頁・2200円

日本国憲法の基本原理・価値を確認しながら，リアルな憲法状況を考察し，問題にいかに向き合うべきかを明示する。各章末には現況の憲法問題への見解や問題提起を付した。また，本論で言及できなかった今日的問題を考えてもらうためのホット・イシューも掲載。

水島朝穂著〔〈18歳から〉シリーズ〕
## 18歳からはじめる憲法〔第2版〕
B5判・128頁・2420円

18歳選挙権が実現し，これまで以上に憲法についての知識と問題意識が問われるなか，「憲法とは何か？」という疑問に応える。最新の動向をもりこみ，憲法学のエッセンスをわかりやすく伝授する好評書。

倉持孝司・村田尚紀・塚田哲之編著
## 比較から読み解く日本国憲法
A5判・248頁・3190円

憲法学習に必要な項目を，判例・学説を概説しつつ，各論点に関連する外国の憲法動向を紹介し比較検討する。グローバル化をふまえ日本の憲法状況を外側から眺める視点を提供しつつ，日本と外国の制度の違いを内側から考える。

大島義則著
## 憲法ガールⅡ
A5判・224頁・2530円

小説形式で平成25〜30年の司法試験論文式問題の解き方を指南。出題意図をよみとるコツ，各論点の考え方，答案作成のテクニックを解説し，平成30年度試験にみられるリーガルオピニオン型の出題形式の動向も全面的にフォローする。

—法律文化社—

表示価格は消費税10%を含んだ価格です